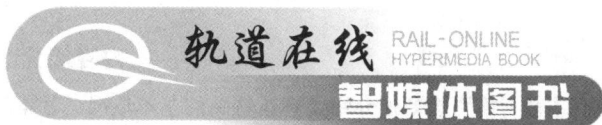

高等职业院校"十四五"精品课程教材

高速铁路概论

主编　刘广武　姚玉侠　张晓玲
参编　邹廷挺　韩晓峰
主审　徐小勇

西南交通大学出版社
·成都·

内容简介

本教材简明扼要地介绍了高速铁路的基本概况、基本组成和基本原理,旨在为学习者了解高速铁路做一些基本准备,为学习相关专业课程奠定一定的基础。全书共分九个部分,主要包括:高速铁路概述、高速铁路线路、高速铁路动车组、高速铁路车站、高速铁路供电系统、高速铁路信号与列车控制系统、高速铁路客运组织、高速铁路运输组织等内容。

本教材可作为高等职业院校铁路各专业的教学用书,也可以作为铁路运输企业技术人员、技术工人的培训参考用书。

图书在版编目(CIP)数据

高速铁路概论 / 刘广武,姚玉侠,张晓玲主编. —成都:西南交通大学出版社,2021.8(2022.9 重印)
ISBN 978-7-5643-8129-5

Ⅰ. ①高… Ⅱ. ①刘… ②姚… ③张… Ⅲ. ①高速铁路 – 高等职业教育 – 教材 Ⅳ. ①U238

中国版本图书馆 CIP 数据核字(2021)第 137467 号

Gaosu Tielu Gailun
高 速 铁 路 概 论

主编　刘广武　姚玉侠　张晓玲

责任编辑	张华敏
特邀编辑	杨开春　唐建明　陈正余
封面设计	原谋书装
出版发行	西南交通大学出版社 (四川省成都市金牛区二环路北一段 111 号 西南交通大学创新大厦 21 楼)
邮政编码	610031
发行部电话	028-87600564　028-87600533
官网	http://www.xnjdcbs.com
印刷	四川煤田地质制图印刷厂
成品尺寸	185 mm × 260 mm
印张	16
字数	405 千
版次	2021 年 8 月第 1 版
印次	2022 年 9 月第 2 次
定价	45.00 元
书号	ISBN 978-7-5643-8129-5

课件咨询电话:028-81435775
图书如有印装质量问题　本社负责退换
版权所有　盗版必究　举报电话:028-87600562

前　言

　　高速铁路是我国铁路发展的重要方向，已经成为我国铁路客运的中坚力量，在我国综合交通发展、城市化进程中起到重要作用，有着巨大的经济效益和社会效益，成为我国经济发展的一张名片和对外展示的窗口。

　　2008年8月，随着京津城际铁路的开通，标志着中国正式进入了全球瞩目的高铁时代。根据2016年7月国家发布的《中长期铁路网规划》（2016—2025），到2025年，我国铁路网规模将达到17.5万千米左右，其中高速铁路3.8万千米左右。展望到2030年，我国铁路网络将基本实现内外互联互通、区际多路畅通、省会高铁连通、地市快速通达、县域基本覆盖的局面。

　　截止到2020年年底，我国铁路营业里程已达到14.6万千米，其中高速铁路3.8万千米；全国铁路复线率61.6%，电气化率72.8%，全国铁路路网密度达152.3千米/万平方千米。目前我国高速铁路营业里程居世界第一，远远超过其他国家高速铁路线路里程的总和，并且随着我国高速铁路技术的不断成熟，网络逐步完善，已经凸显出网络化效应。如今我国已成为世界上高速铁路系统技术最全、集成能力最强、运营里程最长、运行速度最快、在建规模最大的国家。

　　本教材主要介绍了高速铁路的发展历程，高速铁路的线路、车站、动车组、信号、牵引供电、行车组织、客运组织等系列相关知识，同时还介绍了我国高速铁路建设所取得的先进技术成果及世界几个发达国家高速铁路建设的技术成果和运营经验。

　　本教材简明扼要、系统全面地阐述了高速铁路的基本知识、基本设备和基本原理，帮助读者对高速铁路有一个比较全面、系统的了解。本书可作为高等职业院校铁路专业车、机、辆、工、电以及城市轨道交通类相关专业学习掌握高速铁路基础知识的教材，也可作为铁路职工培训教材及相关工作人员的学习参考书。

　　本教材由西安铁路职业技术学院刘广武、中共中国铁路广州局集团有限公司委员会党校姚玉侠、郑州职业技术学院张晓玲主编，中国铁路西安局集团有限公司调度所邹廷挺、西安铁路职业技术学院韩晓峰参编。编写分工如下：第一章、第四章、第六章、第八章由刘广武编写；第二章、第三章由姚玉侠编写；第五章由韩晓峰编写；第七章、第十章由邹廷挺编写；第九章由姚玉侠、张晓玲共同编写。全书由刘广武统稿，西安铁路职业技术学院徐小勇主审。

　　本书在编写过程中，得到了西南交通大学、中国铁路西安局集团公司、中国铁路广州局集团有限公司等单位的有关专家的大力支持和帮助，在此表示深深的感谢。另外，本书的编写还参考、借鉴了相关书籍及文献资料，在此对相关作者致以诚挚的谢意。

　　由于资料来源和编者水平有限，本教材难免存在不足之处，诚请广大读者提出批评及改进意见，不胜感激。

编　者
2021年5月

智媒体数字资源目录

序号	章	资源名称	资源类型	页码
1	第一章 绪论	高速铁路的优势	动画	P2
2		中国"四纵四横"和"八纵八横"高速铁路网	动画	P13
3	第二章 高速铁路线路	高速铁路线路的平面组成	动画	P20
4		高速铁路路基的基本形式	动画	P25
5		消除有害空间的措施	动画	P43
6		高速铁路隧道列车空气动力效应——隧道压力波的产生过程	动画	P54
7	第四章 高速铁路动车组	动车组的优点	动画	P75
8		动车组六大关键技术	动画	P76
9		动车组转向架的构成	动画	P85
10		动车组的编组方式	动画	P91
11		动车组车辆定位及编号方法	动画	P94
12	第五章 高速铁路牵引供电系统	牵引供电回路	动画	P113
13		直接供电方式	动画	P116
14		带回流线的直接供电方式	动画	P117
15		自耦变压器供电方式	动画	P118
16		接触网的组成	动画	P131
17		受电弓过无交叉线岔	动画	P137
18	第六章 高速铁路信号及列车控制系统	中国列车运行控制系统（CTCS）	动画	P157
19		CTCS-2 级列车运行控制系统	动画	P161
20		CTCS-3 级列车运行控制系统	动画	P163
21		完全监控模式（FS）、目视行车模式（SR）、引导模式（OS）	动画	P165
22		调车模式（SH）、隔离模式（IS）、待机模式（SB）、休眠模式（SL）、部分监控模式（PS）、机车信号模式（CS）	动画	P166
23	第八章 高速铁路运输组织	高速铁路旅客运输计划的种类	动画	P187
24		高速铁路客流调查方法	动画	P190
25		信号机常态点灯的 CTCS-2 级自动站间闭塞区段特殊情况下办理发车的行车凭证	动画	P201
26	第九章 高速铁路客运组织与服务	自动售票机	动画	P222

本书数字会员使用说明：
1. 请使用微信扫描封底二维码，关注"交大 e 出版"微信公众号。
2. 点击商品链接或开通链接进入会员开通页面，选择"使用购物码支付"，输入刮层下的 12 位序列号并确认退出。
3. 至此，您已开通本书数字会员，可使用微信扫描书中任意二维码，免费畅享本书所有数字资源。

目 录

第一章 绪 论 ... 1
- 第一节 高速铁路概述 ... 1
- 第二节 国外高速铁路发展概况 ... 5
- 第三节 我国高速铁路发展概况 ... 11
- 第四节 高速铁路未来发展趋势 ... 17
- 复习思考题 ... 18

第二章 高速铁路线路 ... 19
- 第一节 高速铁路线路的特点 ... 19
- 第二节 高速铁路线路的平面和纵断面 ... 20
- 第三节 高速铁路路基 ... 25
- 第四节 高速铁路轨道 ... 33
- 第五节 无缝线路 ... 45
- 第六节 高速铁路桥隧建筑物 ... 47
- 复习思考题 ... 59

第三章 高速铁路车站 ... 60
- 第一节 高速铁路车站的特点及布局原则 ... 60
- 第二节 高速铁路车站的分类及主要作业 ... 62
- 第三节 高速铁路车站设备及车站图型 ... 63
- 第四节 高速铁路与既有线枢纽的衔接 ... 66
- 第五节 动车段(所)、综合检修段(区)与车站的布置 ... 71
- 复习思考题 ... 73

第四章 高速铁路动车组 ... 74
- 第一节 动车组概述 ... 74
- 第二节 动车组的发展概况 ... 77
- 第三节 动车组的基本结构与技术特征 ... 84
- 第四节 动车组的运用 ... 91
- 第五节 中国标准动车组 ... 96
- 第六节 高速动车组的定期检修 ... 107
- 复习思考题 ... 110

第五章 高速铁路牵引供电系统 ... 111
- 第一节 概 述 ... 111
- 第二节 高速铁路牵引供电系统的特点及构成 ... 112

第三节　高速铁路牵引供电系统的供电方式 ………………………………… 115
　　第四节　高速铁路牵引变电所 …………………………………………………… 120
　　第五节　高速铁路接触网 ………………………………………………………… 130
　　第六节　高速铁路牵引供电 SCADA 系统 …………………………………… 139
　　复习思考题 …………………………………………………………………………… 141

第六章　高速铁路信号及列车控制系统 ……………………………………………… 142
　　第一节　概　述 …………………………………………………………………… 142
　　第二节　调度集中系统（CTC）………………………………………………… 143
　　第三节　列车运行控制系统 ……………………………………………………… 154
　　第四节　车站计算机联锁系统 …………………………………………………… 167
　　复习思考题 …………………………………………………………………………… 172

第七章　高速铁路通信系统 …………………………………………………………… 173
　　第一节　高速铁路通信系统的组成 ……………………………………………… 173
　　第二节　高速铁路综合数字移动通信系统（GSM-R）………………………… 177
　　复习思考题 …………………………………………………………………………… 183

第八章　高速铁路运输组织 …………………………………………………………… 184
　　第一节　概　述 …………………………………………………………………… 184
　　第二节　高速铁路列车开行方案 ………………………………………………… 187
　　第三节　高速铁路列车运行图及通过能力 ……………………………………… 194
　　第四节　高速铁路行车组织 ……………………………………………………… 200
　　第五节　高速铁路行车调度指挥系统 …………………………………………… 214
　　复习思考题 …………………………………………………………………………… 220

第九章　高速铁路客运组织与服务 …………………………………………………… 221
　　第一节　高速铁路旅客运输生产过程 …………………………………………… 221
　　第二节　高速铁路客运服务系统 ………………………………………………… 226
　　第三节　高速动车组列车服务 …………………………………………………… 230
　　复习思考题 …………………………………………………………………………… 237

第十章　磁悬浮铁路 …………………………………………………………………… 238
　　第一节　概　述 …………………………………………………………………… 238
　　第二节　磁悬浮铁路的基本制式和工作原理 …………………………………… 241
　　第三节　磁悬浮铁路的关键技术和设备 ………………………………………… 245
　　第四节　磁悬浮铁路的优缺点 …………………………………………………… 248
　　复习思考题 …………………………………………………………………………… 249

参考文献 ………………………………………………………………………………… 250

第一章 绪 论

高速铁路是世界铁路的一项重要成就，它集中反映了一个国家铁路基础建设、列车牵引动力、高速运行控制、高速运输组织、优质客运服务和经营管理等方面的技术水平，也体现了一个国家的科技和工业技术水平。

高速铁路是社会经济发展和运输市场竞争的需要，在经济发达、人口密集地区的经济效益和社会效益尤为突出，它促进了区域经济的发展和城市化进程，从根本上改变了人们的出行方式和出行效率。

第一节 高速铁路概述

一、高速铁路的定义

高速铁路的概念是相对的、不断发展变化的，各国的标准也不一样。

1970年日本政府第71号令的定义为：在一条铁路的主要区段上，列车的最高运行速度达到200 km/h及以上的干线铁路。

1985年欧洲经济委员会在日内瓦签署国际铁路干线协议规定：列车最高运行速度达到300 km/h及以上的高速铁路或最高运营速度达到250 km/h及以上的客货混用线路。

1996年国际铁路联盟（UIC）的定义是：最高运营速度至少达到250 km/h的专用线或最高运营速度达到200 km/h的既有线。

目前世界各国对高速铁路比较一致的定义是：最高行驶速度在200 km/h以上、旅行速度超过150 km/h的铁路系统。

我国对高速铁路的定义分为两部分：一是指既有线改造后速度达到200 km/h和新建速度达到200~250 km/h的线路，在这部分线路上运营速度不超过250 km/h的高速列车称为"动车组（D字头列车）"以及按动车组列车模式运行的跨线高速动车组列车，同时可执行普通客运列车及少量货运列车作业的运营模式；二是指新建速度达到300~350 km/h的线路，在这部分线路上运营速度达到300 km/h及以上的"高速动车组"以及最高速度达300 km/h的动车组列车。

需要说明的是，磁悬浮铁路也应属于高速铁路的范畴，但其技术体系与传统轮轨铁路完全不同，目前世界上的高速铁路都采用的是轮轨技术。本书把磁悬浮铁路单独作为一章介绍。

另外,在我国高速铁路发展的初期,部分高速铁路曾使用过"客运专线"的概念,"客运专线"是指仅运行旅客列车和技术作业列车的铁路系统,"客运专线"种类有三个,分别是高速铁路、城际铁路和市域铁路。但"客运专线"仅是从功能上的一个定义,容易引起混淆,目前大多使用高速铁路的概念。

二、高速列车的定义

高速列车——以最高速度 200 km/h 以上运行的列车。

高速列车可以是由机车牵引客车组成的列车,也可以是动车组列车,称为高速动车组。严格地说,高速列车的含义很广泛,它不但包括轮轨式列车,还包括磁悬浮列车等。

动车组——由两辆或两辆以上带动力的车辆(动车)和不带动力的客车(拖车)固定编组在一起的列车。动车组一般是由一部分动车和一部分拖车组成,也可以全部由动车组成而不设置拖车。

三、高速铁路的技术经济优势

高速铁路是在传统的轮轨技术体系基础之上,广泛运用现代高新技术发展起来的产物。其技术充分发挥了既先进又实用的特点,虽源于传统铁路,但借助于多项高新技术,已形成一种能与既有路网兼容的新型交通系统,是当代科学技术进步与经济社会发展的象征。

高速铁路的优势

高速铁路是高新技术在铁路上的集中反映,它使交通运输结构发生了新的重大变化。是当代经济、社会、科技、交通发展的必然产物,是世界"交通革命"的一个重要标志。高速铁路与公路、航空等运输方式相比,具有输送能力大、安全可靠、在一定旅行距离内可节省时间、旅行舒适度高、较少受气候变化影响的特点,又具有节省土地资源、保护生态环境、摆脱交通堵塞等优势,是解决大通道上大量旅客快速输送问题的最有效途径,已成为世界铁路的未来发展方向。

高速铁路具有一系列技术经济优势,主要表现在以下几个方面:

(一)速度快、旅行时间短

运行速度快是高速铁路技术的核心,也是高速铁路最主要的技术经济优势之一。目前,高速铁路最高运行速度超过 350 km/h,低于航空客机,远高于普速铁路(160 km/h)和高速公路(140 km/h)。

速度是高速铁路技术水平的主要标志,各国都在不断提高列车的运营速度。1988 年意大利在 TAV 线上的试验速度达到了 319 km/h,同年德国的 ICE 更是达到了 406 km/h。1996 年日本东海道新干线山阳新干线上的 JR500 型电车试验速度达到了 443 km/h,法国 TGV-LGV 东欧线更是在 2007 年创造了试验速度 574 km/h 的世界最高纪录。2010 年 9 月,在我国沪杭客运专线上,CRH380A 型动车组跑出了 416.6 km/h 的试验速度,2011 年 1 月 CRH380BL 型动车组创造了 487.3 km/h 的国内最快纪录。目前,法国、日本、德国、西班牙和意大利的高速列车的最高运营速度分别达到了 350 km/h、300 km/h、280 km/h、270 km/h 和 250 km/h。

我国的高速列车的最高运营速度也达到了 350~380 km/h。

除了最高运营速度外，旅客更关心的是旅行速度，因为旅行速度直接决定了旅客全程的旅行时间，高速列车可以大大缩短全程旅行时间。运营速度为 250~300 km/h 的高速铁路，与公路（100 km/h）、航空（700 km/h）的旅行时间相比，分别在运距 250~600 km 和 200~800 km 的范围内具有明显优势。如果考虑到高速列车的安全、方便、舒适、票价等优点，其"优势运距"还可延伸。

（二）安全可靠

人们在出现的过程中，最关心的一个问题就是出行的安全性。有资料表明，从各国的交通运输统计中，铁路、公路、民航运输的事故率（每百万人千米的伤亡人数）之比大约为 1∶24∶0.8。高速铁路由于是在全封闭环境中自动化运行，又有完善的列车运行控制系统，所以其安全程度是任何交通工具都无法比拟的。

高速铁路在国外已有几十年安全运营的实践经验。高速铁路问世 50 多年来，日、德、法三国共运送了 50 多亿人次旅客，除了 1998 年 6 月 3 日德国的 ICE 高速列车发生翻车事故（死亡 101 人）、日本 2004 年 10 月 23 日在新潟地震中首次发生运行中的新干线列车脱轨的严重事故（无人员死亡）、西班牙 2013 年 7 月 24 日在加利西亚省圣地亚哥附近发生列车脱轨事故（死亡 80 人）、我国 2011 年 7 月 23 日发生的甬温事故（死亡 40 人）外，目前尚未发生其他重大行车事故，也没有因事故引起人员伤亡。从统计学角度来讲，高速铁路的事故率、事故死亡率等指标都是非常低的，相比之下，高速铁路可称得上是当今世界上最安全的现代高速交通运输方式。

（三）全天候运行，正点率高

高速铁路全部采用自动化控制，几乎不受气候变化的影响，即使在大风大雾或冰雪天气条件下，也只需减速运行，无须停运。所以高速铁路可以全天候运营，除非发生地震和山体滑坡等情况。根据日本新干线风速限制的规范，若装设挡风墙，风速达 30 m/s 时（相当于 11~12 级大风），列车限速在 70 km/h 照常运行。而机场和高速公路在遇到浓雾、暴雨和冰雪等恶劣天气时，则必须关闭停运。

另外，正点率高也是高速铁路深受旅客欢迎的原因之一。由于高速铁路列车采用先进的自动化控制系统，列车严格按照列车运行图规定的时间运行，因此正点率几乎都在 99% 以上。例如，西班牙高速铁路自投入运营以来，列车正点率高达 99.6% 以上；日本规定到发偏离时刻表超过 1 min 就算晚点，日本东海道新干线列车平均误点时间只有 0.3 min。

由于高速铁路具有高速、全天候、安全正点等优势，许多原来乘坐飞机、汽车的旅客及自驾出行和上下班的"白领"，都改乘城际高速列车。这种情况在我国京津冀、长三角、珠三角等经济发达、人口密集、交通拥堵地区尤为突出，致使高速公路旅客减少，短途航班停运或减少班次。据德国 ICE 运营初期三年统计，ICE 运送的 4 700 万旅客中，64% 的新旅客来自公路，36% 的新旅客来自航空。

（四）行车密度高、输送能力大

高速列车间的行车间隔越小，运行密度越大，为旅客提供的服务频率越高，旅客等待乘车的时间就越短，就能吸引更多的客流。列车密度主要决定于最小行车间隔时间，目前各国高速铁路几乎都能满足最小行车间隔时间 4 min 及以下的要求（日本和我国可达到 3 min），扣除夜间天窗维修时间 4 h，则每天可开行的旅客列车约为 300 对。以日本东海岛新干线为例：日本东海道新干线高峰期发车间隔为 3.5 min，平均每小时发车达 11 列，在东京与新大阪间的 2.5 h 的运行路程中，开行"希望"号 1 列、只停大站的"光"号 7 列以及各站都停的"回声"号 3 列，每列车可载客 1 200～1 300 人，年均输送旅客达 1.2 亿人次。相比较而言，4 车道高速公路年均单向输送能力为 8 760 万人；目前最大的飞机可乘坐 300～400 人/架，两地飞行按单向每天 20 架次计算，每天单向输送旅客仅 7 000～8 000 人。相比之下，高速铁路的旅客输送能力比公路、航空大得多。

（五）能耗低

能耗高低是评价交通运输方式优劣的重要经济技术指标之一。根据有关方面的统计，各种交通运输工具平均每人千米的能耗：飞机 2 998.8 J，大轿车 583.8 J，小轿车 3 309.6 J，普速铁路 403.2 J，高速铁路 571.2 J。如果以普速铁路每人千米的能耗为 1.0，则高速铁路为 1.42，大轿车为 1.45，小汽车为 8.2，飞机为 7.44。汽车、飞机均使用的是不可再生的一次能源——汽油或柴油，而高速铁路使用的是二次能源——电力。随着水电、太阳能、风能和核电等新型能源的发展，高速铁路在能源消耗方面的优势还将更加突出。这也是在当今石油等能源紧张的情况下，世界各国选择发展高速铁路的重要原因之一。

（六）对环境污染小

当今，环境保护是关系人类生存的全球性紧迫问题，交通运输是重要的环境污染源。交通运输对环境的污染主要是废气和噪声。据统计，在旅客运输中，各种交通运输工具一氧化碳等有害物质的换算排放量，公路为 0.902 kg/(人·km)，铁路为 0.109 kg/(人·km)，飞机为 635 kg/h（另外还有二氧化碳 46.8 kg/h，三氧化硫 15 kg/h），这些有害物质在大气中一般要停留 2 年以上，是当今造成大面积酸雨、植被生态遭到破坏和建筑物遭受侵蚀的主要原因。由于高速铁路实现了电气化，使铁路基本消除了粉尘、油烟和其他废气污染。另外，高速铁路的噪声污染也是最低的。例如，日本曾经的航空运输每千人千米产生的噪声为 1.0，大轿车为 0.2，而高速铁路仅为 0.1。

从以上数据来看，在现代交通运输中，航空和汽车运输造成的环境污染较大。因此，为防止地球臭氧层被破坏而导致气候异常，应大力发展清洁能源的交通工具，即加大城市轨道交通和高速铁路发展的力度。

（七）舒适性好、服务质量高

高速旅客列车不仅设施先进，运行平稳，而且座位比汽车、飞机宽敞，列车上还有飞机和汽车无法比拟的个人活动空间，可以提供会议、娱乐、观光等条件。例如，我国高速铁路的整体设备条件先进，动车组服务设施完善，列车内的环境和服务是一流的标准，可与空乘服务相媲美；列车运行的震动、噪声也非常小，几乎让人感觉不到，使旅客都感到十分舒适。高速铁路舒适方便的特性使它在与公路和航空的竞争中处于优势。

（八）占地面积小

高速铁路大多采用高架线路，占用土地面积极少，对既有用地规划干扰少，有利于耕地保护，尤其是与其他交通管线全立体交叉，不影响相互的通行。

（九）社会效益和经济效益好

高速铁路给人们带来了方便，提高了办事效率，创造了社会时间价值。例如，东京—大阪在东海道新干线修建之前，旅行时间为 6 h 30 min，而东海道新干线投入运营之后，旅行时间缩短为 3 h 10 min，现在仅需 2 h 30 min，从时间差上可以算出每年节约旅行时间为 4 亿小时，以国民生产总值计算，4 亿小时的价值约为 5 000 亿日元，仅计算东海道新干线从开通至 1996 年的时间，累计节约的时间价值便高达 1.7×10^4 亿日元，说明新干线的社会效益是相当惊人的。其他国家的高速铁路也同样取得了满意的社会效益。

高速铁路备受旅客青睐，其经济效益也是十分可观的。日本东海道新干线开通后，仅 7 年时间就收回了全部建设资金，2014 年，东海道新干线总利润约为 4 000 亿日元。德国 ICE 城市间高速列车每年纯利润达 10.7 亿马克。法国 TVG 高速列车年纯利润达 19.44 亿法郎。目前我国高速铁路还处于客源培养阶段，高速铁路正在逐渐形成网络，所以我国大部分高速铁路现在还处于亏损状态。但从我国已经开通运营的高速铁路的分析来看，高铁沿线已经成为中国经济发展最活跃和最具潜力的地区，长远来看，我国高速铁路在支撑区域协调发展、优化资源配置和产业布局、构建高效综合运输体系、降低物流成本、促进城镇一体化进程和经济可持续发展等方面将发挥巨大的作用。

第二节　国外高速铁路发展概况

世界高速铁路的发展历程大体经历了以下几个阶段。

第一阶段：从 20 世纪 60 年代至 80 年代末，为高速铁路发展初期，以日本为首，相继研究修建高速铁路的国家有法国、意大利、德国等，建成高速铁路近 3 000 km。

第二阶段：从 20 世纪 80 年代末至 90 年代中期，在欧洲形成修建高速铁路的热潮，修建高速铁路的国家扩展到西班牙、比利时、荷兰、瑞典和英国等。西班牙引进了法、德两国技术，建成了马德里至塞维利亚高速铁路，全长 471 km。瑞典通过改造线路开行 X2000 摆式列车实现高速运输。这一时期建成的高速铁路约 1 500 km。

第三阶段：从 20 世纪 90 年代后期至 21 世纪初，研究修建高速铁路的国家又迅速扩展，有人称其为第三次浪潮，正在修建和规划修建高速铁路的国家和地区达 20 多个，美国、加拿大、印度、俄罗斯、捷克等国都积极筹建高速铁路，有些国家和地区已经形成高速铁路网。1998 年 10 月在德国召开的第三次世界高速铁路大会上有学者预言，高速地面交通系统有全球化的趋势，21 世纪将成为高速铁路大发展的世纪。

第四阶段：21 世纪初形成了第四次浪潮，中国快速大规模地修建高速铁路和城际客运专线，将列车最高运行速度提高到 350～380 km/h，其他一些国家包括美国也开始规划和建设高速铁路。目前中国的高铁已经形成较为完善的技术体系，成为世界高速铁路发展的领跑者，且在逐步向其他国家输出，世界上形成了高速铁路建设运营不断扩散的大好局面。

一、日本高速铁路

（一）日本新干线

日本是世界上第一个建成高速铁路并投入运营的国家，于 1964 年建成世界上第一条高速铁路——东海道新干线，标志着世界高速铁路由试验阶段跨入了商业运营阶段。东海道新干线刚开通时高速列车运行速度为 210 km/h，从东京至大阪间的旅行时间由 6 h 30 min 缩短到 3 h 10 min。东海道新干线投入运营后，高速列车的客运市场占有份额迅速上升，每天平均运送旅客 36 万人次，年运输量达 1.2 亿人次，取得了预期的经济效益。

20 世纪 70～80 年代（1975 年—1989 年），又分别建成了山阳、东北和上越新干线。1975 年山阳新干线通车运营，列车最高运行速度 270 km/h；1982 年上越新干线通车运营，列车最高运行速度 240 km/h；1985 年东北新干线通车运营，列车最高运行速度 240 km/h。

1997 年，长野新干线通车运营，列车最高运行速度 260 km/h。

2011 年 3 月 5 日，日本新干线速度最快的列车"隼鸟号"（见图 1-1）投入运营，其运行在首都东京与北部城市青森之间，最快运行速度达到 320 km/h。

截至 2017 年 4 月，日本已投入运营的新干线高速铁路里程为 3 041 km，在建新干线高速铁路里程为 402 km，规划建设新干线高速铁路里程为 179 km。

图 1-1 日本"隼鸟"号高速铁路列车

（二）运输组织特点

日本新干线全部是新建的客运专线，与既有铁路走向分开。采取模式化运行，根据具体情况制定行车组织方案。基本按照白天行车、夜间维修的节奏运行。由于只开行高速列车，运输组织工作较为简便。

（三）运营组织特点

日本高速铁路运营组织有以下特点：
（1）安全；
（2）准时；
（3）完善的营销措施；
（4）方便的换乘条件。

二、法国高速铁路

（一）法国是世界高铁速度的领跑者

法国在1955年，利用普通的电力机车牵引一节客车和一节试验车创造了列车运行速度331 km/h的当时世界纪录。

20世纪70年代，法国TGV-01试验型电动车组达到了380 km/h的速度。

1990年5月，TGV大西洋电动车组创造了515.3 km/h的世界纪录；2007年4月又创造了574.8 km/h的世界纪录。

法国TGV大西洋高速列车（见图1-2）300 km/h的运营速度也长期保持了世界最高运营速度的纪录。

图1-2　法国TGV-2N型高速动车组

巴黎和里昂是法国最大的两座城市，连接两座城市的TGV东南线于1981年在南段部分和北段部分分别投入运营，最高运行速度达到270 km/h，巴黎到里昂全程390 km，旅行时间仅为2 h，比过去缩短一半。

1989年9月至2001年，法国先后建成投入运营的高速铁路有大西洋线、东南延伸线、北方线、巴黎东环线和地中海线。现已形成了以巴黎为中心向外辐射的东南线、大西洋线、北方线、东南延伸线（或称罗纳河—阿尔卑斯线）、巴黎地区联络线、地中海线和欧洲东部线等7条交通主干线，可以到达50多个城市，并延伸到英国、荷兰、比利时、瑞士等邻近国家。投入运营的 6 条高速铁路的营业里程合计 1 576 km，最高运行速度达到 270～300 km/h，运行模式为高速客运，高速铁路与既有铁路兼容。

（二）运输组织特点

法国高速铁路运输组织有以下特点：

（1）"纯高速"方案：只在高速铁路上运行高速列车。特点：速度快。

（2）"下线"模式：高速列车既可以在高速铁路运行，也可以下到既有铁路运行。

特点：延长了运行距离，拓展了其通达范围，减少了旅客的换乘次数，扩大了客流吸引范围。这样的组织方式，既可以发挥新线通过能力，也能充分利用即有线的基础设施。

（3）模式化运行：采取基于客运量的运输模式，根据客流量大小配备相应的列车对数，制定合理的开行方案，量身定制。

特点：采取两组列车重联的方式，以提高运输能力。

（三）运营组织特点

法国高速铁路运营组织有以下特点：

（1）推行代理制。法国高铁各路局的车票发售普遍推行代理制，其中自售占 80%，代售占 20%。

（2）新的票价结构。倡导乘客使用绿色车票，经常乘车者使用纸卡票，对 12～15 岁年龄组的青年、两人共同旅行或带 1 名 4 岁以下乘客提供减价票。

（3）枢纽内不同车站合理分工，协调配合。

（4）开展多式联运。法国高铁提出"视同行为合作伙伴"的经营思想，与航空、地铁、汽运合作开展多式联运。

三、德国高速铁路

（一）发展历程

德国第一条高速铁路是汉诺威—维尔茨堡、曼海姆—斯图加特。汉诺威—维尔茨堡线路全长 327 km，1973 年开始动工，1987 年完成 94 km 并投入部分使用，1991 年全部投入使用。曼海姆—斯图加特全长 107 km，其中新线 99 km，1976 年开始动工，1991 年投入使用。德国 ICE 列车在保证中途停站不变的情况下，使曼海姆—斯图加特的旅行时间缩短为原来的 68%，使法兰克福—斯图加特的旅行时间缩短到原来的 64%。从 1998 年 9 月至 2002 年 8 月，德国先后建成柏林—汉诺威、科隆—法兰克福线，最高运行速度为 250～300 km/h。德国的高速铁路既有客运专线，又有客货共线运行模式。

德国于 21 世纪初投入运营的高速客运专线，其新建部分全部采用无砟轨道，桥隧比例增大，线路最大坡度、最大允许超高和欠超高、缓和曲线长度等技术参数加大，最小曲线半径适量缩小，同是 8 辆编组动车组，动力车最大功率增至 8 000 kW，列车运行控制采用改进型 LZB。

德国新建和改建的高速铁路线总长至少已达 1 560 km。德国铁路公司声称，自 1991 年投入运营以来，高速铁路的运营里程已经相当于从地球到太阳往返了 3 次。虽然德国在全面掌握高速铁路技术方面比日、法两国要晚，但是其独特的技术已经能与日、法两国相媲美。图 1-3 所示为德国 ICE-3 型高速动车组。

图 1-3　德国 ICE-3 型高速动车组

（二）运输组织特点

1. 新旧线混用

德国铁路的高速网是由改造的旧线（最高速度 200 km/h）和新建高速线（最高速度 250 ~ 300 km/h）混合组成的。德国既有铁路线路的质量一般较高，允许运营 160 ~ 200 km/h 的城市间快速列车。在这种国情下，德国发展高速铁路时，不会脱离原有铁路网的基础，不会不重视原有城市间的基本客流，也不会放弃大量的货运市场。

2. 客货混运

德国高速铁路的建设还特别强调扩大货物运输能力，改善运输质量和消除运输瓶颈地段，所以采用客货混运的运输方式，在高速线路上既要运行 ICE 列车，也要运行货物列车，还要开行地区和短途客运列车。所以这些高速线路运输任务很繁忙，甚至过负荷。德国高速铁路运营经验表明，客货列车混运时货物列车（轴重 22.5 t）对线路加重破坏的现象不明显，对其维修量的增加也不显著。但从运营的角度来说，在同一时间段里客货混运，因速度相差大，会影响高速铁路的能力发挥，所以一般采用客货列车分时运行，昼间运行客车，夜间运行货车。

3. 固定模式运行

德国的 ICE 动车组在 6:00 ~ 24:00 时间段内实行节拍运输，即按固定相等的运行间隔开行列车。在每条线上白天每方向约开行 15 列列车。这些动车组开行间隔大多是 1 h，目前根据运量需要有的区段出现了 30 min 间隔的节拍运输，在一些运量小的区段采用 2 h 间隔的节拍运输。这种运输方式，对大多数旅客来说全天能提供均衡而最佳的列车，节拍时间容易记忆，便于旅客对车次的选择。

（三）运营组织特点

1. 灵活的票价政策

德国铁路的客运票价由客运公司营销部门负责，根据列车等级制定不同的客票价格，其中 ICE 列车的票价远高于其他列车。德国铁路在客票的价格政策上采用了灵活机制，以市场需求为导向。其票价制度的特点是：以旅客需求为出发点，根据不同的旅客群、不同的时间和地点对同一产品采取不同的销售价格。德国铁路的客票定价系统具有以下特点：

（1）运价率。运价率实行递远递减，旅行距离越长，单位距离票价越低。

（2）车票优惠。对旅行距离在 100 km 以上的旅客，按提前购票天数执行限额销售优惠价客票；对同时旅行但是同行人数不同的乘客分别给予不同程度的优惠票价。

（3）免费乘车。对与成人同行的 14 岁以下儿童实行免费，短途旅客下车后可凭火车票任意免费搭乘市郊的轻轨、公共汽车等交通工具。

2. 多样化的票种选择

在客运营销方面，德国铁路公司更关注客票的多样化，以适合各种消费人群。为了适应激烈的竞争，德国铁路公司不断推出新的客票种类，如特价票、通票、年票、团体票等。

3. 多方位的营销渠道

德国铁路在全国分为 4 个售票管理中心，33 个分理处管辖 720 个车站售票点，有 4 300 名售票员，站内售票只设在大站。每年人工售票大约 27 亿欧元。近年来的发展趋势是尽量减少人工售票，以减少人工费用支出。另外，德国铁路公司的客票营销组织按旅客不同的需求建成不同营销渠道和方案，除了车站人工售票以外，还提供了 7 种主要的营销渠道：旅行中心、自动售票机、获得德国铁路公司许可证的旅行社、互联网系统、车上售票系统、订票中心和呼叫中心。

四、其他国家

（一）西班牙

西班牙的第一条高速铁路是马德里—塞维利亚高铁，全长 471 km，于 1987 年 10 月动工新建，1992 年 4 月投入运营，线路设计速度为 300 km/h，列车最高运营速度为 270 km/h。由于高速线的开通，马德里—塞维利亚的旅行时间由原来的 5 h 45 min 缩短到 2 h 15 min。2003 年西班牙开通了马德里—莱里达线。目前西班牙全部投入运营的高速铁路营业里程合计 952 km。

（二）意大利

意大利罗马—佛罗伦萨铁路段是其第一期的高速铁路，为既有线改造而成。既有线建于 100 年前，总长 316 km，坡度大、小半径多，成为意大利铁路南北干线中的瓶颈区段。该线路于 1992 年完工，线路设计速度为 250 km/h。罗马—那波利的高速铁路采用 ETCS2 列控系统，于 2006 年 1 月 12 日投入商业运营，运行速度为 300 km/h，该线路被认为是欧洲铁路跨国运输发展的一个里程碑。

（三）瑞典

瑞典发展高速铁路主要是改造既有线，开行自主开发的 X2000 摆式列车。这种摆式列车的最高速度可以达到 210 km/h。目前瑞典全部开行 X2000 摆式列车的既有线线路总长达到 2 700 多千米。

五、国外高速铁路发展特点

国外高速铁路发展有以下特点：

（1）新建高速铁路双线，专供旅客快速运输（如日本新干线和法国高铁，均为客运专线，白天行车、夜间维修）。

（2）新建高速铁路双线，实行客货共线运行（如意大利罗马—佛罗伦萨高速铁路）。

（3）部分新建高速线与部分既有线混用（如德国柏林—汉诺威高速铁路）。

（4）在既有线上使用摆式列车运行（瑞典为代表）。

第三节　我国高速铁路发展概况

我国从 20 世纪 90 年代起就一直致力于提高铁路运营速度。1997—2004 年，我国铁路进行了五次大提速，旅客列车速度从 80 km/h 提高到 160 km/h。在此期间我国铁路在高速技术方面做了大量探索和研究，2003 年以后开始着手发展全新的高速铁路技术体系并逐步开始实施，一批高速铁路（客运专线）项目开始推进。2006 年 4 月 18 日，我国铁路第六次大面积提速正式付诸实施，主要干线开始"时速 200 km/h"的高速运行，从此中国铁路逐步走向高铁时代。图 1-4 所示为中国 CRH 系列高速铁路动车组。

图 1-4　中国 CRH 系列高速铁路动车组

一、我国高速铁路发展历程

我国高速铁路速度纪录如表 1-1 所示。

2004 年 1 月，国务院通过了《中长期铁路网规划》，确定了"扩大规模、完善结构、提高质量、快速扩充运输能力、迅速提高装备水平"的铁路网发展目标。这份纲领性文件促使青藏铁路提前一年建成通车，指导全国铁路第六次大面积提速成功实施，让大秦铁路突破世界重载运量极限，更推动了京津城际铁路的开通运营，开辟了中国高速铁路的新纪元。

表 1-1 中国高速铁路速度纪录表（200 km/h 以上部分）

时 间	动车组类型	试验速度/(km/h)	试验线路
1998 年	X2000 "新时速"摆式电力动车组	200	广深铁路
1999 年 9 月	DDJ1 "大白鲨"电力动车组	223	广深铁路
2000 年 10 月	DJJ1 "蓝箭"电力动车组	235.6	广深铁路
2001 年 11 月 11 日	DJF2 "先锋"电力动车组	249.6	广深铁路
2002 年 9 月 10 日	DJF2 "先锋"电力动车组	292.8	秦沈客运专线
2002 年 11 月 27 日	DJJ2 "中华之星"电力动车组	321.5	秦沈客运专线
2008 年 4 月 24 日	CRH2C "和谐号"电力动车组	370	京津城际铁路
2010 年 2 月 6 日	CRH2C "和谐号"电力动车组	394.2	郑西客运专线
2009 年 12 月 9 日	CRH3C "和谐号"电力动车组（两列重联）	394.2	武广客运专线
2008 年 6 月 24 日	CRH3C "和谐号"电力动车组	394.3	京津城际铁路
2010 年 9 月 28 日	CRH380A "和谐号"电力动车组	416.6	沪杭客运专线
2010 年 12 月 5 日	CRH380BL "和谐号"电力动车组	457	京沪客运专线
2010 年 12 月 3 日	CRH380AL "和谐号"电力动车组	486.1	京沪客运专线
2011 年 1 月 9 日	CRH380BL "和谐号"电力动车组	487.3	京沪客运专线

2006—2007 年，中国铁路实施了第六次大提速，中国铁路系统掌握了既有线提速 200～250 km/h 的成套技术。

2005—2008 年：京津城际高速铁路建成投入运营，系统解决了制约速度的一系列技术难题，最高运营速度提高至 350 km/h。

2008 年 10 月，国家发展和改革委员会批准了《中长期铁路网规划》（2008 年调整），原《中长期铁路网规划》正式被新的《中长期铁路网规划》（2008 年调整）所取代。新规划进一步扩大路网规模，完善布局结构，提高运输质量，体现了原规划快速扩充运输能力、迅速提高装备水平的要求。

2008—2011 年，武广、郑西、哈大等客运专线陆续建成并投入运营，高速动车组持续运营速度达到 350 km/h。

2008 年 8 月 1 日，我国第一条时速 350 km/h 的高速铁路——京津城际铁路开通运营，标志着我国系统掌握了时速 350 km/h 的高速铁路成套技术，我国高速铁路技术从此跨入了世界先进行列。

2011年6月30日,京沪高速铁路正式开通运营,它的建成使北京和上海之间的往来时间缩短到5 h以内。京沪高速铁路最高运营速度380 km/h。

2008年我国提出了调整后的《中长期铁路网规划》,规划中要求修建以"四纵四横"为主干的客运专线,目前我国已建成"四纵四横"干线高速铁路网络和三个城际高速铁路系统,并在不断完善,形成网络。

2016年7月,国家发改委、交通运输部、中国铁路总公司联合印发了《中长期铁路网规划》(2016—2025)。在该规划中提出了修建形成高速铁路网:即在"四纵四横"高速铁路的基础上,增加客流支撑、标准适宜、发展需要的高速铁路,部分利用时速200 km/h铁路,形成以"八纵八横"主通道为骨架、区域连接线衔接、城际铁路补充的高速铁路网,实现省会城市高速铁路通达、区际之间高效便捷相连。

截至2020年年底,我国高速铁路总里程已达到3.8万千米。我国高速铁路营业里程居世界第一,远远超过其他国家高速铁路里程的总和。我国高速铁路技术也不断成熟,网络逐步完善,已经凸显出网络化效应。目前我国高速铁路已成为世界上高速铁路系统技术最全、集成能力最强、运营里程最长、运行速度最快、在建规模最大的国家。

二、"四纵四横""八纵八横"客运专线

中国"四纵四横"
和"八纵八横"
高速铁路网

(一)"四纵四横"客运专线

1. "四纵"客运专线

(1)京沪高速铁路:全长约1 320 km,从北向南纵贯京、津、冀、鲁、苏、皖、沪7省市,设计速度350 km/h,其中包括300~350 km/h的蚌埠—合肥、南京—杭州两条客运专线,贯通京津至长江三角洲东部沿海经济发达地区。

(2)北京—武汉—广州—深圳客运专线(京广深高速铁路):全长2 281 km,设计速度350 km/h,连接华北和华南地区,是纵向连接京、冀、豫、鄂、湘、粤、港、澳的客运大通道。

(3)北京—沈阳—哈尔滨(大连)客运专线(京哈高速铁路):全长1 860 km,设计速度350 km/h,其中包括锦州—营口客运专线,连接东北和关内地区。在这条通道上还有秦沈和哈大两条客运专线。秦沈是我国新建的第一条客运专线,哈大是我国在高寒地区新建的第一条高速铁路。此外还修建了哈尔滨—齐齐哈尔客运专线(时速250 km/h)和吉林—珲春城际客运专线(时速250 km/h),它是北方最美的高速铁路。

(4)上海—杭州—宁波—福州—厦门—汕头—深圳客运专线(杭深高速铁路):全长约1 660 km,连接长三角、珠三角和东南沿海地区。它是一条以客运为主兼顾货运的客运专线。

此外,在南北快速客运通道上还修建了九江—南昌、南昌—福州、莆田客运专线,主要开行动车组列车。其中合肥—福州的高速铁路(350 km/h),全长852 km,连接安徽、江西、福建多个旅游景点,是我国南方最美的高速铁路。

2. "四横"客运专线

(1)徐州—郑州—西安—兰州客运专线(徐兰高速铁路):全长约为1 400 km,设计速度350 km/h,部分地段为250 km/h;另外还有兰州—西宁—乌鲁木齐客运专线,全长

1 776 km，设计速度 250 km/h，西宁—哈密段的设计速度为 200 km/h。这是横贯陕、甘、青、新 4 省，连接西北与中东部的客运大通道。

（2）上海—杭州—南昌—长沙—贵阳—昆明客运专线（沪昆高速铁路）：全长约 680 km，是横贯华东、华南和西南 6 省市的客运大通道，连接西南、华中和华东地区，设计速度 350 km/h；此外还修建了衡阳—柳州、贵阳—广州、南宁—桂林—广州、南宁—北海、防城港等快速客运专线。

（3）青岛—石家庄—太原客运专线（青太高速铁路）：全长约 770 km，设计速度 250 km/h，是一条以客运为主兼顾货运的客运专线；太原—西安客运专线时速 250 km/h，是横贯鲁、冀、晋、秦 4 省，连接华东、华北和西北的快速客运通道。

（4）上海—南京—武汉—重庆—成都客运专线：全长约 1 900 km，横贯长江流域 6 省市，加上成都—西安客运专线，是连接华东、华中、西南和西北的客运通道。

此外还有海口—三亚（250 km/h）东环客运专线，全长 308 km。

（二）"八纵八横"客运专线

1."八纵"通道

（1）沿海通道：大连（丹东）—秦皇岛—天津—东营—潍坊—青岛（烟台）—连云港—盐城—南通—上海—宁波—福州—厦门—深圳—湛江—北海（防城港）高速铁路，其中青岛—盐城段利用青连、连盐铁路，南通—上海段利用沪通铁路，连接东部沿海地区，贯通京津冀、辽中南、山东半岛、东陇海、长三角、海峡西岸、珠三角、北部湾等城市群。

（2）京沪通道：北京—天津—济南—南京—上海—（杭州）高速铁路，包括南京—杭州、蚌埠—合肥—杭州高速铁路，同时通过北京—天津—东营—潍坊—临沂—淮安—扬州—南通—上海高速铁路，连接华北、华东地区，贯通京津冀、长三角等城市群。

（3）京港（台）通道：北京—衡水—菏泽—商丘—阜阳—合肥（黄冈）—安庆—黄梅—九江—南昌—赣州—深圳—香港（九龙）高速铁路；另一支线为合肥—福州—台北高速铁路，包括南昌—福州（莆田）高速铁路，连接华北、华中、华东、华南地区，贯通京津冀、长江中游、海峡西岸、珠三角等城市群。

（4）京哈、京港澳通道：哈尔滨—长春—沈阳—北京—石家庄—郑州—武汉—长沙—广州—深圳—香港高速铁路，包括广州—珠海—澳门高速铁路，连接东北、华北、华中、华南、港澳地区，贯通哈长、辽中南、京津冀、中原、长江中游、珠三角等城市群。

（5）呼南通道：呼和浩特—大同—太原—长治—晋城—焦作—郑州—襄阳—常德—益阳—娄底—邵阳—永州—桂林—南宁高速铁路，连接华北、中原、华中、华南地区，贯通呼包鄂榆、山西中部、中原、长江中游、北部湾等城市群。

（6）京昆通道：北京—石家庄—太原—西安—成都（重庆）—昆明高速铁路，包括北京—张家口—大同—太原高速铁路，连接华北、西北、西南地区，贯通京津冀、太原、关中平原、成渝、滇中等城市群。

（7）包（银）海通道：包头—延安—西安—重庆—贵阳—南宁—湛江—海口（三亚）高速铁路，包括银川—西安以及海南环岛高速铁路，连接西北、西南、华南地区，贯通呼包鄂、宁夏沿黄、关中平原、成渝、黔中、北部湾等城市群。

（8）兰（西）广通道：兰州（西宁）—临夏—合作—绵阳—~广汉—成都（重庆）—眉山—乐山—宜宾—毕节—贵阳—都匀—桂林市—贺州—佛山—广州高速铁路，连接西北、西南、华南地区，贯通兰西、成渝、黔中、珠三角等城市群。

2."八横"通道

（1）绥满通道：绥芬河—牡丹江—哈尔滨—齐齐哈尔—海拉尔—满洲里高速铁路，连接黑龙江及蒙东地区。

（2）京兰通道：北京—呼和浩特—银川—兰州高速铁路，连接华北、西北地区，贯通京津冀、呼包鄂、宁夏沿黄、兰西等城市群。

（3）青银通道：青岛—济南—石家庄—太原—银川高速铁路，连接华东、华北、西北地区，贯通山东半岛、京津冀、太原、宁夏沿黄等城市群。

（4）陆桥通道：连云港—徐州—郑州—西安—兰州—西宁—乌鲁木齐高速铁路，连接华东、华中、西北地区，贯通东陇海、中原、关中平原、兰西、天山北坡等城市群。

（5）沿江通道：上海—南京—合肥—武汉—重庆—成都高速铁路，包括南京—安庆—九江—武汉—宜昌—重庆、万州—达州—遂宁—成都高速铁路（其中成都至遂宁段利用达成铁路），连接华东、华中、西南地区，贯通长三角、长江中游、成渝等。

（6）沪昆通道：上海—杭州—南昌—长沙—贵阳—昆明高速铁路，连接华东、华中、西南地区，贯通长三角、长江中游、黔中、滇中等城市群。

（7）厦渝通道：厦门—龙岩—赣州—长沙—常德—张家界—黔江—重庆高速铁路，其中厦门—赣州段利用龙厦铁路、赣龙铁路，常德—黔江段利用黔张常铁路。连接海峡西岸、中南、西南地区，贯通海峡西岸、长江中游、成渝等城市群。

（8）广昆通道：广州—南宁—昆明高速铁路，连接华南、西南地区，贯通珠三角、北部湾、滇中等城市群。

根据我国《中长期铁路网规划》，到 2025 年，我国高速铁路网络覆盖将进一步扩大，路网结构更加优化，骨干作用更加显著，更好地发挥铁路对社会经济发展的保障作用。到 2030 年，基本实现内外互联互通、区际多路畅通、省会高铁连通、地市快速通达、县域基本覆盖。

三、"一带一路"倡议

（一）古代丝绸之路

丝绸之路是起始于中国，连接亚洲、非洲和欧洲的古代陆上商业贸易路线，最初的作用是运输中国古代出产的丝绸、瓷器等商品，后来成为东方与西方之间在经济、政治、文化等诸多方面进行交流的主要通道。丝绸之路从运输方式上主要分为陆上丝绸之路和海上丝绸之路。

陆上丝绸之路：起自中国古代都城洛阳，经长安（今西安），沿河西走廊，途经阿富汗、伊朗、伊拉克、叙利亚等中亚国家而到达地中海，以罗马为终点，全长 6 440 km。这条路被认为是连接亚欧大陆的古代东西方文明的交汇之路，而丝绸则是最具代表性的货物。

海上丝绸之路：是指古代中国与世界其他地区进行经济文化交流、交往的海上通道。古代海上丝绸之路从中国东南沿海，经过中南半岛和南海诸国，穿过印度洋，进入红海，抵达东非和欧洲，是中国与外国贸易往来和文化交流的海上大通道，并推动了沿线各国的共同发展。

（二）一带一路

"一带一路"是"丝绸之路经济带"和"21世纪海上丝绸之路"的简称。它将充分依靠中国与有关国家既有的双多边机制，借助既有的、行之有效的区域合作平台，旨在借用古代丝绸之路的历史符号，高举和平发展的旗帜，积极发展与沿线国家的经济合作伙伴关系，共同打造政治互信、经济融合、文化包容的利益共同体、命运共同体和责任共同体。

2013年9月和10月，中国国家主席习近平在出访中亚和东南亚国家期间，先后提出"一带一路"倡议；2014年，"一带一路"被写进《政府工作报告》；2015年的《政府工作报告》又把"一带一路"作为热点，提出"一带一路"建设与区域开发，加强新亚欧大陆桥、陆海口岸支点建设。

"一带一路"倡议构想顺应了我国要素流动转型和国际产业转移的需要。2014年年末，中国对外投资突破了千亿美元，已成为资本净输出国。"一带一路"倡议将中国的生产要素，尤其是优质的过剩产能输送出去，让沿"带"沿"路"的发展中国家和地区共享中国发展的成果。

（三）高铁建设在"一带一路"倡议中的重要作用

"要想富，先修路"，中国高速铁路的快速发展，使"高铁走出去"具备了强有力的基础。高速铁路的技术、资本输出，是实现我国"一带一路"倡议的重要组成部分。高速铁路已经成为一张新的中国外交名片。

洲际高速铁路是中国高铁"走出去"战略的一步大棋，意在通过铁路这一陆上交通工具连接世界多个大陆，已计划分别从新疆和东北出发，建设两条洲际高铁连通欧洲；从昆明出发，建设一条高铁贯通东南亚诸国直达新加坡。这是中国高铁"走出去"的战略方向。而在更远的未来，中方有意与俄、加、美三国合作，建设一条横跨白令海峡，长达上万千米的高铁，连接亚美两个大洲。

洲际高铁的具体线路如下：

1. 欧亚高铁

欧亚高铁从伦敦出发，经巴黎、柏林、华沙、基辅，经过莫斯科后分成两支，一支进入哈萨克斯坦，另一支进入远东的哈巴罗夫斯克，之后进入中国境内的满洲里。欧亚高铁国内段已经开工，境外线路处于谈判之中。

2. 中亚高铁

中亚高铁起点是乌鲁木齐，经由哈萨克斯坦、乌兹别克斯坦、土库曼斯坦、伊朗、土耳其等国家，最终到达德国，与古老的丝绸之路在线路上基本重合。中亚高铁国内段正在推进，境外线路处于谈判之中。

3. 泛亚高铁

贯穿东南亚的泛亚高铁从昆明出发，经由越南、柬埔寨、泰国、马来西亚，抵达新加坡。

泛亚高铁于 2014 年 6 月开工,从云南西部建设一条长约 30 km 的隧道通往缅甸,再以缅甸向东,伸出一条支线去往泰国,主线则经过老挝、越南、马来西亚通往新加坡。这条高铁线将成为中国至东南亚诸国的一条便捷通道。

4. 中俄加美洲际高铁

中俄加美洲际高铁从中国东北一路向北,经西伯利亚抵达白令海峡,以修建海底隧道的方式穿过太平洋,抵达阿拉斯加,再从阿拉斯加去往加拿大,最终抵达美国。

中俄加美洲际高铁作为连接中外的桥梁,将为"一带一路"的实现提供新的保障。中国高铁"走出去"有利于"一带一路"的互联互通。实现互联互通,道路互通是保障,而铁路将是重中之重。铁路在打通渠道,实现资源、人才、市场互动交流上有先天的优势,其强势带动各行业、各地区协调发展的前景也被世人所公认,所以铁路是为实现"互联互通"的美好蓝图而搭建的最稳固的"桥梁"。

目前,中国高铁在工程建造、高速列车、列车控制、客站建设、系统集成、运营管理等领域掌握了核心技术,形成了具有自主知识产权的核心技术体系,成为世界上高铁系统技术最全、集成能力最强、建设成本最低、运营里程最长、运行速度最高、在建规模最大的国家。中国高铁所具有的独特优势使它成为实现国家"一带一路"互联互通国际倡议的最佳载体之一,中国高铁必将为促进"一带一路"倡议的实践发挥重要作用,促进"一带一路"倡议构想早日实现。

第四节 高速铁路未来发展趋势

在未来的高速铁路建设中,将呈现以下几个发展趋势:

一、线路中桥隧所占比重越来越大

随着高速铁路设计的速度越来越快,由于离心力及超重和失重的作用,高速行驶的列车对线路曲线半径和竖曲线的要求也越来越高,这对于非平原地区来说,线路的设计只能依靠提高线路中桥梁和隧道的比例来实现。此外,为了有效保护铁路沿线宝贵的耕地资源以及减少高铁噪声对居民的影响,在未来的高速铁路线路设计中也会尽量采用以桥代路的方式。这点在已经开通运营的高铁线路中已经得到了验证。例如:京沪高铁线路中,桥梁长度约 1140 km,占正线长度 86.5%;而武广高铁全线有隧道 226 座,共 177.2 km,占线路全长的 18.3%。

二、车站、列车服务智能化

目前我国新建的高速铁路车站已经向服务智能化方向发展,比如自动售票系统、自动检票验票系统等智能服务系统的投入使用,已经实现车站部分服务功能的智能化。但随着科技的进步,独立的智能化系统并不是发展方向,未来的高速铁路必定会使票务系统、旅客服务系统、市场营销系统、安全防灾系统、列车服务系统等各个独立的智能系统通过互联形成综合的车站与列车智能化服务系统,为旅客出行前、进站、候车、乘车、换乘、出站等各个环节提供全方位的智能服务。

三、设计节能化

随着全球气候的变暖,未来高速铁路设计必定会朝着节能的方向发展。例如,武汉站、广州南站已经建成超大面积玻璃穹顶,在高架层进行透光处理,充分利用自然光照明,并采用光伏一体化照明及太阳能利用技术、空调节能控制与建筑热环境调控技术,这些节能的设计必定会成为未来高速铁路车站设计的主导方向。

四、高速铁路向真空管道发展

高速列车随着速度的增加,空气阻力也越来越大,因此,常规的高速铁路在速度的提高上受到很大限制。目前,美国、瑞士、中国等国家都在积极研制一种真空管道高速交通。所谓的真空管道高速交通,就是建造一条与外部空气隔绝的管道,将管内抽为真空后,在其中运行磁悬浮列车(见图1-5),由于没有空气摩擦的阻碍,列车速度将达到每小时上千千米,由于管道是密封的,可以在海底及气候恶劣地区运行而不受任何影响。中国在此项研究中已经走在世界前列,2007年,真空管道磁悬浮项目被列为国家自然科学基金项目,申请的大量相关专利已被受理,一场交通运输革命即将开始。

图 1-5 真空管道磁悬浮列车设计图

复习思考题

1. 简述高速铁路的概念。
2. 高速铁路主要有哪些技术经济优势?
3. 简述世界高速铁路的发展史。
4. 简述日本、法国、德国高速铁路的运输组织和运营组织特点。
5. 简述我国高速铁路的发展历程和发展规划。

第二章　高速铁路线路

第一节　高速铁路线路的特点

高速铁路线路是保证高速列车运行安全、稳定、舒适的前提和基础。由于高速铁路的高速度和高舒适性要求，对线路的规划、设计、施工和养护等方面提出了更高的要求，要从设备基础上保证线路各组成部分具有高度的稳定性与耐久性，使其在运营条件下保持良好状态。

一、高速铁路线路的设计特点

高速铁路线路有以下设计特点：

（1）高速铁路的平、纵断面设计的标准要以提高线路的平顺性为主，尽可能降低列车的横向和竖向加速度，以减小列车各种振动叠加的可能性，从而提高旅客乘车的舒适度，同时也要考虑减小工程量、降低造价，便于施工、运营、维修等。

（2）高速铁路的路基、桥梁、轨道结构等重要基础设施设备的建设标准与技术要求比一般铁路高得多，除了具有足够的强度条件外，还要保证在高速行车的条件下，避免出现过大的列车振动、轮轨力超限等破坏安全舒适运营的状况，这也要求高速铁路的路基、桥梁和轨道结构具有持久稳定的高平顺性。

（3）高速铁路的隧道设计主要考虑列车高速通过隧道时，空气动力对列车的影响。由于高速铁路隧道较普通铁路隧道的横断面大，受力较复杂，因此对隧道衬砌的安全性、耐久性和防水性提出了很高的要求。

（4）高速列车在运行时产生的振动和噪声对环境造成了新的污染，如何将这种危害降到最低也是高速铁路线路设计中应考虑的问题。

二、高速铁路线路的技术特点

高速铁路线路有以下技术特点：

（1）高平顺性：这是设计、建设高速铁路的控制性条件，也是高速铁路有别于中、低速铁路的主要特点之一。因此，必须从线形、路基、道床、钢轨、桥梁等各方面采取保证措施，才能实现高平顺性要求。

(2)高稳定性:稳定、沉降小且沉降均匀的平顺路基是高平顺性轨道的基础。路基的稳定性主要靠控制路基工后沉降、不均匀沉降以及路基顶面的初始不平顺来保证。

(3)高精度、小残变、少维修:严格控制轨道铺设精度是实现轨道初始高平顺性的保证。

(4)宽大、独行的线路空间。

(5)高标准的环境保护。

(6)运营中,实行科学的轨道管理及严密的防灾安全监控。

高速铁路线路是一个系统工程,只有每个组成部分都达到良好的状态,才能保证高速列车安全、平稳、舒适地运行。

第二节 高速铁路线路的平面和纵断面

高速铁路线路的平、纵断面是线路设计的重要技术文件,是影响行车速度、旅客乘车舒适度和运行安全的主要因素。线路平面是指线路展直以后其中心线在水平面的投影,线路平面主要显示线路的左右走向;线路纵断面是指线路展直后其中心线在铅垂面上的投影,线路纵断面主要显示线路的高低起伏。线路平、纵断面的技术参数值要尽可能保证高速列车行车的安全、平稳与高平顺性。轨道的高平顺性,要求其空间线路曲线尽可能平滑,即线路平纵断面的变化尽可能平缓。

表 2-1 所示为世界上一些高速线路的平、纵断面标准。

一、高速铁路线路的平面

和普速铁路一样,高速铁路线路平面由直线和曲线组成,其中曲线包括圆曲线和缓和曲线。曲线一般能较好地适应地形变化,减少施工工程量。但是曲线路段会加剧钢轨的磨耗,使养护工作量较大,尤其是在小半径曲线路段。

高速铁路线路的平面组成

(一)圆曲线半径

铁路线路平面曲线半径的确定,取决于铁路运输要求和所在地区自然条件等因素,曲线半径是限制行车速度的主要条件之一,应随行车速度的提高而相应加大。为了保证列车的行车安全,在铁路设计和建造时对不同速度等级的线路规定了车辆可以安全通过的最小圆曲线半径,也就是线路的最小曲线半径。各国高速铁路的最小曲线半径值因地理条件各异而不同。表 2-2 所示为几个技术先进国家的高速铁路最小曲线半径值。

我国设计行车速度为 300~350 km/h 的高速铁路的最小曲线半径取值见表 2-3。高速铁路车站在特殊困难条件下,可设在曲线上,但不得设在反向曲线上。车站必须设在曲线上时,其曲线半径不得小于该区段内的最小曲线半径。正线线路的平面圆曲线半径应因地制宜,合理选用。优先选用常用曲线半径,慎用最小和最大曲线半径。必要时采用最大与最小曲线半径间 100 m 整倍数的曲线半径。

第二节　高速铁路线路的平面和纵断面

表 2-1　世界上一些高速铁路线路平、纵断面设计标准

国别及地区	日本				法国				德国		科隆—法兰克福	澳大利亚 悉尼—墨尔本	韩国 首尔—釜山	中国台湾 台北—高雄
铁路 \ 项目	东海道	山阳	东北上越	北陆(长野)	东南	大西洋	北方	地中海	曼海姆—斯图加特	汉诺威—维尔茨堡				
最高设计速度/km·h⁻¹	220	260	260	260	270	300	300	350	客250(提速后)货120	同左	300	350	350	350
最高运营速度/km·h⁻¹	270(提速后)	300(提速后)	275(提速后)	260	270	300	320(提速后)	350	客280(提速后)货120	同左	300	350	300	300
最小曲线半径/m	2 500	4 000	4 000	4 000	4 000(个列3 250)	4 000	6 000(个列4 000)	推荐7 000~7 700(个列6 140)	7 000(个列5 100)	同左	3 250	7 000(个列6 000)	7 000	5 500
最大超高/mm	<200	180~200	180	180	180(个列200)	180	180	180	150	同左	180	180	180	180
最大欠超高/mm	60(个列100)	60	60	60	90(个列130)	86	65	55	60	同左	150	40(个列80)	30~40(个列90)	60
缓和曲线线形	半波正弦	同左	同左	同左	三次抛物线改善形	同左	同左	同左	三次抛物线	同左	同左	三次抛物线	同左	三次抛物线改善线形
允许超高时变率/mm·s⁻¹	42~45	同左	同左	同左	45	25(个列56)	25(个列56)	29(个列50)	28~35	同左	23	35	28	42
夹直线、圆曲线最小长度/m	>100	同左	同左	同左	$0.5v_{max}$	$0.5v_{max}$	$0.5v_{max}$	$0.5v_{max}$	$0.6v_{max}$	同左	$0.6v_{max}$	200		$0.5v_{max}$
线间距/m	4.2	4.3	同左	同左	4.2	4.3	4.5	4.8	4.7	同左	4.5	5.2	5.0	4.5
最大坡度/‰	20	15(个列18)	15	30	35	25	25	35	12.5	同左	40	35(个列50)	25	35
竖曲线半径/m	10 000	15 000	同左	同左	25 000	25 000	25 000	25 000	25 000	同左	同左	22 200(个列凸型30 000 凹型16 700)	20 000~40 000	25 000(个列19 000)

注：1. 日本新干线提速后的最高运营速度不是在线路上实现的。
　　2. 西班牙修建的马德里—巴塞罗那高速铁路，全长796 km，最高速度350 km/h，最小半径曲线最小半径6 615 m，最大坡度25‰，最小竖曲线半径25 000 m，于2004年全线贯通。

表 2-2　几个技术先进国家的高速铁路最小曲线半径值　　　　单位：m

法国		德国	意大利	日本			
TGV 东南线	TGV 大西洋线			东海道	山阳	东北	上越
4 000(3 200)	6 000(4 000)	7 000(5 100)	3 000	2 500(2 000)	4 000(3 000)	4 000	4 000

表 2-3　我国高速铁路区间线路最小曲线半径

路段设计行车速度/(km/h)			最小曲线半径/m
200	客运专线	一般	2200
		困难	2000
250	有砟轨道	一般	3500
		困难	3000
	无砟轨道	一般	3200
		困难	2800
300	有砟轨道	一般	5000
		困难	4500
	无砟轨道	一般	5000
		困难	4000
350	有砟轨道	一般	7000
		困难	6000
	无砟轨道	一般	7000
		困难	5500

（二）缓和曲线线型和长度

缓和曲线是在直线和圆曲线之间的过渡曲线，用于提高列车运行的安全性、平稳性和舒适性。缓和曲线线形有三次、四次、五次抛物线和三角函数线四种。根据对列车-线路动力学的研究和国外高速铁路的运行经验，可知缓和曲线的线形不是影响行车的决定性因素，所以传统的三次抛物线形缓和曲线仍可以适应高速列车运行的要求，关键是缓和曲线的长度。缓和曲线长度应保证曲线超高在缓和曲线范围内完成。因此，高速铁路缓和曲线的长度一般为 350～700 m，而准高速铁路和普通铁路缓和曲线的长度仅为 20～180 m。

高速铁路缓和曲线采用的三次抛物线线形简单，便于铺设与养护。

根据理论分析，为保证车轮在缓和曲线上不脱轨，缓和曲线上的超高顺坡率小于 2‰ 即可保证行车安全。

（三）缓和曲线间的夹直线与圆曲线最小长度

为保证列车运行安全，在两段相邻的缓和曲线间需要设置夹直线。缓和曲线间的夹直线和圆曲线的最小长度受列车的运行平稳性和旅客乘坐舒适度的控制。当车体的转向架由具有渐变超高的缓和曲线进入直线或圆曲线时，由于惯性与动力作用会继续振动、摆动 1.5~2 个周期才能平稳运行。因此，为了防止列车在缓和曲线的始、终点发生振动叠加，使列车平稳地通过该地段，缓和曲线间的夹直线与圆曲线的长度应使转向架运行 1.5~2 个周期，以便振动衰减后再进入下一个缓和曲线。

缓和曲线间的夹直线应尽量长些，这对于运营是有利的。

参照国外高速铁路的规定，我国高速铁路考虑到较高舒适性，一般取夹直线与圆曲线最小长度为 $0.8v_{max}$（m），困难条件下为 $0.6v_{max}$（m）。

（四）曲线外轨超高

车辆在曲线上运行时，由于惯性作用，轮轨之间产生挤压，会产生离心力，这种离心力会将列车推向外侧轨道，加大外侧钢轨的压力，不利于行车的稳定性和乘坐的舒适性。为了平衡这种离心力，需要把曲线的外侧钢轨加高，使车体倾斜，这样车体的重力会产生向曲线内侧的分力，用以抵消离心力，达到平衡。内、外侧钢轨之间的高差称为外轨超高。

在进行高速铁路线路平面设计时，确定了最高设计速度和运营速度之后，就要确定影响舒适度的重要参数——实设外轨超高与欠（过）超高。目前，国外高速铁路客运专线的最大曲线外轨超高，除日本东海道新干线规定为 200 mm 外，其余均为 180 mm。

高速铁路线路的实设外轨超高除了与列车平均速度有关外，还要考虑列车在曲线上停车时的安全、运行的稳定性及旅客乘车舒适度等要求，一般采用实设最大超高允许值。我国高速铁路考虑到满足不同条件的轨道结构，在《高速铁路设计规范》（TB 10621—2014）中规定最大超高采用 175 mm。

在设计线路时，实设外轨超高是一个定值。当列车运营速度高于线路设计速度时，由于外轨超高不足（欠超高），会产生未被平衡的离心加速度；当列车运营速度低于线路设计速度时，外轨超高度过大（过超高），又会产生多余的向心加速度。同时，欠超高和过超高都会使钢轨承受走行列车的偏压，使内、外轨因过大偏载而引起严重的不均等磨耗，对行车安全、轨道稳定及旅客乘车舒适度均会产生不利的影响。因此，为了保证高速铁路线路所要求的高平顺性和高舒适度，必须对未被平衡的超高加以限制。由于速度越高，允许的欠超高值应越小，因此减少欠超高值已作为高速铁路平面曲线设计的一个原则。

在我国既有客货混运干线上，由于货物列车的通过总重大于旅客列车，对曲线钢轨的磨耗及对线路的破坏作用较大，一般认为最大过超高通常远小于最大欠超高。但考虑到高速铁路运营模式以高速客运列车为主，重点在保证高速列车的旅客舒适度，因此取过超高与欠超高的允许值一致。我国高速铁路采用的欠超高、过超高允许值见表 2-4。

表 2-4　我国高速铁路采用的欠超高、过超高最大允许值

舒适度条件	良好	较好	一般	较差
欠超高最大允许值 $[H_q]$/mm	40	60	70	100
过超高最大允许值 $[H_c]$/mm	40	60	70	100

（五）线间距

线间距是指相邻两股道中心线之间的最短距离。高速铁路线间距标准主要受列车交会运行时空气动力作用的控制。

在高速双线铁路上，当两列车相遇时，最初的风压力使列车相互排斥，到接近列车尾部时变为相互吸引，产生会车压力。国内外试验研究表明，这个会车压力的最大值与列车的最大运行速度、列车外形及其尺寸、交会车列车侧壁间净距等因素有关。一般来说，压力波大小与邻线来车的速度平方成正比，与列车的侧壁间净距成反比，与列车外形（列车头部的流线型程度、列车车宽、列车长度和车体流线型程度）密切相关，其中列车头部的流线型程度影响最为显著。因此，为避免强大风压造成损害，许多国家根据其具体情况选择了适当的线路间距。

我国高速铁路上不仅运行时速 300~350 km/h 的高速列车，还运行 200~250 km/h 的动车组列车，有些线路还运行一定数量的较低等级跨线旅客列车。因此，在研究线间距标准时，要考虑到这些车辆承受空气压力波的能力。在研究了相关的标准规范，同时考虑到我国车辆的制造水平和工程投资等因素后，我国高速铁路线间距规定为：设计速度为 250 km/h 的高速铁路采用 4.6 m，设计速度为 300 km/h 的高速铁路采用 4.8 m，设计速度为 350 km/h 的高速铁路采用 5.0 m。

二、高速铁路线路的纵断面

和普通线路一样，高速铁路纵断面由平道、坡道及设于变坡点处的竖曲线组成。

（一）坡道的坡度

与普速铁路相比，高速铁路动车组具有功率高、速度快的特点，可在较大线路坡度上高速运行。因此，在设计中允许采用较大的坡度值，使选线更加灵活，增加高速铁路对地形的适应性，缩短线路的长度，减少投资，增强高速铁路的竞争力。

区间正线的最大坡度应根据地形条件和动车组功率，经牵引计算验算并经技术经济比选分析后确定。国外高速铁路的最大线路坡度为 40‰。例如，法国的 TGV 东南线采用 35‰，在长隧道内考虑到空气阻力的影响，线路坡度不应超过 20‰；日本除东海道新干线上采用 20‰ 外，山阳、东北、上越新干线均为 15‰。

我国铁路规定：高速铁路区间正线的最大坡度不宜大于 20‰，困难条件下经技术经济比较后不应大于 30‰；动车组走行线的最大坡度不宜大于 30‰，困难条件下不应大于 35‰；当动车组走行线的最大坡度大于 30‰ 时，宜铺设无砟轨道。

（二）竖曲线

高速铁路线路的相邻坡度差大于或等于 1‰ 时，应设置竖曲线，以保证列车运行平稳和安全。竖曲线一般采用圆曲线线形。竖曲线半径大小的确定，除了应保证列车经过变坡点时车钩不脱钩、车轮不脱轨外，还应考虑在竖曲线上产生的竖向离心加速度和离心力对列车运行安全性和旅客舒适度的影响。

通过理论分析认为，在机车车辆构造一定的条件下，竖曲线半径与行车速度有关，行车速度越高，竖曲线半径也应越大。法国 TGV 东南线的竖曲线半径采用 25 000 m；TGV 大西洋线采用 16 000 m；而日本除了东海道新干线采用 10 000 m 以外，其余各线均采用 15 000 m。

我国《高速铁路设计规范》中规定，最小竖曲线半径按所处区段远期设计行车速度取值，如表 2-5 所示。考虑到养护和维修问题，规定最大竖曲线半径不应大于 30 000 m。

表 2-5　我国高速铁路规定的最小竖曲线半径

设计行车速度/(km/h)	350	300	250
最小竖曲线半径/m	25 000	25 000	20 000

（三）最小夹坡段长度

高速铁路线路纵断面的最小坡段长度除了满足两个竖曲线不重叠外，还要考虑两个竖曲线间有一定的夹坡段长度，保证列车在前一个竖曲线终点处产生的振动在夹坡度长度范围内衰减完毕，不至于在进入下一个竖曲线起点时产生叠加，以保证高速铁路的运行舒适性。最小坡段除了要满足列车平稳运行的要求外，还要兼顾工程投资，因为较短的坡段能够很好地适应地形，减少工程投资。因此，最小坡段长度的确定要使两者做到最佳统一。法国曾有此规定：夹坡段长度不小于 $0.4v_{max}$（m）。由于我国在这方面的经验较少，高速铁路暂定参考法国标准，最小夹坡段长度为不小于 $0.4v_{max}$（m）。

第三节　高速铁路路基

路基是轨道的基础，也叫线路下部结构，是铁路线路的重要组成部分。路基承受轨道和机车车辆荷载，其稳定性与坚固性直接关系到列车的运行安全、平稳与快速。

一、高速铁路路基的结构及特点

（一）高速铁路路基的结构

高速铁路路基主要由以下三部分组成：

1. 路基本体

高速铁路路基的基本形式

路基本体是用于铺设轨道结构并承受列车荷载的部分，如路堤、路堑等。路基本体由路基顶面、路肩、基床、边坡、基底几部分构成。

高速铁路路基的基床由基床表层和底层组成。我国高速铁路路基的基床表层厚度，无砟轨道为 0.4 m，有砟轨道为 0.7 m，基床底层厚度为 2.3 m。

图 2-1 ~ 图 2-3 所示分别为法国、日本和我国的高速铁路路基的结构示意图。

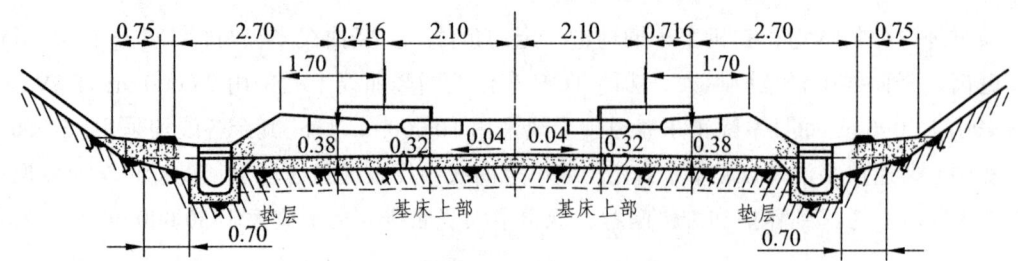

图 2-1 法国高速铁路路堑的断面形式（基床土质好）（单位：m）

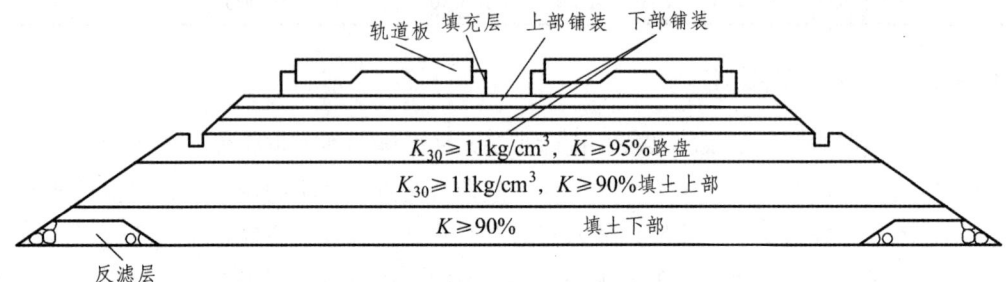

图 2-2 日本高速铁路板式轨道路基的断面形式

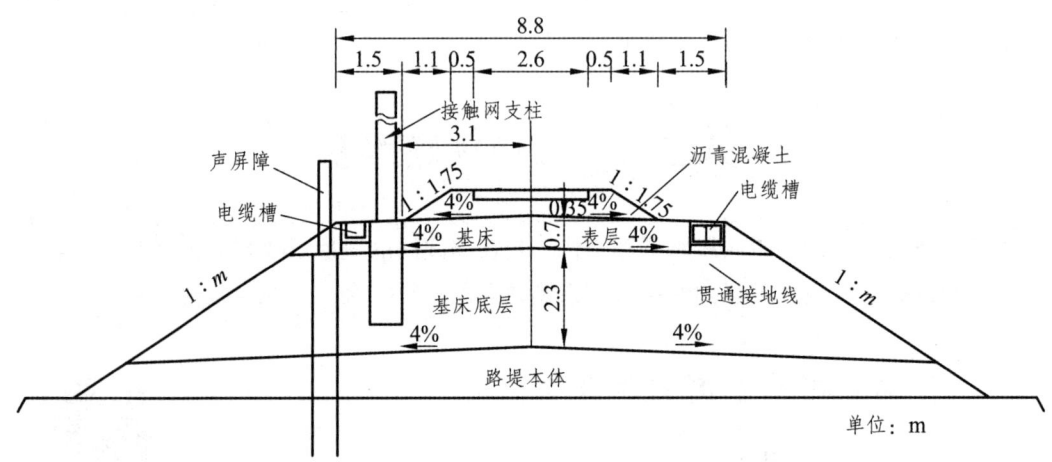

图 2-3 我国单线路堤标准断面示意图

2. 路基防护设备和加固建筑物

高速铁路常用的路基防护设备是坡面防护和冲刷防护。为了防止路基边坡和坡脚受坡面雨水的冲刷，防止日晒雨淋引起土质的干湿循环、气温变化引起土质的冻融变化等因素影响边坡的稳固，通常采用坡面防护；为防止河水对边坡、坡脚或坡脚处地基不断的冲刷和淘刷，通常采用冲刷防护。特殊条件下的路基的防护类型更多，例如，在常年冻土地区，为防止线路的剧烈变化采用各种保温措施；在泥石流地区，为防止泥石流对路基体的威胁，设置多种拦蓄和疏导工程；在风沙地区，为防止路基体砂蚀和被掩埋，采用各种防砂、固沙设施等。

路基加固设备是用以加固路基本体或地基的工程设施，是提高路基稳定性的一种有效措施。在高速铁路路基工程中，有防堤、挡土墙、支垛、抗滑桩及其他地基加固措施。

3. 路基排水设备

为保持路基经常处于干燥、坚固和稳定的状态，高速铁路路基上设有一套完整的排水设备。路基的排水设备分为地面排水设备和地下排水设备两种。

地面排水设备用以拦截地面径流，汇集路基范围内的雨水并使其畅通地流向天然排水沟谷，以防止地面水对路基的浸湿、冲刷而影响其良好状态。地面排水设备有纵向排水沟、侧沟、截水沟、天沟、跌水、急流槽、缓流井等。

地下排水设备用以拦截、疏导地下水和降低地下水位，以改善地基土质和路基边坡的工作条件，防止或避免地下水对地基和路基本体的有害影响。地下排水设备主要采用明沟、排水槽、暗沟、渗沟、渗井和渗管等排水设施。

（二）高速铁路路基的特点

高速铁路路基的特点是：具有强度高、刚度大的基床，控制路基的容许沉降或没有沉降，保证路基刚度沿线路方向变化缓慢等。

二、高速铁路路基的工程和设计要求

（一）高速铁路路基的多层结构系统

高速铁路线路结构已经突破了传统的轨道—道床—土路基这种结构形式，不仅有有砟轨道，也有无砟轨道。对于有砟轨道，在道床和土路基之间，已抛弃了将道砟层直接放在土路基上的结构形式，做成了多层结构系统。

（二）控制路基变形

高平顺性是高速铁路得以正常运营的基础保证。因此，高速铁路对轨道的不平顺管理标准要求非常严格。路基是铁路基础工程的重要组成部分，承受着轨道结构重力和列车荷载，路基的变形自然会引起轨道的几何不平顺。特别是有砟轨道，其轨下基础是由散体材料组成的道床和路基，它是整个线路结构中最薄弱、也是最不稳定的环节，是轨道变形的主要来源，它们在多次重复荷载作用下所产生的累积永久下沉（残余变形）将造成轨道的不平顺；同时，它们的刚度对轨道的弹性变形也起到了关键性的作用，因而对列车的高速走行条件有重要的影响。因此，高速铁路路基除了应具备一般铁路路基的基本性能外，还需要满足高速铁路轨道对基础提出的性能要求，满足静态平顺和列车运行状态下的动态平顺。

所以，在路基设计中，一般的铁路路基是以强度控制为主要控制因素进行设计的；对于高速铁路路基，变形控制是其路基工程设计的主要控制因素。因为在强度破坏前，可能已经出现了不被允许的过大变形。

(三) 保证路基刚度的均匀性

列车速度越高，要求路基的刚度越大，弹性变形越小。因为，弹性变形过大，就会导致高速行驶的列车无法正常运行；同样，刚度也不能过大，过大会导致列车的振动和噪声加大，也不利于车辆的平稳运行。研究表明，由刚度变化引起的列车振动和速度的平方成正比。列车速度越高，刚度变化越急剧，引起的列车振动越强烈，也越影响列车高速运行的舒适性和安全性。所以，高速铁路要求路基在线路上做到刚度均匀、变化缓慢，不允许出现刚度突变。

(四) 在列车运行及自然条件下的稳定性

在列车运行时，路基不仅要承受轨道结构和附属建筑物的静荷载，还要承受列车多次的反复作用。同时，还要抵抗气温变化、雨雪作用、地震破坏等自然因素的侵蚀和破坏。因此，为了保证高速行车，路基工程必须要具有抵抗这些不良因素的能力，保证强度不降低，弹性不改变、变形不会加大，真正做到长寿命、少维修。只有这样，才能实现高速行车，减少维修费用，并增加行车的舒适性和安全性。

三、高速铁路对路基的要求及处理措施

(一) 高速铁路对路基的基本要求

高速铁路对路基的基本要求如下：
（1）路基要达到高速铁路轨道高平顺的要求。
（2）路基必须满足高速铁路对工后沉降的要求。
（3）必须严格控制路基的不均匀沉降。
（4）必须控制路基的初始不平顺。

高速铁路路基是通过填筑或开挖形成的土石结构，其对填筑材料、压实标准、变形控制、检测要求等较现行铁路标准有很大提高，高速铁路路基填筑材料对土石的质量、粒径组成、石子大小、形状、杂质含量等有特殊要求，需要经过严格的检测筛选。列车高速运行产生的振动对路基表面影响最为显著，自上而下逐步减小，因此路基不同部位对填料的要求是不一样的，路基表层要求最高，表层以下一定范围次之，再下层要求相对减低。

高速铁路基床表层一般由 5~10 cm 厚的混凝土和 65~60 cm 厚的级配砂砾石组成。高速铁路基床底层要有足够的强度和稳定性，并且不会因含水量的增加而产生强度大幅度降低和翻浆冒泥等病害。因此，一般采用 A、B 组填料或改良土。无砟轨道还应增加变形模量的控制。我国铁路规定，基床以下路堤优选 A、B 组填料和 C 组块石、碎石、砾石类填料，若选 C 组细粒土填料时，应根据填料的性质进行改良后填筑。

高速铁路路基除了应满足高速行车的技术要求外，还要为高速行车的安全及线路维修检查提供便利条件，因此需要设计较宽的路基宽度。法国高速铁路路基宽度规定为 12.6 m；日本东海道新干线为 10.7 m，山阳新干线为 11.6 m；意大利为 13 m；德国则采用 13.7 m。

我国高速铁路双线路基宽度为 13.2~13.8 m。

（二）高速铁路对路基的处理措施

高速铁路对路基的处理措施如下：

1. 提高路基填筑标准且强化基床结构

高速铁路路基填筑前或开挖后首先要计算路基沉降和稳定性是否满足要求，否则要进行地基处理，包括桩基、换填、强夯等措施；同时强化基床结构，特别是基床表层。路基填筑好后要求有很好的排水性能，保证路基不积水。

2. 严格控制路基沉降变形

高速行车需要高度平顺和稳定的轨下基础，如果路基不平顺就会引起轨道不平顺，使列车产生剧烈振动和颠簸，影响列车高速、平稳、安全地运行，因此，控制路基沉降变形是高速铁路路基设计的关键。路基沉降变形主要包括三个方面：列车行驶中路基面产生的弹性变形，长期行车引起的基床累积下沉（塑性变形），路基本体填土及地基的压缩下沉。

路基填筑后会下沉，竣工铺轨后还会继续发生沉降，路基在竣工铺轨后发生的沉降称为路基的工后沉降。路基的工后沉降量对高速铁路行车的安全性、稳定性、舒适性、线路的养护维修量及轨道结构部件的使用寿命有重要的影响，因此，严格控制路基变形和工后沉降十分重要。

控制路基工后沉降标准，主要是依据高速铁路行车线路的要求以及线路的维修能力与前期建设投资、后期养护费用的经济比较确定。一方面要保证列车的高速、安全、舒适运行，另一方面也不能因维修量过多而导致工程费用的增加。

我国有砟轨道路基工后沉降的沉降标准见表2-6。

表2-6 有砟轨道路基工后沉降控制标准

标准或速度		一般地段工后沉降/cm	路桥过渡段工后沉降/cm	沉降速率/(cm/年)
新建时速200 km/h客货共线铁路路基暂行规定		15	8	4
新建时速200～250 km/h客运专线铁路路基暂行规定	200 km	15	8	4
	250 km	10	5	3
新建时速300～350 km/h客运专线铁路路基暂行规定		5	3	2

我国规定无砟轨道的路基工后沉降量一般不应超过扣件允许的沉降调整量15 mm；沉降比较均匀、长度大于20 m的路基，允许的最大工后沉降量为30 mm，并且调整轨面高程后的竖曲线半径应能满足下列要求：

$$R_{sh} \geqslant 0.4 v_m^2$$

式中 R_{sh}——轨面圆顺的竖曲线半径，m；

v_m——设计最高速度，km/h。

对于路桥、路隧过渡段沉降造成的折角，德国高速铁路无砟轨道技术标准中规定不大于1/500，日本新干线板式轨道线路规定不大于1/1 000。我国对铺轨工程完成后由于过渡段沉降而造成的折角，采用不大于 1/1 000 进行控制，在轨道结构中采用特殊的过渡措施可以承受 5 mm 的差异沉降，铺轨工程完成后路桥或路隧交界处的差异沉降也小于 5 mm。

（三）高速铁路过渡段的处理措施

路基与桥台、路基与横向结构物、路堤与路堑、有砟轨道与无砟轨道等线路分界处由于两端结构物的强度、刚度、变形、材料等方面的差异较大，轨道基础竖向刚度会出现突变，引起轨道不平顺。为保证高速铁路的高平顺性，应设置刚度均匀变化的过渡段。

国外很多国家在处理高速铁路路桥过渡段时提出了一些经实际工程检验的可行性技术处理措施，归纳起来主要是以下 3 种：① 在过渡段较软的一侧，增大路基基床的竖向刚度值，减少路基结构物的工后沉降，具体的处理方法是加筋土法、土质改性法、过渡板法和碎石材料填筑法；② 在过渡段较软的一侧，增大轨道结构的竖向刚度，具体处理方法：通过调整轨枕长度和间距来提高轨道刚度、通过增大轨排抗弯模量来增加轨道刚度、通过加厚道床厚度来提高轨道刚度；③ 在过渡段较硬的一侧，减少轨道结构的竖向刚度，通过设置轨下、枕下、砟底橡胶垫块（板）来减小轨道竖向刚度。

德国和法国、日本、西班牙等国家在新线上就曾采用了以级配碎石和级配砂砾石掺入 3% 水泥填筑过渡段的方法。

我国高速铁路对路桥过渡段的处理措施主要有：桥头设搭板和枕梁，粗粒级配料填筑，加筋土路基结构，桥头桥面结构的改进。有砟轨道与无砟轨道之间的过渡段的处理措施主要有：调整轨枕长度和间距，改变扣件刚度，改变轨道结构类型，延长无砟轨道基础，改变道砟的胶结方式等。

（四）高速铁路软土地基的处理措施

我国软土绝大部分分布于东部沿海地区，主要集中在滨海平原、河口三角洲、湖泊盆地周围，多为河相、海相或泄湖相沉积层，多处于饱和的正常压密固结状态，土的类别多为淤泥、淤泥质黏土、淤泥质亚黏土，在南方少数地区也有淤泥质混砂层存在。软土的主要特点是：含水量高，孔隙比大，低密度，高压缩性，低透水性，中等灵敏度。软土地基在工程上主要表现为压缩量大、排水固结缓慢、地基稳定性差等特性。

为了满足高速铁路设计上的要求，必须对天然软土地基进行加固。通常针对软土、松软土不同的沉积特点和埋深等工程力学特性,我国路基施工通常采用十几种软土地基加固方法，对于提高软土地基承载能力，减少路基的沉降量，使工后沉降量满足要求都十分有效。

1. 对软土地基的主要处理方法

对软土地基主要有以下处理方法：

（1）换填法。当软土层的厚度不是很大时，可将路基地面下处理范围内的软弱土层部分全部挖去，然后分层换填强度较大的砂（碎石、素土、灰土、二灰土等）或其他强度较高、性能稳定、无侵蚀性的材料，并用人工或机械方法压实至要求的密实度，称为换填法。

换填土法适用于淤泥、暗沟、暗塘等浅层和低洼区域以及湿陷性黄土、膨胀土和季节性冻土等特殊土层的处理。换填土法的处理深度通常宜控制在 3 m 以内，但也不宜小于 0.5 m。

（2）排水固结法。排水固结法处理软基是在路基施工前，对天然路基或已设置竖向排水体的路基上加载预压，使土体固结沉降基本完成或大部分完成，从而提高地基土强度、减少地基工后沉降的一种地基加固方法。

（3）强夯法。强夯法是一种将几十吨的重锤从几十米的高处自由落下，对土地进行强力夯击，使其达到密实的方法。强夯法不仅能提高地基的强度，降低其压缩性，而且还能改善其抵抗液化的能力和消除黄土的湿陷性。

（4）振冲法。振冲法是利用振动和水冲加固地基的方法。应用送砂加水振动后变密的原理，再通过振冲器成孔，然后填入砂或石、石灰、灰土等材料，再予以捣实形成桩与周围挤密后的松砂所组成的复合地基，来承受上部结构的荷重。

（5）水泥搅拌法。这是用于加固饱和黏性土地基的一种方法。利用水泥（或石灰）等材料作为固化剂，通过特制的搅拌机械，在地基深处就地将软土和固化剂（浆液或粉体）强制搅拌，通过固化剂和软土间所产生的一系列物理和化学反应，使软土硬结成具有整体性、水稳定性和一定强度的水泥加固土，从而提高地基强度和增大变形模量。

（6）水泥粉煤碎石桩。水泥粉煤碎石桩是由碎石、石屑、粉煤灰掺加适量水泥加水拌和，用振动沉管打桩机或其他成桩机具制成的一种具有一定黏结强度的桩。桩体主体材料碎石、石屑为中等粒径骨料，可改善级配；粉煤灰作为细骨料，可以和低强度水泥起作用。通过调整水泥掺量和配合比，桩体强度可在 C5~C20 之间变化。

2. 对无砟轨道软土路基的处理方法

我国高速铁路线路多铺设无砟轨道，针对软土路基上的无砟轨道，采用桩网结构地基和桩板结构地基处理技术解决软土地基工后沉降问题。在无砟轨道软土地基的建设中采用刚性桩，在桩顶设置钢筋混凝土板或一张由碎石和土工织物组成的柔性网，下部土体设置竖向水泥粉煤灰碎石桩（简称 CFG 桩），如图 2-4 所示。网、桩、土构成一个整体人工地基共同承担上部荷载。路基填筑完成后再在其上堆载预压，让原本需要很长时间才能完成的沉降现象在短时间内发生。通过对沉降量进行观测和评价，等沉降趋于收敛后再铺设轨道，这样既保证了软土地基必要的承载力，后期又不会出现显著沉降。高速铁路路基桩板结构如图 2-5 所示。

图 2-4　水泥粉煤灰碎石桩（CFG 桩）

图 2-5　高速铁路路基桩板结构

（五）高速铁路溶洞路基的处理措施

岩溶是一种自然现象，广泛分布在西南、华东、中南地区。高速铁路路基下的溶洞会对路基的稳定性造成一定的影响。

当溶洞较大或串状时，采用板凳式桩板结构进行处理，板凳式桩板结构由下部钢筋混凝土桩基和上部的钢筋混凝土板组成，通过承台板将上部荷载传到桩体，桩体把荷载传递到稳固底层。板凳式桩板结构如图 2-6 所示。采用板凳式桩板结构处理溶洞路基，可避免溶洞顶板塌陷和变形，保证路基根基稳定。当溶洞较小时，采用岩溶注浆的加固措施，即向溶洞中注入浆液填充。岩溶注浆加固如图 2-7 所示。

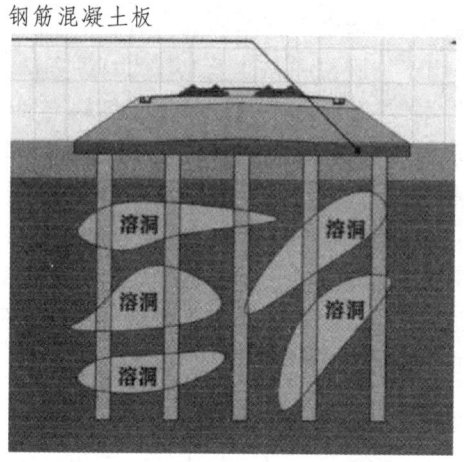

图 2-6　板凳式桩板结构示意图

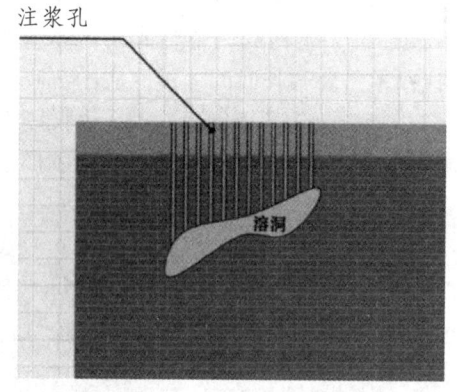 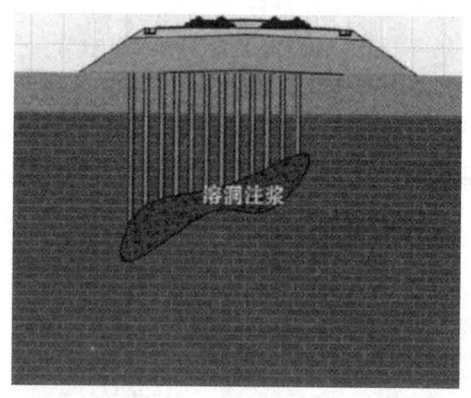

图 2-7　岩溶注浆加固示意图

（六）寒冷地区高速铁路路基的处理措施

我国东北地区冬季寒冷，水凝结成冰后路基体积会膨胀，冰融化后路基体积会收缩，冻融循环后土体强度会降低，在寒冷地区修筑高速铁路需要解决路基的冻胀问题。我国哈大高速铁路成功实现在 -40 ℃ 穿越高纬度寒冷地区。预防路基冻胀的主要措施有：选择防冻的填筑材料，提高路基本体防冻能力；做好路基表面防水和路基底部排水，防止路基积水出现冻融现象。路堤防冻结构如图 2-8 所示。

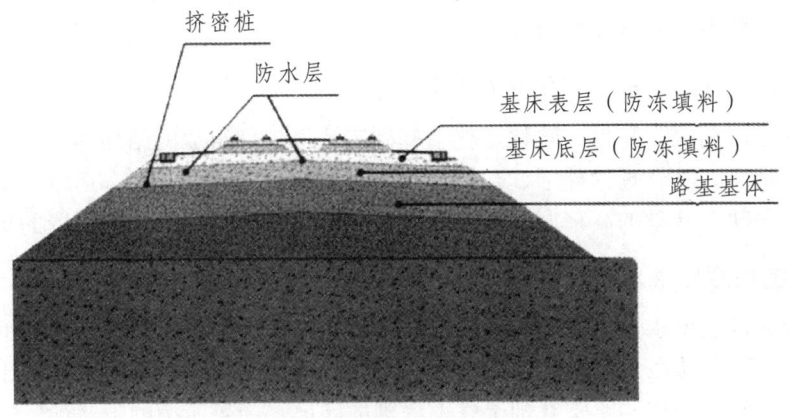

图 2-8　路堤防冻结构示意图

（七）湿陷性黄土高速铁路路基的处理措施

黄土广泛分布于我国西北、华北、华中等地区，干燥时路基刚性大，遇水后发软，土结构迅速被破坏，局部显著下沉，处理的关键是压缩土体之间的空隙和防水。强夯法或挤密桩法等可以挤压土体结构，减少土体空隙，消除湿陷，基础底面封闭可防止水的渗入，在我国湿陷性黄土高速铁路路基中普遍采用。

（八）风沙地区高速铁路路基的处理

我国新疆、甘肃等戈壁地区具有干燥少雨、起风速度快、风速高、沙尘量大等特点，破坏力极强，严重影响高速列车的运行安全。为此，按照高速铁路的设计要求，采用在路肩两侧采取工程与植物相结合的防风治沙结构体系、在大风区的路基迎风一侧设置钢筋混凝土挡风墙和挡风隧道等措施，来保证高速铁路路基的稳定性和高速列车的安全运行。我国兰新高速铁路所经过的百里风区、三十里风区等举世闻名，采用这些措施后效果良好。

第四节　高速铁路轨道

和普通轨道一样，高速铁路轨道也是由钢轨、轨枕、扣件、道床、道岔等部分组成的。轨道结构的作用力与列车运行速度密切相关，所以要求高速铁路线路轨道结构具有更高的安全性、稳定性和平顺性，在部件性能、技术水平和养护维修等方面标准更高、要求更严。

一、高速铁路对轨道结构的要求

高速铁路的特点是高速度和高密度，其目标是提高安全性和乘坐舒适性，因而要求轨道结构必须具备高平顺性和高稳定性。

（一）高平顺性的要求

高平顺性是保证列车高速运行的基本条件，对于轨道来说，其核心内容是要求轨道结构

具有良好的几何状态。其具体要求如下:

1. 运用的轨道部件要求高精度和高可靠性

轨道结构是由钢轨、扣件、轨枕及枕下基础等轨道部件组成的结构体。其中,钢轨直接支撑着列车的运行,其合理的外形、几何尺寸和良好的内在质量是列车运营高舒适性和高安全性的前提;而轨下基础的高精度和高可靠性,是钢轨精确稳定的几何位置的重要保障。

2. 轨道铺设要求高精度

轨道结构的铺设要求高精度是实现轨道高平顺性的基本保证。轨道结构在铺设阶段产生的初始不平顺是运营阶段不平顺产生、发展、恶化的根源,一旦出现这种起源于铺设阶段的不平顺,就会在轨道结构和路基基础上烙下深刻的印记,产生所谓的记忆性,需要后期付出更多的维修工作量,有时还很难从根本上予以解决。

表 2.7 所示是国外高速铁路轨道铺设精度值。在速度大于或等于 250 km/h 的线路上,铺设精度几乎达到了毫米级;法国和西班牙由于采用有砟轨道,其铺设精度比 EN(欧洲)标准要求的要低;日本广泛采用无砟轨道,其铺设精度要求就比较高。表 2.8 所示是我国高速铁路轨道铺设精度标准。

表 2-7 国外高速铁路轨道铺设精度

项目	EN(欧洲)标准		法国	德国	西班牙	日本
速度/(km/h)	250~300	200~250	>200	>200	>200	>200
轨距/mm	±2	±2			±3	
水平/mm	±2	±2	3	±2	4	2
高低/mm	2/10 m 3/20 m	3/10 m 4/20 m	3/10 m	2/5 m	3/10 m	2/10 m
轨向/mm	2/10 m 3/20 m	3/10 m 4/20 m	2/10 m	2/10 m	3/10 m	2/10 m
扭曲/mm	3/3 m	3/3 m	3/3 m		4/3 m	1.5/3 m

表 2-8 中国高速铁路速度大于或等于 300 km/h 的线路轨道铺设精度规定

项目		高低	轨向	水平	扭曲(6.25 m)	轨距
有砟轨道	幅值/mm	2	2	2	2	+2
无砟轨道	幅值/mm	2	2	1		±1
道岔	幅值/mm	2	2	2		+1
弦长/m		10				

3. 良好的养护维修质量

可维修性是轨道结构的重要特点,也是设计和运营阶段需要考虑的重要方面。高速铁路对舒适性标准和安全性标准要求较高,其维修管理工作为铁路线路的正常运营提供了保障。作为世界和欧洲第一个发展高速铁路的国家,日本和法国在轨道不平顺管理上都做了细致的规定。

(二) 高稳定性的要求

轨道稳定性是指轨道在高速运营条件下保持高平顺性与均衡弹性、维持部件有效性与完整性的能力，其实质是少维修或免维修。如果轨道的稳定性难以保证，影响到运营的安全，就必须进行必要的维修，线路维修工作不但干扰了正常的运输秩序，构成新的安全隐患，而且对于高密度运营的高速铁路，维修是影响其线路使用率的最重要因素。所以，轨道稳定性是贯穿高速铁路轨道设计和施工过程的重要理念。高稳定性的具体要求如下：

（1）采用高精度和高可靠性的轨道部件，提高结构的系统稳定性和耐久性，确保轨道的长期高平顺性及轨道部件的长期有效性和完整性。

轨道结构作为多部件组合的结构体，在严格要求部件几何尺寸公差的同时，还应对部件组合后的功能提出要求。其中，由于钢轨、扣件和轨枕组合的轨排是轨道结构的核心，扣件在轨排中具有十分重要的作用，对轨排的弯曲刚度和扭转刚度影响显著，因此，需要考察扣件组装以后的纵横向阻力、扣压力、刚度、高低和轨距调整能力及绝缘性能；而枕下基础对轨排起支撑和传递荷载作用，需要两者分界处具有较大的接触面积，以减少作用在枕下基础的应力集中；同时，还要使轨排与枕下基础刚度相互匹配，降低轨排刚度，提高乘车舒适性，减少传递到枕下基础的荷载，维持枕下基础的稳定性。

（2）确定轨道合理刚度，维持沿纵向轨道刚度分布的均匀性。首先，轨道必须有合理的弹性，以满足吸收振动与噪声和减少冲击作用的需要，并保持钢轨轨底应力在允许范围内；其次，保持沿线路纵向轨道的弹性均匀性。控制路基和结构物间过渡段的不均匀沉降或弹性不均匀，保持轨道沿纵向的弹性均匀性，是无砟轨道耐久性的重要保证。

二、高速铁路轨道的结构类型

高速铁路的轨道结构，目前大体可分为两种类型：有砟轨道和无砟轨道，如图 2-9、图 2-10 所示。

图 2-9 有砟轨道

图 2-10 无砟轨道

部分国家的高速铁路轨道结构的主要类型及部件使用情况如表 2-9 所示。

表 2-9 部分国家高速铁路的轨道结构情况

国家	轨道结构类型	钢轨	轨枕	扣件	道床
日本	有砟轨道	60 kg/m JISEll01	整体式长2.4 m，重325 kg	120双重弹性，扣压力6 kN，轨下垫板厚10 mm，刚度60 kN/mm	颗粒级配19/63，厚度300 mm
日本	无砟轨道	60 kg/m JISEll01	板式无砟轨道	直结4型或直结8型，扣压力取决于扭矩，轨下垫板厚度10 mm，刚度30 kN/mm	
德国	有砟轨道	60 kg/m UIC60E1 900A	整体式长2.6 m或2.8 m，重330 kg或380 kg	HM vossloh，扣压力11 kN，垫板厚度10 mm，刚度60 kN/mm	颗粒级配22.4/60，厚度350 mm
德国	无砟轨道	60 kg/m UIC60E1 900A	以轨枕埋入式无砟轨道为主	Vossloh300，扣压力10 kN，弹性基板厚10 mm，刚度22.5 kN/mm	
法国	有砟轨道	60 kg/m UIC60E1 900A	双块式/整体式长4 m，重248 kg或290 kg	Nabla，扣压力11 kN，垫板厚9 mm，刚度150 kN/mm	颗粒级配25/50 厚度300 mm
西班牙	有砟轨道	60 kg/m UIC60E1 900A	整体式长2.6 m，重320 kg	HMvossloh，扣压力11 kN，垫板厚度6 mm，刚度500 kN/mm	颗粒级配30/60，厚度300 mm
意大利	有砟轨道	60 kg/m UIC60E1 900A	整体式长2.6 m，重315 kg	Pandrol，扣压力14 kN，垫板厚10 mm，刚度100 kN/mm	颗粒级配30/60，厚度300 mm
韩国	有砟轨道	60 kg/m UIC60E1 900A	整体式长2.6 m，重300 kg	Pandrol，扣压力14 kN，垫板厚10 mm，刚度65~95 kN/mm	颗粒级配22.4/63，厚度350 mm

（一）有砟轨道

高速铁路有砟轨道在结构上与普通的有砟轨道没有本质的区别，但为了满足高速列车运行平稳与安全的需要，对轨道部件进行了改进和加强，对其性能与维修标准要求更高、更严。例如，法国高速铁路采用了UIC60型焊接长轨，钢轨强度为900 MPa，以保证钢轨和车轮不致被损坏；为了使线路安全稳定，必须将道砟夯实，道砟厚度应达到300~350 mm，道床500 mm，砟底150~300 mm，必要时再设置路基抗冻保护层；轨枕采用双块式混凝土轨枕，其数量应达到1 722根/km以上；采用弹性扣件加上9 mm厚带槽橡胶垫板等以加大横向抗力，保证高速列车运行的平稳。另外，为了减小枕下作用荷载和增加轨道横向阻力，而增大轨枕底部与道床表面的接触面积，推出了重型轨枕和宽轨枕结构形式；为了增大轨枕纵向支撑的连续性，采用宽轨枕、框架轨枕和纵向轨枕；为了提高轨道的弹性，在轨下、枕下和道砟下应用弹性垫层等。图2-11所示为国外高速铁路的有砟轨道。

图 2-11 国外高速铁路的有砟轨道

（二）无砟轨道

无砟轨道是指采用混凝土、沥青混合材料等耐久性好、塑性变形小的材料制成的整体基础取代散粒碎石道床的轨道结构（见图 2-12）。其轨枕本身是混凝土浇灌而成，且路基也不用碎石，钢轨和轨枕直接铺在混凝土路基上，使轨道保持几何状态的能力提高，轨道稳定性也相应得到增强。无砟轨道平顺性好、稳定性好、耐久性好，维修工作少，使用寿命长，可以降低粉尘，美化环境，而且列车运行速度可以达到 200 km/h 以上，明显优于有砟轨道，是当今世界先进的轨道技术，也是目前高速铁路轨道结构的主要发展方向。

目前，国外出现了 100 多种无砟轨道形式（其中德国占大多数），但只有近 30 种无砟轨道形式得以运用，铺轨长度不到 4 000 km，主要铺设在隧道内和桥梁上（占总长的 82%），路基上仅占 18%，主要铺设在德国的运行线上。

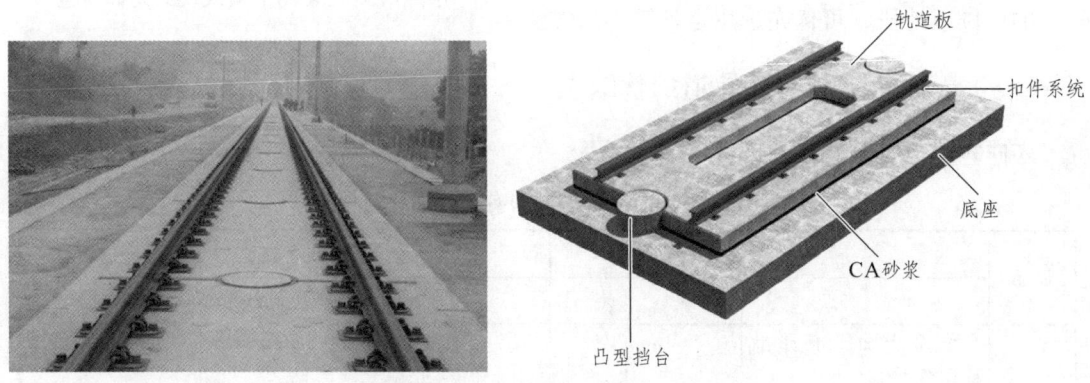

图 2-12 无砟轨道的基本组成

我国高速铁路上优先采用的无砟轨道结构有下面三种形式。

（1）长枕埋入式无砟轨道。如图 2-13 所示，其轨下部分由预应力混凝土轨枕、混凝土道床板及混凝土底座组成。在道床板和底座之间设置隔离层，使道床板有修复或更换的可能性。在隔离层上还可设置弹性垫层，以增加轨道的整体弹性。

（2）板式无砟轨道。如图 2-14 所示，其轨下部分由轨道板、乳化沥青砂浆（CA 砂浆）及混凝土底座组成。轨道板由工厂预制，在桥上或隧道内将混凝土底座现场浇筑完成后，将轨道板及其上部的钢轨、扣件安装就位，再在轨道板和混凝土底座之间灌筑 CA 砂浆。CA 砂浆层是确保轨道几何施工精度的调整层，也是给轨道提供适当弹性的缓冲层。

图 2-13　长枕埋入式无砟轨道

图 2-14　CRTSⅡ型板式无砟轨道

（3）弹性支承块式无砟轨道。如图 2-15 所示，其轨下部分由混凝土支承块、块下橡胶垫、橡胶靴套、填充混凝土道床板及混凝土底座组成。

其施工程序是：由工厂完成支承块、橡胶垫及橡胶靴套的预制，在混凝土底座经现场浇注完成后，在现场将支承块、橡胶垫、橡胶靴套及与之配套使用的钢轨、扣件进行组装，并精确定位，然后灌筑混凝土道床板，就地成型。

与上述其他两种无砟轨道相比，弹性支承块式无砟轨道具有更好的弹性，对于减振降噪要求较高的区域或地段，可优先选用这种结构形式。

图 2-15　CRTSⅠ型双块式无砟轨道

（三）无砟轨道与有砟轨道的优缺点

无砟轨道与有砟轨道的优缺点见表 2-10。

表 2-10　无砟轨道和有砟轨道比较

性能	无砟轨道		有砟轨道	
	优　点	缺　点	优　点	缺　点
可靠度	线路平面几何形状易于保持	不允许地基沉降	容易实现沉降的调整	线路平面几何形状不易保持
	有较高的运输能力			较低的运输能力
	有较高的承载能力			较低的承载能力
使用寿命	60 年	一旦维修需要较长时间，中断行车	出现问题，容易维修且维修时间较短	30 年
投资成本	维修费用：每年每千米 400 欧元	建设费用：每千米 80 万欧元	建设费用：每千米 35 万欧元	维修费用：每年每千米 7 000 欧元
	节约用地	一旦出现损伤，维修费用较高	一旦出现损伤，维修成本较低	用地较多
	列车脱轨后损失较小	必须设置特殊结构的过渡段	不需要设置过渡段	每 15 年需更换道砟

续表

性能	无砟轨道		有砟轨道	
	优 点	缺 点	优 点	缺 点
舒适性	最大时速可达 330 km/h			最大时速可达 574.8 km/h（法国）
	能适应较高的荷载要求			不能适应较高的荷载要求
环境	选线更自由	需要更高的降噪标准	较小降噪处理	选线的自由度较小
安全性	列车在高速运行中无道砟飞起			列车在高速运行中会出现道砟飞起
	便于公路救援车在混凝土板上行驶			公路救援车无法行驶

三、高速铁路轨道的结构部件

（一）道 床

道床是轨道框架的基础，通常是指铁路轨枕下面、路基面上铺设的石砟垫层。

高速铁路有砟轨道对道砟材质的要求十分严格，要求其质地坚韧，具有良好的抗磨、抗冲击、抗压碎性，同时对道砟颗粒的形状和清洁度也有较高的标准。因此，法国、德国和西班牙等国采用欧洲标准中的 A 级级配（窄级配），我国高速铁路则采用特级道砟。

高速铁路线路的道床应有足够的厚度，以减少路基面所受的压力和振动，保证路基顶面不发生永久性变形。因此，许多国家高速铁路采用双层道床：枕下道砟厚度为 35 cm，垫层道砟厚度为 20 cm。为了使道床的水能够迅速下渗，防止翻浆冒泥，在垫层底部要加设用塑料和沥青等材料制作的各种形式的封闭层。

有时候在高速铁路桥梁上也铺设有砟道床，根据国内外的经验，我国高速铁路桥梁上的道床厚度采用 35 cm，同时，为了防止道砟粉化，采用道砟下铺设砟下胶垫或采用弹性轨枕等措施。

（二）轨 枕

世界高速铁路有砟轨道正线全部采用钢筋混凝土枕。我国既有铁路干线绝大部分铺设了钢筋混凝土枕，高速铁路则要求全部采用钢筋混凝土枕。钢筋混凝土枕的主要优点是：纵横向阻力大，能提供足够的稳定性，可以满足高速铁路的要求；轨枕承载能力可以根据不同的高速运行条件进行设计，使之满足长期使用的耐久性要求；由于高速运行的平顺性、舒适性要求，高速铁路必然铺设无缝线路，理论计算和经验都表明，钢筋混凝土枕及其钢轨扣件的性能完全能够满足无缝线路的需要。此外，钢筋混凝土枕还具有寿命长和维修工作量小等优点。

高速铁路混凝土枕类型大部分为整体式，如德国、意大利、西班牙和日本等国采用的轨枕。法国有砟轨道传统的轨枕结构形式是双块式，在高速铁路中仍然采用双块式轨枕，但在采用有砟轨道的桥梁上因设置护轮轨的需要则采用了整体式轨枕。高速铁路已有 50 多年的历史,根据这些国家的经验,整体式轨枕和双块式轨枕都可满足高速铁路运行的技术要求。

为了适应高速铁路轨道承载和线路养护维修的技术要求,一般都采用强化型的轨枕结构,比既有线的轨枕更为优化,包括增加预应力配筋和截面高度来提高关键截面的承载强度,增大截面尺寸和轨枕长度等优化外形的设计来提高轨道的纵、横向稳定性。但是,基于各国高铁的发展、应用混凝土枕的历史条件不尽一致,高速列车的形式和性能、高速线路和轨道的设计标准、轨道铺设和养护维修技术条件各有差异,其轨枕的结构形式和承载水平有基本相同的趋势,又有各自不同的特点。其中,轨枕承轨槽部分的结构形式主要取决于所采用的扣件结构及其与轨枕的联结方式,由此出现了有挡肩与无挡肩、有螺栓联结与无螺栓联结,以及预留孔、预埋铁件等不同的结构设计。

我国铁路使用的整体式混凝土枕,基本分为Ⅰ、Ⅱ、Ⅲ型。Ⅰ和Ⅱ型都是2 500 mm,在高速线路上表现为承载能力明显不足,不能满足高速行车的技术要求。因此,我国高速铁路线路上采用了长度为2 600 mm的Ⅲ型混凝土枕,每千米铺设1667根。

(三)钢 轨

高速铁路一般要求钢轨具有较高的强度、韧性、耐磨性、平顺性和稳定性。较高的强度可以保证在机车车辆荷载的作用下,不会发生伤损和破坏;良好的韧性,能够使钢轨适应较高的动力作用;较好的耐磨性,能延长钢轨的疲劳寿命,减少养护维修工作量;高平顺性,能减少轮轨之间运行时产生的阻力,以提高列车运行速度。

高速铁路对钢轨本身的质量要求主要体现在钢轨内部质量的纯净度和外部尺寸的精确度上。内部质量要求钢质纯净度高;外部尺寸的精确度要求钢轨的几何尺寸精度和外形的平直度符合要求。

高速铁路钢轨的断面应考虑钢轨的强度、稳定性、耐磨性和轮轨之间的关系,将钢轨重力合理分配在轨头、轨腰和轨底。为使钢轨具有足够的强度,可适当增加钢轨的高度,以保证钢轨具有较大的水平惯性矩。同时,为了使钢轨具有足够的稳定性,钢轨轨底应尽可能宽一些,高速铁路通常将钢轨断面轨高与轨底宽之比控制在1.14~1.20。

从钢轨单位质量来看,各国普遍的经验是:在大轴重、大运量的重载线路上应采用60~75 kg/m钢轨;在列车速度小于160 km/h的普通客运线路上采用50~60 kg/m钢轨;在列车运行速度超过160 km/h的线路上应采用60~65 kg/m钢轨。

(四)扣 件

扣件就是轨道上用以联结钢轨和轨枕(或其他类型轨下基础)的零件,又称中间联结零件,包括道钉、轨下垫板以及弹性或刚性的扣压件等。其作用是将钢轨固定在轨枕上,保持轨距和阻止钢轨相对于轨枕的纵横向移动。

高速铁路有砟轨道用扣件将钢轨与轨枕联结起来形成轨排,用以抵抗列车运行时产生的荷载。这就要求扣件具有足够的扣压力、较大的弹程及很强的保持轨距的能力,还应具备结构简单、维修少、使用寿命长和良好的减振降噪等性能。

根据高速铁路不同的轨道结构对扣件的要求,扣件的应用类型可以分为:有砟轨道采用的无螺栓弹条扣件、有螺栓弹条扣件，无砟轨道采用的扣件，桥上有砟轨道采用的小阻力扣件和隧道内无砟轨道采用的小阻力扣件几种。

我国为适应高速铁路发展的需要，研制出了弹条Ⅲ型扣件，如图2-16所示，它是我国高速铁路有砟轨道的建议使用扣件。弹条Ⅲ型扣件是无螺栓、无挡肩扣件，由弹条、预埋铁座、绝缘轨距块和橡胶垫板组成。弹条Ⅲ型扣件具有压力大、弹性好等优点，特别是取消了混凝土枕挡肩，从而消除了轨底在横向作用下发生横移导致轨距扩大的可能性，因此保持轨距的能力很强；又由于取消了螺栓联结的方式，大大减小了扣件养护工作量，装卸简便，在性能上能够满足高速铁路的要求，非常适用于铁路高速化后的大型养路机械作业。

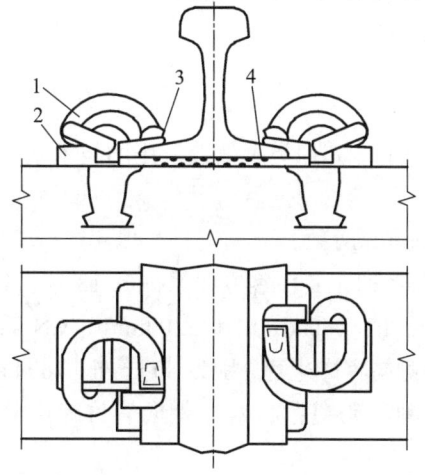

1—弹条；2—预埋铁座；3—绝缘轨距块；4—橡胶垫板。

图 2-16　弹条Ⅲ型扣件

（五）道　岔

高速铁路道岔在功能和构造上和普通道岔没有太大的差别，但在安全性和舒适性方面要求更高。

高速铁路的发展有力地促进了道岔技术的进步。在欧洲高速铁路建设过程中，研制和铺设了各类大号码道岔，如法国的64号单开道岔，直向允许速度260～300 km/h，侧向允许速度220 km/h；日本的60 kg/m钢轨18号道岔，相应的直向和侧向允许速度为250 km/h及70 km/h；德国UIC60轨1∶26.5单开道岔，直向和侧向允许速度为250 km/h及130 km/h。

我国铁路道岔经历了漫长的发展过程。1995年以前既有线道岔受其结构的限制，允许通过速度均较低，一般侧向过岔速度不超过80 km/h。从1996年开始，随着我国既有线的不断提速，我国设计了系列提速道岔。2001年，根据秦沈客运专线需要，我国研制和试铺了秦沈18号、38号大号码道岔，为高速道岔的设计积累了经验。近年来，为满足我国高速铁路及客运专线建设的需要，我国先后研发了高速铁路18号（见图2-17）、42号道岔，其中高速铁路18号道岔已经得到应用，使用情况良好，标志着我国高速道岔研发水平达到了新的高度。

图 2-17　我国高速铁路 18 号道岔

1. 高速道岔的种类

目前，在高速铁路上使用的道岔仍以单开道岔为主。其种类可以按采用的技术系列、容许通过速度、轨下基础类型进行分类。

（1）按直向容许通过速度分为 250 km/h 和 350 km/h 两种。

（2）从技术系列上分，有客专线、CN、CZ 三个系列，其中客专线系列有 18 号、42 号、62 号三种号码道岔，对应侧向容许速度分别为 80 km/h、160 km/h 和 220 km/h；CN 系列有 18 号、39.113 号、42 号和 50 号四种号码道岔，对应侧向容许速度分别为 80 km/h、160 km/h、160 km/h 和 220 km/h；CZ 系列有 18 号和 41 号两种号码道岔，对应侧向容许速度分别为 80 km/h 和 160 km/h。

按高速通过道岔的股道方向还可分为直向高速道岔和大号码高速道岔两类。

（1）直向高速道岔是适用于直向高速行车的道岔。这类道岔针对在改造客货混行的既有线以提高客车运行速度时，多半保留原有车站的平面布置以避免较大的工程改造量，道岔的长度和辙叉角没有较大改动的情况；另外，此类道岔还针对进站道岔对侧向速度要求不高，正线通过时却要满足高速行车要求的情况。属于这类道岔的有我国高速铁路的 18 号道岔（见图 2-17），日本新干线的 18 号道岔，法国高速新线的 20 号道岔，德国高速新线的 18.5 号道岔，俄罗斯的 18 号和 22 号道岔，美国的 28 号道岔，意大利的 18.2 号道岔等。

（2）直向和侧向都允许高速度通过的大号码高速道岔应用于新建高速铁路，满足高速列车侧向通过时对运行的安全性和舒适性要求。应用于区间单渡线和高速联络线上的一般都是大号码道岔，侧向速度要求较高，更为世界各国广泛研制与应用。属于这一类的有我国高速铁路的 42 号、50 号道岔，法国高速新线的 tg0.0218（即 46 号）和 tg0.0154（即 65 号）道岔，日本新干线的 38 号道岔，德国高速新线的 26.5 号和 42 号道岔，英国的 tg0.0145（即 69 号）道岔等。

2. 高速铁路道岔的结构特征

综观国内外高速铁路的道岔结构，其特征主要如下：

1）转辙器部分

高速道岔的基本轨通常采用与区间线路钢轨材质及断面相同的类型。尖轨采用矮形特种断面钢轨制造的藏尖式（见图 2-18）、曲线形、弹性可弯式跟端尖轨。

曲线尖轨有切线形和割线形之分。日本、法国和德国高速道岔均为切线形。我国采用相离半切线形，俄罗斯采用割线形曲线尖轨。曲线尖轨尖端有冲击角和无冲击角之分。一般半切线形曲线尖轨尖端有冲击角，如我国的高速道岔；而切线形曲线尖轨尖端有的有冲击角（如法国的高速道岔），有的无冲击角（如日本的高速道岔），冲击角的大小直接关系到侧向过岔速度。

图 2-18　藏尖式尖轨

曲线尖轨的长度一般都较长，短约 10 m，长则 40~50 m。为保证尖轨的转换可靠性及扳动到位，常设置多根转辙杆。例如，法国的 65 号道岔，尖轨长 57.5 m，采用 6 根转辙杆；日本的 38 号道岔，尖轨长 42.1 m，也采用 6 根转辙杆；德国的 26.5 号道岔，尖轨长 31.74 m，采用 4 根转辙杆；我国的 18 号道岔，尖轨长 21.45 m，设置了 3 根转辙杆。

直股尖轨为直线形，尖轨尖端轨距不做任何加宽，有利于高速直向过岔。

2）辙叉及护轨部分

辙叉及护轨共同配合发挥作用，使列车能够按照确定的行驶方向跨越线路，正常通过道岔。高速道岔辙叉按结构形式又可分为固定型辙叉和可动型辙叉两种，如图 2-19 所示。我国提速道岔多采用可动心轨式辙叉。

固定辙叉

可动心轨辙叉

图 2-19　高速道岔辙叉

可动心轨式辙叉是道岔两股线路相交处的设备，是由特种断面钢轨制成的，它消除了辙叉有害空间，减小了翼轨冲击角，加大了导曲线半径，它是保证道岔直向过岔速度与区间轨道运行速度相一致的有效技术措施。可动心轨辙叉长度一般为 10 m 左右，长则达到 15~20 m。可动心轨辙叉一般不设护轨，但侧股也有设置的，一般采用 H 型护轨、防磨护轨或弹性护轨。为了更有效地进行车轮导向，减少心轨磨耗，应使护轨稍高于基本轨。

消除有害空间的措施

3）连接部分

高速铁路大号码道岔的导曲线线形以圆曲线为主，也有采用复心曲线的，采用缓和曲线自然优越。一般18号道岔多采用圆曲线形导曲线，日本的38号道岔导曲线为复心曲线，大号码道岔以采用缓和曲线导曲线为佳，如法国的46号、65号道岔导曲线为单支三次抛物线形导曲线，而瑞士的25号道岔导曲线则为螺旋曲线形。我国提速道岔也采用单圆曲线形导曲线形式。

3. 高速铁路道岔辙叉号数的选用

我国《铁路技术管理规程》（高速铁路部分）中规定，道岔的辙叉号数选择应符合下列规定：

（1）正线道岔的直向通过速度不应小于路段设计行车速度。

（2）正线与到发线连接应采用18号道岔。两正线间的渡线应按功能需要选用18号及以上道岔。

（3）始发或终到车站以及改、扩建车站，在特别困难的条件下，可采用12号道岔。

（4）正线与联络线连接的道岔辙叉号数应按联络线设计行车速度选用，并宜选用大号码道岔。

四、高速铁路轨道检测技术和维修管理

（一）高速铁路轨道检测技术

在列车高速运行条件下，对轨道的不平顺和轨道部件的运营状态进行跟踪检测十分重要，它是高速铁路轨道科学合理维护的基础，同时也为轨道结构设计及有关维护标准的制定提供依据。轨道检测包括轨道不平顺的检测和轨道结构各部件状态的检测。轨道不平顺的检测包括静态检测和动态检测。静态检测是间断的手工测量，动态检测是由轨道检查车进行的连续的动态测量。一般来说，轨检车测量包含了对轨道中的暗坑、吊板、轨道弹性不均匀和动力引起的不平顺检测，其测量结果最能反映实际的轨道状态。此外还有一些辅助设备也可用于对轨道平顺状态的检测，如轻型轨道不平顺检测小车、车体振动加速度监测设备、轨面短波不平顺检测设备、轨面长波不平顺检测设备、轨道刚度连续检查车等。

检测轨道结构各部件的运营状态的检测设备有钢轨探伤车、融雪装置及地震检测警报系统等。还可以采用综合检测车对高速铁路的轨道结构各部件状态进行多方位的检测。

（二）高速铁路轨道的维修管理

高速铁路轨道不平顺的维修管理工作应坚持"预防为主"的原则，要对轨道不平顺的发展初期进行监管控制，不能等到平顺性恶化到危及行车安全才进行补修。在整个高速铁路运营过程中，必须安排足够的夜间大天窗和白天小天窗，确保高质量地进行高速线路的养护作业。

1. 紧急补修和限速管理

为了识别和诊断严重的轨道不平顺，判定是否需要紧急补修或降低行车速度，各国根据不平顺的幅值对行车安全的影响和运营经验，制定了轨道不平顺紧急补修和限速等安全管理标准。轨道检查车查出轨道不平顺超过紧急补修标准的部位，应要求养路工区在限定时间内

做紧急补修，使其达到日常保养标准。超过限速管理标准的应立即通知行车指挥部门，发出限速慢行命令，以保证行车安全和维持线路处于良好状态。

2. 预防性计划维修

为了限制需要紧急补修的次数和避免出现限速地段，保证列车能平稳、舒适地运行，延长设备的使用寿命，经济合理地进行维修工作，就必须对轨道实行预防性计划维修。所谓预防性计划维修，就是在轨道不平顺状态成段出现不良或尚未恶化之前，采用大型养路机械有计划地对线路进行综合维修，使轨道的平顺性达到作业验收标准。

3. 日常养护管理

高速铁路必须要保持高平顺性的运行状态，才能保证乘坐的舒适度和平稳性，减少轨道和车辆零部件的损伤，延长轨道的维修周期，使高速铁路获得较好的综合技术和经济效益。因此，高速铁路的日常养护是在两次预防性综合维修之间或综合维修与大修之间，根据轨检车等检测设备的检测记录，充分利用大小天窗时间，对轨道进行局部养护，消除那些恶化快、不能等到综合维修时才处理的超过日常保养标准和舒适度标准的少数局部轨道不平顺。

4. 应用大型养路机械养护维修

为了适应高速列车运行的要求，高速线路上采用了一系列现代化的养护维修技术和设备，从而实现了减轻维修工作劳动强度的目的。由于高速列车运行间隔时间短，利用列车运行间隔施工的养路方式及采用小型养路机械已不能满足要求，必须大力发展各项养路工作的机械化。大型养路机械在线路维修中具有高效率和高质量的特点，高速铁路的养护维修作业离不开大型养路机械。在法国，大修作业的机械化程度在90%以上，维修养护作业的机械化程度也在50%以上。日本和德国也都基本上采用了各种养路机械进行线路养护维修作业。目前，大型养路机械的线路维修已形成功能齐全、作业质量优良、自动智能控制的发展模式，成为衡量各国高速铁路现代化的重要标志之一。

第五节　无缝线路

无缝线路是由多根标准长度的钢轨焊接成为一定长度的长钢轨线路。与普通线路相比，无缝线路在相当长的一段线路上消灭了钢轨接头，因而具有行车平稳、旅客舒适、节省接头材料、降低维修费用、延长线路设备和机车车辆使用寿命等优点，可以适应高速行车的需要，是铁路轨道的发展方向。无缝线路可阻止钢轨随温度影响产生长度变化。正是由于无缝线路的优越性，自21世纪以来，各国铁路竞相发展无缝线路，特别是高速铁路，不仅要求必须采用无缝线路，而且必须在新建路基、桥隧工程完工后直接铺设无缝线路（俗称一次性无缝线路）。

一、跨区间无缝线路的发展

跨区间无缝线路是指轨条长度跨越多个区间甚至全区段，且与无缝道岔相焊联的铁路无缝线路。我国铁路学者李思杨先生指出，跨区间无缝线路优势明显，是我国乃至全世界未来一段时间铁路发展的必然趋势。

各种轨道结构的应用和发展主要取决于运营的效果。现代铁路为实现重载、高速运输而改善轨道结构的最佳措施,当属超长无缝线路的发展与应用。

在20世纪的50~60年代,无缝线路开始在干线上大量应用,当时主要采用50 kg/m级的钢轨,其中50%铺设在木枕和钢枕上。由于当时焊接和铺设技术都不够完善,因而长轨条的长度不可能很长。

70~80年代多使用60 kg/m级钢轨焊接长轨条。随着高强度合金轨、耐磨轨的问世,提高了无缝线路在重载、高速铁路上的应用效果。世界各国基地焊接基本上以接触焊为主,焊接接头的各项机械性能和外观检查均能达到钢轨母材的检查标准。铺设与养护技术也日臻完善。这一时期,无缝线路的结构形式以温度应力式为主,长轨条长度等于自动闭塞分区的长度,约为1 000~2 000 m,相邻长轨条之间设置缓冲区或伸缩调节器联结。

80年代以来,高强度、高韧性、长寿命的胶接绝缘接头在国外铁路上广泛应用。同时,法国在巴黎东南高速铁路和大西洋沿岸高速铁路使用感应式无绝缘轨道电路,德国在汉诺威—维欠茨堡和曼海姆—斯图加特两线使用音频式无绝缘轨道电路,为取消(或减少)缓冲轨、发展超长无缝线路创造了条件。

目前欧洲铁路无缝线路的轨条设计,除了临近小半径曲线或桥隧建筑物,轨条不得不断开外,一般区间都焊联成一体。英、法、德及日本的无缝线路最长长度如下:英国最长的一段无缝线路从尤斯敦至格拉斯哥645km;法国在巴黎—里昂—马赛,巴黎—勒芒,巴黎—莫城高速铁路上,大量无缝线路贯穿区间,其中最长的一段无缝线路长达50 km;德国区间无缝线路与车站道岔焊接,与无缝线路直接焊联的道岔达11万组;日本在全长53.83 km的青函隧道内12‰的坡度上,铺设了一段轨条长度达53.78 km的无缝线路。各国铁路铺设超长无缝线路大多是客运为主的铁路线上,俄罗斯铁路在货运为主、货运密度达110 Mt/km的干线上也铺有超长无缝线路。

我国于20世纪60年代曾在广深、胶济线试铺长度8 km的无缝线路,1980—1981年北京铁路局在京山线试铺两段长度各为7.68 km和7.64 km的无缝线路,后因焊接接头折断数量太多,胶接绝缘接头短期失效,不得不终止试验。近年来,随着我国铁路现代化的发展,我国主要干线加快了铺设超长无缝线路的步伐。目前国内高速铁路长钢轨无缝线路技术已经比较成熟。

二、跨区间无缝线路的关键技术

跨区间无缝线路是普通无缝线路的一种完善,从本质上说与普通无缝线路没有太大的区别,但在结构、铺设、养护维修等方面还是具有不同的特点。钢轨胶接绝缘接头、无缝道岔、胶接绝缘夹板是各国实现跨区间无缝线路的几大主要关键技术。

(一)胶接钢轨绝缘接头

铺设跨区间无缝线路时,轨道电路中的绝缘接头必须能适应无缝线路取消缓冲区的要求。随着轨道结构现代化的发展,为满足铺设跨区间和整区间无缝线路的需要,胶接绝缘接头应运而生。

（二）胶接绝缘夹板

对绝缘接头的处理除了采用厂制胶接轨外，还可采用胶接绝缘夹板。

技术要求：

（1）在安装前，应对线路进行整修，接头区几何尺寸符合维修标准，轨枕及扣件状态良好，轨枕位置及间距符合规定，道床清洁饱满，无空吊板，无低接头。

（2）钢轨状态良好，接头无伤损、掉块、飞边，接头错牙大修时不大于 0.2 mm，既有线不大于 1 mm，非厂制钢轨接头要求轨端偏斜量不大于 0.5 mm，螺栓孔位置及间距偏差不大于 0.5 mm。

（3）安装前对轨端及螺栓孔进行倒角，达到无毛刺。对轨腹及上、下 1∶3 斜面进行打磨除锈，金属光泽面积不少于 80%，并清扫干净。

（4）在安装时螺栓扭力矩应达到 1 200 N·m，螺栓应为无油、无锈，并涂抹厌氧胶锁固。

（5）为提高无缝线路中冻结接头的阻力，对长轨条与长轨条或长轨条与无缝道岔联结的绝缘接头，在轨腹包括 1∶3 斜面与胶接绝缘夹板之间用粘接胶粘接。

（6）轨端绝缘板不得超出轨头顶面及侧面，顶面可低于轨面 0.5 mm。

（三）无缝道岔

对于跨区间无缝线路中的道岔，把道岔中所有的钢轨接头都焊接（或胶接）起来，道岔两端也与区间无缝线路的长轨条焊联（或胶接）在一起，使无缝道岔成为跨区间无缝线路的一部分。跨区间无缝线路中的道岔钢轨不但承受巨大的温度力，而且里侧轨线两端的受力状况不同，一端承受温度力，另一端没有温度力。这种温度力的不平衡状态将使无缝道岔的钢轨受力变形，位置发生变化，这一特点成为无缝道岔设计、铺设和养护的难点，也是铁路线路提速的技术难点之一。

第六节　高速铁路桥隧建筑物

一、高速铁路桥梁

在高速铁路建设中，桥梁设计与建造已成为关键技术之一。

高速铁路上的桥梁，除需满足一般铁路桥梁的要求外，还需满足一些特殊的要求，这是因为在高速列车运行条件下，结构的动力响应加剧，从而使列车运行的安全性、旅客乘车的舒适度、荷载冲击、材料的疲劳、列车运行时的噪声、结构的耐久性等问题都与普速铁路不同。为确保高速运行条件下的安全性、平稳性和乘车舒适性，要求高速铁路桥梁必须具有高平顺性、高稳定性和高可靠性等特点，所以，桥梁结构必须具有良好的刚度和整体性，必须保证可靠的稳定性和保持桥上轨道的高平顺状态，使高速铁路的桥梁结构能够承受较大的动力作用，具备良好的动力特性。

高速列车的运营要求较高，能用于检查、维修的时间有限。因此，从总体上来说，高速铁路上的桥梁结构应构造简洁，规格和外形力求标准化，便于施工和控制建造质量，减少维修量，同时，注重结构与环境的协调，减小运营噪声，重视生态环境保护。

（一）高速铁路桥梁的特点

高速铁路的桥梁具有以下特点：

（1）桥梁比例大，高架长桥多。高速铁路的设计参数限制严格，如要求曲线半径大、坡度小，并需要全封闭行车，因而高速铁路的桥梁建筑物大大多于普通铁路，高架长桥的数量也很多。日本近2 000 km的高速铁路中，桥梁占线路总长的47%。我国京沪高速铁路桥梁占线路总长的86.5%，武广客运专线桥梁占线路总长的42.14%。

（2）以中小跨度为主。由于高速铁路对线路、桥梁、隧道等土建工程的刚度要求严格，因此高速铁路桥梁跨度以中小跨度为主。如京沪高速铁路上的桥梁，绝大多数为中小跨度。

（3）刚度较大，整体性好。高速铁路桥梁必须具有足够大的刚度和良好的整体性，以防止桥梁出现较大挠度和振幅。

（4）纵向刚度大。高速铁路要求依次铺设跨区间无缝线路，而桥上无缝线路钢轨的受力状态不同于路基，结构的温度变化、列车制动、桥梁挠曲会使桥梁在纵向产生一定的位移，引起桥上钢轨产生附加应力。过大的附加应力会造成桥上无缝线路失稳，影响行车安全。因此，墩台基础要有足够的纵向刚度，以尽量减少钢轨附加应力和梁轨间的相对位移。

（5）结构便于检查维修。高速铁路一旦中断行车，会造成很大的经济损失和社会影响，因此，高速铁路桥梁一方面要尽量减少维修，另一方面要便于日常检查和维修。

（二）我国高速铁路桥梁的建设理念

进入21世纪以来，随着中国高速铁路规模的迅速发展，通过广泛借鉴世界高速铁路桥梁先进技术和成功建设经验，在我国高速铁路桥梁建设实践过程中，逐步形成了具有中国特色的高速铁路桥梁建设关键技术，能够更好地保证列车运行的安全性、平稳性及旅客乘坐的舒适性。

我国高速铁路桥梁建设理念主要有以下几点：

1. 保证列车的安全性和舒适性

高速铁路桥梁与普速铁路桥梁的显著区别在于列车运行速度，确保设计速度目标值条件下的安全性与舒适性，是高速铁路桥梁建设的关键之一，涉及动力响应、桥梁结构非弹性变形、稳定频率和路桥刚度过渡、大跨度桥梁低频振动、桥面构造以及高速铁路线型要求等方面。

1）动力响应

动力响应问题是高速铁路桥梁设计的关键。高速列车在桥梁上运行时，列车与桥梁之间的互动影响明显，在结构设计中除了满足常规桥梁的静力强度、刚度要求外，对结构的动力特性必须高度重视。梁跨结构必须具有足够的刚度和自振频率，宜采用箱形梁等刚度大、动力性能好的结构形式。

2）控制桥梁结构非弹性变形对轨道持续稳定和平顺性的影响

高速铁路桥梁结构在与跨区间无缝轨道的相互作用以及在各种荷载工况下的变形，会直接导致桥上轨道结构的变形，影响高速列车运行的安全性和乘坐的舒适度。必须对梁轨作用的位移差值、桥墩台的水平刚度、基础的沉降变形、梁体挠度、梁端转角、预应力混凝土梁体的弹性变形及后期收缩变形进行控制,使线路轨道平顺性保持在允许的范围内。

3）保持良好的线路动力性能

由于线路、水文、地质、立交等要求,高速铁路的长桥较多,有的长达数十千米,甚至上百千米,列车匀速行驶所引起的等跨简支长桥与列车达到某一稳定频率的问题需引起关注,并应避免对列车走行造成不利影响。路基填土相对于桥梁结构具有可压缩性,提供的竖向刚度也比桥梁弱。为了保证高速行车的安全性和舒适度,必须重视路桥刚度过渡问题,做好刚度过渡措施,减少路基、桥梁交变地段竖向刚度突变对高速行车的影响。

4）研究大跨度桥梁低频振动的影响

在大跨度桥梁设计中,除了常规动力学问题外,还需对高速行车条件下的低频振动问题进行专题研究与分析,把握其对行车以及对结构自身的影响。

5）合理设计桥面构造系统

高速铁路桥梁的桥面除了布置轨道系统外,还设置了电力、电气化、通信、信号、声屏障等相关设施。桥面在施工期间有施工运载机具通过,在运营阶段不仅走行高速列车,还有机械化养护维修设施通过。列车在高速行车时产生的风吸附作用也将对桥面设施产生影响,进而影响高速行车安全。要重视桥面构造系统研究,综合考虑各种因素,合理布置桥面形式。

6）优化高速列车的运行条件

高速铁路的平面曲线半径大,不能按照传统桥渡的概念控制线路走向,除了个别特大桥外,大多数桥梁的桥位受线型控制,需采用技术措施,以实现高速运行为前提。对于技术复杂、具有控制性要求的个别特大桥的桥渡设计,要在充分研究水文、地质、河道、航道及道路设施的通行条件等因素的基础上进行综合比选,采用有利于缩短行车时分、技术经济条件好的方案,并结合施工条件,选择合理的桥式结构、桥跨布置、墩台基础形式。

2. 注重环境与景观的适应

高速铁路桥梁建设,必须充分研究建设地区的环境因素,预判环境对桥梁的影响,解决不同自然环境条件下的基础设计、结构选型、环境相融性、构造措施等问题。

1）注重节约用地

建造高架桥梁与修建路基相比,能够少占良田,节约土地资源。中国高速铁路多位于东、中部地区,该地区人口稠密、道路纵横交错,采用高架桥能更好地适应城市的规划与发展,方便沿线两侧居民的出行。

2）减少噪声影响

列车高速运行,轮轨碰撞、列车受电弓与接触网摩擦、列车与空气摩擦、结构物自身振动都会产生很大的噪声,需采取有效措施,重视减振设计,尽量减少噪声影响。目前桥梁支座普遍采用橡胶支座,轨道采用弹性橡胶垫,减振消振、减少噪声,减少对环境的影响。穿越城镇或居民区的桥梁,采取在桥面外侧设置噪声屏障等措施。在建设与运营各阶段,要严格控制对水体、土壤、大气的污染，减少对生态的破坏。

3）重视耐久性

优先采用预应力混凝土结构，根据我国高速铁路成网运输、维修天窗时间短的国情，按照环境类别或环境作用等级，进行桥梁的耐久性设计、施工，建造少维护、易维修的耐久性工程。

4）塑造桥梁景观

高速铁路桥梁尤其是穿越优美自然景区、经过城市范围的桥梁，作为永久性工程和标志性建筑，必将融入所经过地区人们的生活，给环境带来影响和变化。桥梁在发挥交通建筑主要功能的前提下，还要体现出与环境和谐统一的美学特性，形成与环境相协调的桥梁景观。在实用、安全、经济的原则下，更加突出美学要求，塑造出体现时代特征、新颖美观的桥梁建筑造型。

3. 注重服务运输与综合效益

1）优化建设工期

大型桥梁的技术难度非常大，需要进行大量的前期工作，技术比选，施工过程中还会出现较多的变更，所以一般工期较长。为保证建设工期能够控制在较短的周期内，对于个别控制全线工期、技术复杂的特大桥，如京沪高速铁路南京大胜关特大桥、武广高速铁路天兴洲公铁两用斜拉桥等，采用单独立项、先期开工的方式解决工期问题，既保证了桥梁工程的合理周期，又加快了全线的建设速度。

2）模块化技术、工厂化施工

高速铁路的桥梁比重很大，有的高达正线总长的80%以上，大多是标准跨度的简支梁长桥，数量巨大，有利于工厂化制梁，采用架桥机组织快速铺架，有利于加快桥梁建设速度，也可以更好地控制桥梁的各项技术指标。

3）集成专业技术

为满足少维护、易维修的需求，优先采用耐久性预应力混凝土结构。要重视接口设计，协调桥梁与轨道、接触网、通信、信号、电力电缆线、综合接地等各专业之间的接口关系，综合考虑专业之间的系统集成技术，满足养护维修作业需要。

（三）我国高速铁路桥梁的技术标准

为了满足高速铁路列车的安全运行和旅客舒适度的要求，我国对高速铁路桥梁的结构刚度、结构的变形、基础沉降等技术标准都较普速铁路严格得多，这样保证了桥梁整体结构的安全、舒适、耐久和良好的动力性能。下面就几点重要的设计标准进行说明。

1. 高速铁路的设计荷载和设计图式

高速铁路的设计荷载分为主要荷载、附加荷载及特殊荷载。我国《高速铁路设计规范》（TB 10621—2014）根据高速铁路客运专线的特点，在现行的桥涵设计规范的基础上进行了必要的修订和补充：其荷载的分类和组合原则不变，只是针对高速行车和采用桥上铺设无缝线路的实际情况，增加了长钢轨的伸缩力、挠曲力和断轨力以及高速行车时的气动力（见表

2-11），应用时应考虑其最不利的组合情况进行设计。

表2-11 高速铁路桥梁的设计荷载

荷载分类		荷载名称	荷载分类	荷载名称
主力	恒载	结构自重及附属设备自重预加应力混凝土收缩和徐变的影响，土压力、水浮力及净水压力、地基基础变位的影响	附加力	制动力或牵引力、风力、流水压力、冰压力及冻胀力、温度变化的影响、雪荷载
	荷载	列车竖向静荷载、公路竖向静荷载（设计公路、铁路两用桥时）、列车的竖向动力作用 长钢轨的伸缩力、挠曲力、横向摇摆力、离心力，人行道及栏杆荷载，列车荷载产生的土压力、气动力	特殊荷载	列车脱轨荷载、船只或排筏的撞击力、汽车撞击力、施工临时荷载、地震力、长钢轨断轨力

高速铁路的荷载设计图式是高速铁路桥梁设计的基础，设计图式的制定合理与否，影响到行车的安全性和旅客舒适度，与工程造价也有着直接的关系，因此，高速铁路桥梁的荷载标准备受世界各个高速铁路国家的重视。国外的高速铁路桥梁的设计荷载大体上分为两种体系：一种是欧洲国家普遍采用的UIC荷载；另一种是日本采用的高速铁路专用NP荷载。两种荷载相比较，日本NP荷载基本上是单一的轻型高速列车体系，而UIC荷载却概括了当前欧洲的轻型和重型运营列车荷载，并留有一定的列车发展余地。由于高速铁路桥梁在我国客运专线铁路线路上占有很大比重，其荷载在整个线路荷载中所占比例高，根据比较分析，我国把0.8UIC荷载作为高速铁路桥梁的设计荷载，也就是ZK标准荷载，对于工程造价来说，比直接采用UIC荷载更经济。此外，采用0.8UIC作为高速铁路桥梁的设计荷载，有利于向国际化靠拢，加强国际间的交流。图2-20、图2-21所示为跨度或影响线加载长度等于或小于6.0 m的桥梁结构设计荷载图式（ZK标准荷载图式和ZK特种荷载图式）。

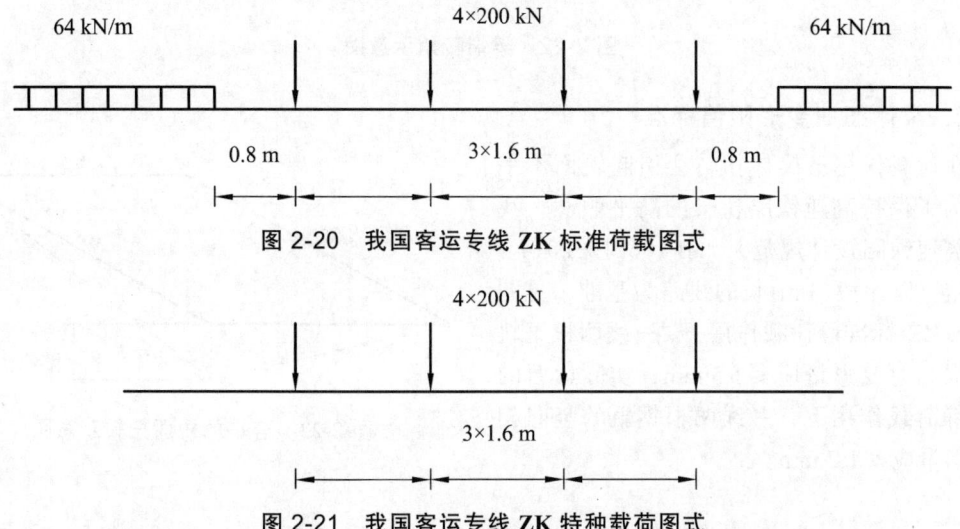

图2-20 我国客运专线ZK标准荷载图式

图2-21 我国客运专线ZK特种载荷图式

2. 桥梁结构竖向挠度的限值标准

我国《高速铁路设计规范》(TB 10621—2014)的 7.3.2 中规定：在 ZK 荷载静力作用下，梁体的竖向挠度的限值按表 2-12 中的规定。

表 2-12　桥梁的竖向挠度限值（L 为桥梁跨度）

设计速度	跨度范围		
	$L < 40$ m	40 m $< L <$ 80 m	$L > 80$ m
250 km/h	$L/1\,400$	$L/1\,400$	$L/1\,100$
300 km/h	$L/1\,500$	$L/1\,600$	$L/1\,100$
350 km/h	$L/1\,600$	$L/1\,900$	$L/1\,500$

3. 自振频率的限值标准

桥梁的竖向自振频率是使桥梁发生共振的根本原因，自振频率过低会造成道床松散、钢轨损伤、混凝土开裂、结构疲劳等危及行车安全的现象出现。为了避免车桥共振，保证高速行车的安全和舒适度，对桥梁的最小自振频率进行限制是十分必要的。桥梁的竖向自振频率一般取大于 n_0（$n_0 = 1.1 v_{max}/L$）的计算值。考虑到高速铁路客运专线的车辆动力作用较大，建议客运专线跨度为 12～40 m 的铁路简支梁的竖向自振频率采用 n_0（$n_0 = 1.2 v_{max}/L$），按 350 km/h 的列车速度计算约为 $n_0 = 120/L$（Hz）（L 以 m 计）。

4. 桥端转角的限值标准

我国《高速铁路设计规范》(TB 10621—2014)中规定：在 ZK 荷载静力作用下，有砟轨道桥梁梁端竖向转角 $(\theta_1 + \theta_2)$ 不应大于 4‰；无砟轨道桥梁梁端竖向转角 $(\theta_1 + \theta_2)$ 不应大于 2‰，如图 2-22 所示。

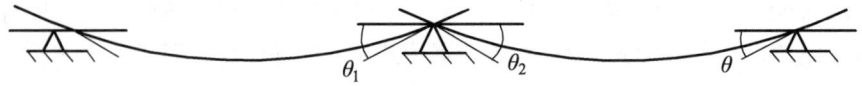

图 2-22　梁端转角示意图

5. 梁体扭曲变形限值标准

在荷载作用下梁体扭转会引起轨面不平顺，为了保持高速铁路桥梁的高平顺性，我国《高速铁路设计规范》(TB 10621—2014)中规定：以一段 3 m 长的线路为基准（见图 2-23），ZK 标准静荷载作用下，一线两根钢轨的竖向相对变形量应 ≤ 1.5 mm；实际运营的列车静荷载作用下，一线两根钢轨的竖向相对变形量应 ≤ 1.2 mm。

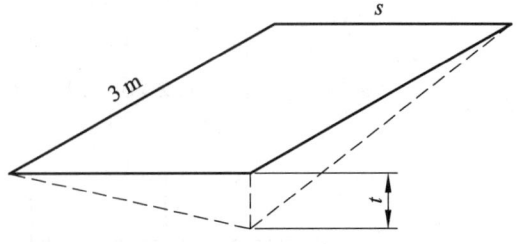

图 2-23　容许的桥面扭转示意图

6. 预应力混凝土桥梁上拱控制值

徐变上拱限值为 10 mm，当跨度大于 50 m 时，限值为 $L/5\,000$。无砟轨道的铺设应在梁体预应力张拉完成至少 60 天后进行。

7. 桥涵基础工后沉降量限值

根据日本和德国的经验，满足高速铁路高平顺性除了严格控制路基均匀沉降外，不均匀沉降的控制更为关键，因此应对墩台基础的工后沉降及工后沉降差进行限制，保证墩台发生沉降后，桥头和桥上线路的改变不至于影响行车安全，或者即使进行线路的高程调整时，也不会导致过大的工作量，桥涵基础工后沉降量限值标准见表 2-13。

表 2-13 桥涵基础工后沉降量的限值标准

轨道结构	350 km/h		250 km/h	
	工后总沉降	相邻桥墩沉降量之差	工后总沉降	相邻桥墩沉降量之差
有砟轨道	30	15	50	20
无砟轨道	20	5	20	5

8. 车桥动力响应指标

动力响应问题是高速铁路桥梁设计的关键。高速列车在桥梁上运行时，列车与桥梁之间的互动影响明显。为了保持高速行车的安全性和舒适性，在结构设计中除了满足常规桥梁的静力强度、刚度要求外，对结构的动力特性必须高度重视。我国《高速铁路设计规范》（TB 10621—2014）中规定：车体竖向振动加体速度 $\alpha_z \leqslant 0.13g$，车体横向振动加体速度 $\alpha_y \leqslant 0.10g$；桥面板在强振频率 20 Hz 及以下的竖向振动加速度，有砟桥面 $\leqslant 0.35g$，无砟桥面 $\leqslant 0.5g$。

二、高速铁路隧道

高速铁路的桥隧比例大，特别是中西部地区的高速铁路，桥隧比例可高达 70%~80%。山区线路隧道的比例更高。随着高速铁路行车速度的不断提高、线路最小曲线半径的变大，必将涌现出大量的隧道工程。

日本是个多山的国家，新干线隧道比例较大。日本营业新干线中隧道总长度达 635km，约占新干线线路总长的 33%。

德国于 20 世纪 80 年代初期动工修建的从汉诺威至维尔茨堡的高速铁路，长 327 km，隧道总长 118 km，占线路总长的 37%，包括长达 10.747 km 的兰德吕肯隧道；另一条从曼海姆到斯图加特的高速线路总长 100 km，隧道约占 30%（30 km）；2002 年开通的运行速度为 300 km/h 的科隆—法兰克福高速铁路，隧道占线路总长的 21.3%。

我国台湾修建的台北到高雄的高速铁路，全长 333 km，共有总延长 39 km 的 50 座隧道，最长的隧道约 8.4 km，隧道比重为 11.7%。

图 2-24 所示为我国设计的时速 350 km/h 的高速铁路山岭隧道——武广高速铁路大瑶山一号隧道。

图 2-24 大瑶山一号隧道

高速铁路隧道与普速铁路隧道的最大区别就是：当列车以高速通过隧道时，产生的空气动力学效应对行车、旅客舒适度、列车相关性能和洞口环境的不利影响十分明显，同时对于防排水标准、防灾救援和耐久性等方面也有较高的要求。

高速铁路隧道的勘测、设计、施工及维修养护管理与普速铁路隧道有许多共同点，对高速铁路隧道设计参数的特殊要求，主要是由于高速列车进入隧道诱发的空气动力学效应。

（一）空气动力学效应简介

当列车进入隧道时，原来占据着空间的空气被排开。空气的黏性以及隧道壁面和列车表面的摩擦阻力作用使得被排开的空气不能像隧道外那样及时、顺畅地沿列车两侧和上部形成绕流，于是，列车前方的空气受压缩，列车后方则形成一定的负压，这就产生一个压力波动过程，这种压力波动又以声速传播至隧道口，形成反射波回传、叠加，诱发对运营产生一系列负面影响的空气动力学效应。

高速铁路隧道列车空气动力效应——隧道压力波的产生过程

（二）空气动力学效应对高速列车运行的不利影响

空气动力学效应对高速列车运行会产生以下不利影响：

（1）高速列车高速通过隧道时产生的压力波动，是高速列车通过隧道时产生的主要效应。当这种压力波动，特别是在极短时间内的压力突变（称为瞬变压力）传到人体时，会产生生理上的不适，即耳膜压感不适，从而大大降低乘车的舒适度，并对铁路员工和车辆产生危害。瞬变压力的主要影响因素有：隧道断面阻塞比 β（列车横截面面积与隧道内轨顶面以上净空面积之比）、列车运行速度、隧道长度、车辆密封性、辅助坑道的影响、列车交会的影响等。

（2）高速列车进入隧道时，会在隧道出口产生微压波，引起爆破噪声并危及洞口建筑物。

（3）行车阻力加大，引起对列车动力和能耗的特殊要求。

（4）列车风加剧，影响在隧道中待避的作业人员。

（5）其他一些影响，如隧道内热量的积聚、空气动力学噪声等。

高速铁路进入隧道的空气动力学效应受多种因素影响，包括：

（1）机车车辆结构原因。行车速度，车头和车尾形状，列车横断面，列车长度，列车外表面形状和粗糙度，车辆的密封性等。

（2）隧道结构原因。隧道净空断面面积，双线单洞还是单线双洞，隧道壁面的粗糙度，洞口及辅助结构物形式，竖井、斜井和横洞，道床类型等。

（3）其他方面。列车在隧道中的交会等。

以上因素极大地影响列车运行的安全性和旅客乘车的舒适性，不仅为养护维修工作带来不便，而且对周边环境也将造成不利影响。因此，高速铁路隧道的设计必须着重考虑列车空气动力学效应问题。

（三）减少空气动力学效应的工程措施

理论和试验研究表明，为降低隧道空气动力学效应的影响，一般采用以下工程措施：

1. 扩大隧道断面面积和减小阻塞比

根据国外有关高速铁路隧道的试验研究，增大隧道断面，减小阻塞比是降低瞬变压力的有效途径。其中，双线隧道增大隧道断面面积对降低瞬变压力虽效果明显，但工程造价过高。

2. 改变隧道入口形式

改变隧道的入口形式，可降低瞬变压力和微气压波在洞口附近引起的噪声干扰。一般做法是在隧道入口处外接一段明洞，并在其墙壁上开设通气孔，如图 2-25 所示。英美有些专家认为，这种入口边墙上的最佳开孔率为隧道横断面的 75%，沿边墙等距离排列。有的隧道把这种明洞做成喇叭形入口，喇叭口端部的面积为隧道横断面的 2.5 倍。试验研究表明，这种式样的明洞入口可使列车进入时产生的空气压力峰值减少约 25%。

图 2-25　隧道洞口缓冲段

3. 设置通风竖井

在长隧道中设置竖井，不但能缓和列车通过时所发生的瞬变压力，而且也能降低行车的空气阻力。由于竖井的存在，列车前方压力较大的空气不仅可以通过隧道出口排出隧道，而且也可以通过列车前方的竖井排出隧道，这样就能降低列车前方与后方的空气压力差及列车的空气阻力。另外，在隧道内合理地设置通风竖井，也可使因高速行车产生的瞬变压力幅值降低 5% 左右。当考虑修建竖井（或斜井）时，应尽可能利用施工中留下的竖井，另外在确定施工竖井的位置时，最好能兼顾到高速列车降低瞬变压力的要求。

4. 修建平行辅助隧道

对于特长隧道，往往因其埋深很大，不宜设置竖井，这种情况下可在行车的主隧道旁修建一条小断面的平行辅助隧道，且每隔一定距离用横通道与主隧道连通。这样，每当列车经过一个横通道口就产生一次压力脉冲。虽然其瞬变压力变化频繁，但强度较弱，使旅客较易承受。另外，平行辅助隧道除了可以降低瞬变压力和空气阻力外，还可用于通风、排水，且当隧道发生火灾时，还可为旅客及隧道内养护作业人员提供安全出口。

另外，应保持隧道内的表面平整光滑，改善轨道结构，采用具有良好空气动力学形状的车体。同时，由于隧道是一种特殊的结构物，列车通过隧道时发生火灾的后果往往是灾难性的，因此还要重点关注高速铁路隧道的防灾救援。

（四）高速铁路隧道的主要技术标准

高速铁路隧道最大的特点就是列车高速进入隧道产生的空气动力学效应，这种动力学效应极大地影响行车安全性和旅客乘坐舒适性。因此，高速铁路隧道的结构设计不仅要满足空气动力学特性的要求，还要从构造和防灾上满足高速铁路隧道建筑限界和配置的各功能空间的要求。

从 20 世纪 60 年代开始，日本、英国、德国、法国以及美国等国家就相继开展了高速列车隧道空气动力学问题的研究。隧道空气动力学的研究成果为高速铁路隧道设计参数的选择和列车外形、结构强度的设计提供了重要的依据。

表 2-14 所示为部分国家高速铁路隧道技术参数。

表 2-14 部分国家高速铁路隧道技术参数

国家	法国 TGV-A	德国 ICE	意大利		日本		西班牙
			旧线	新线	旧线	新线	
列车最高速度（km/h）	300	250	250	300	220	240	300
列车横断面面积/m²	10	10.3	约 9.7		12.6	12.6	约 10
隧道有效净空面积/m²	71	82	53.8	76	60.5	63.4	75
阻塞比 β	0.13~0.15	0.13	0.18	约 0.13	0.21~0.22	0.20~0.21	约 0.13

1. 净空有效面积

隧道的横断面由堵塞比决定，即列车的横断面面积与隧道的横断面面积比值。也就是说，在进行高速铁路隧道设计时，确定了运营列车的类型与速度，根据列车的断面面积确定隧道的断面面积。

隧道断面阻塞比计算公式为：

$$\beta = \frac{A_{tr}}{A_r}$$

式中　A_{tr}——列车横截面面积；

　　　A_r——隧道净空断面面积。

β 值越小，压力瞬变现象越为缓解。

表 2-15 所示为我国高速铁路净空有效面积的标准。我国《高速铁路设计规范》(TB 10621—2014) 中规定：单线隧道轨顶面以上净空横断面面积不宜小于 70 m²，双线隧道轨顶面以上净空横断面面积不宜小于 100 m²。

表 2-15 我国高速铁路隧道净空有效面积标准

序号	类 别	单线/m²	双线/m²
1	200 km/h 客运专线兼顾货物运输	52（53.6）	80（85）
2	250 km/h 高速铁路	58（60）	92
3	300～350 km/h 高速铁路	70	100

注：括号内数值为客运专线兼顾双层集装箱运输条件下，考虑特定接触网高度等因素面积。

2. 单洞双线和双洞单线方案选择

高速铁路隧道形式采用的单洞双线隧道方案和双洞单线隧道方案各有其优缺点。根据高速铁路隧道的特点，单洞双线隧道方案的堵塞比较小，在满足洞内会车最不利条件的前提下，可有效地提高乘车舒适度；而双洞单线隧道方案更有利于防灾救援要求，当一座隧道出现重大事故时，另一座可正常运营，且可利用其进行救援和疏散旅客。

通过多方面的比选，世界各国的高速铁路隧道在满足空气动力学特性的要求下，较多地采用单洞双线隧道，当然，个别情况也采用双洞单线隧道。

我国高速铁路工程建设中，一般长度小于或等于 10 km 的客运专线隧道多采用单洞双线方案；长度大于 10 km 而小于或等于 20 km 的隧道，如果客车速度目标值为 200 km/h 及以上并且为客货共线时，则较宜采用双洞单线的方案，如果是客运专线，可根据辅助坑道的设置情况进行技术比较，选用合适的方案；当隧道长度大于 20 km 时，则采用双洞单线方案较宜。

3. 隧道的衬砌

高速铁路隧道的横断面面积较大，受力比较复杂，且列车运行速度较高，隧道维修有一定的时间限制，因此，隧道的衬砌应具有良好的耐久性与防水性。我国《高速铁路设计规范》(TB 10621—2014) 中规定：暗挖隧道应采用复合式衬砌；明挖隧道采用整体式衬砌；一般不采用喷锚衬砌。

复合式衬砌的安全性和耐久性较好。喷锚衬砌的耐久性和防水性存在一些问题，世界隧道界对喷锚衬砌作为永久衬砌也有不同的看法，但从目前来看，还是不适宜在高速铁路隧道中采用喷锚衬砌，但是随着喷锚技术的不断提高，喷锚衬砌的应用会变得广泛。

4. 辅助洞室的设置

隧道内不设置供养护维修人员待避的专用洞室，但应考虑设置存放维修工具和其他业务部门需要的综合洞室。我国规定：高速铁路隧道综合洞室沿隧道两侧交错布置，每侧洞室间距 500 m 左右。

5. 隧道内的预留空间

1）安全空间

安全空间为铁路工作人员和养护维修人员预留，内设把手、保护栏等。我国规定隧道的安全空间在距线路中心线 3.0 m 以外，单线隧道设在电缆槽一侧，多线隧道设在两侧，其高度不小于 2.2 m，宽度不小于 0.8 m，且地面不低于轨面规定高度，设有坡度 3‰ 的排水坡。

2）救援通道

隧道内设置贯通的救援通道，用于自救或外部救援。救援通道应设在安全空间的一侧，距线路中线不应小于 2.3 m。救援通道走行面不低于轨面高程。其宽度不应小于 1.5 m，在装设专业设施处，宽度可减少 0.25 m，净高不应小于 2.2 m。

3）工程技术作业空间

工程技术作业空间用来预留设备安装或加强衬砌以及安装降噪声护墙板。在安全空间和救援通道以外，其宽度应为 0.3 m。一般要求不得用技术作业空间来满足隧道的施工误差。

6. 运营通风

一般规定，长度大于 8 km 的电气化铁路隧道应设置运营通风设备。高速铁路隧道设置运营通风时，应考虑到防灾通风，有利于控制灾害范围和采取救援。结合我国高速铁路隧道的特殊情况，运营通风设置原则为：长度大于 10 km 的特长隧道，设置运营通风和防灾通风；小于或等于 10 km 而大于 6 km 的隧道，结合辅助坑道的设置，当辅助坑道用作紧急疏散通道，则在紧急出口处考虑防灾疏散通风设备，其他就不考虑运营通风；运营通风一般采用纵向射流诱导式通风，采用远程和本地双重控制。

7. 照明设备

隧道内的照明设置应考虑维修养护、满足紧急情况下人员疏散及救援人员的通行要求，同时也应考虑列车进入隧道后的亮度和对旅客舒适度的要求。德国、法国、日本等国家对高速铁路隧道照明非常重视。我国高速铁路隧道要求：行车速度 300 km 以下、长度大于 500 m 的隧道，应设置固定式电力照明设备；行车速度大于或等于 300 km 的隧道，长度大于 100 m 时应设置固定式电力照明，长度大于 500 m 时应增设应急照明设备，且应急照明灯具的间隔不大于 50 m，在供电中断后能连续工作 2 h 以上。

（五）高速铁路隧道的防灾救援

隧道内列车发生的灾害主要是脱轨翻车和隧道内列车火灾两大类。脱轨翻车是列车由于各种原因在隧道内脱离轨道，列车与隧道或地面发生剧烈碰撞导致人员或设备损伤的灾害事故。隧道火灾则是由于设备老化导致不能承受重荷而爆炸、电缆短路等设备因素以及责任不明等管理因素造成的。有关资料表明，在这两类灾害中，火灾的发生概率最高，后果最为严重，且列车脱轨翻车后，产生的摩擦也可能会导致火灾的发生，因此，高速铁路隧道要高度重视隧道火灾的发生，做好隧道工程的防灾救援措施。

高速铁路隧道的安全防灾主要有隧道内列车火灾事故的预防、发现和消防、救援。由于隧道内的列车火灾事故绝大多数是由于非隧道原因造成的，所以对车辆本身的材料、隧道内的防火设施、隧道内外的监测通报技术，隧道的避难、通风、排烟设施有较高的要求。从各国高速铁路隧道运营的实践经验来看，对于高速铁路隧道的防灾设施方面，主要有以下几个：

1. 救援通道

由于救援通道在列车停车的时候使用，因此救援通道可部分侵入建筑限界。我国《高速铁路设计规范》(TB 10621—2014)中规定:双线隧道内两侧应设置贯通整个隧道的救援通道,单线隧道在单侧设置救援通道,满足在紧急情况下人员疏散和外部救援的需要。在综合洞室内安装简易的消防器具,在有变压器的洞室内安装自动消防装置。

2. 逃生路线标志牌

德国凡是长度在 1 000 m 以上的高速铁路隧道,每隔 176 m 便要在照明灯开关上方设置反光的逃生标志牌,牌上标明距离最近的隧道洞口或隧道内的紧急出口。在烟雾还没有弥漫的情况下,乘务人员可迅速识别最短的逃生路线方向,组织旅客疏散。

3. 气流显示和风向测量装置

隧道内发生火灾时,确定烟雾流动方向是非常重要的。根据烟囱原理,隧道中的烟雾要走较短的路线。因此当列车无法驶出隧道、不得不停在隧道中时,司机在停车前必须正确判断烟雾流动方向,否则后果不堪设想。故凡是在长度为 1 500 m 以上的隧道内均应设置电子风向测量装置,长大隧道内要设置若干这类装置。行车调度人员可通过计算机屏幕确定烟雾流动情况。

4. 紧急呼救电话和人行道

凡是长度在 200 m 以上的隧道,其洞门处及隧道内均应设置紧急呼救电话。德国的高速铁路隧道内,隧道壁上每隔 600 m 有一部电话柜,不设锁,扳动手柄即可打开,按动手掌大的红色键即可通话。必要时,处在危险中的旅客可直接与行车调度人员取得联系。另外为便于疏散旅客,隧道两侧设有 1.7 m 宽的人行道,可并行两人(隧道宽 12.5 m,断面面积 82 m^2)。

另外,在靠近城市和有条件的隧道洞口处和紧急通道出口处,应设置供外部救援车辆停放的场地,对乘务人员进行全面的训练和建立完善的自救方案也是很有必要的。

复习思考题

1. 高速铁路的平、纵断面参数主要有哪些?
2. 高速铁路的轨道结构有何特点?
3. 有砟轨道和无砟轨道各有何优缺点?
4. 高速铁路路基有什么特点?各种特殊路基如何处理?
5. 高速铁路道岔的种类有哪些?其结构特征是什么?
6. 什么叫无缝线路?无缝线路的优点有哪些?
7. 高速铁路桥梁的设计理念是什么?有哪些技术特点?
8. 高速铁路隧道有哪些技术特点?

第三章 高速铁路车站

高速铁路车站是高速铁路系统中的重要基础设施,是旅客集散的场所。其主要作用是完成旅客输送任务,其生产活动主要包括客运作业、行车技术作业。高速铁路车站在技术设备和运输组织模式、售检票方式、旅客候车要求等都与既有线普通车站有很大的区别,其设计标准更高、设备更加先进、服务水平更高。高速铁路的车站及枢纽一般都根据其现实条件、服务对象、功能特点等因素设计成客流通道立体化、进出站自动化、功能多样化的现代化车站,如图3-1所示。

图3-1 新北京南站鸟瞰图

第一节 高速铁路车站的特点及布局原则

由于高速列车在列车编组辆数、运营模式、信号制式等方面均不同于普速列车,所以为其服务的高速铁路车站在布局及设备布置上也不同于既有铁路车站,它在车站设计、功能分类、站线设备等方面有其自身特点。

一、高速铁路车站的特点

(一)高速铁路车站的业务特点

(1)只办理客运业务,不办理货运业务。
(2)在运行途中高速车站不办理行包、邮政托运业务,列车停站时间短。

（二）高速铁路车站的设计特点

1. 高速铁路车站必须突出"以人为本、方便旅客"的设计思想

（1）高速车站设计要充分体现"以人为本、方便旅客"的宗旨，提倡旅客流程立体化、进出站自由化和多样化的设计，尽可能缩短水平流线长度，缩小换乘距离，利用电梯、自动扶梯组织竖向的立体旅客流线，以加快同行速度、降低旅客旅途的疲劳度。

（2）站内空间设计和设备组织要简洁顺畅、便捷合理，站内导向直观明确，能为旅客提供舒适的站内空间和良好的站内服务。

2. 高速铁路车站设计应与其他交通方式相协调

高速铁路车站应起到城市"交通转化平台"的作用，以客运站为中心，实现城市其他交通工具与铁路之间的有机结合，使高速铁路与既有线、城市轨道交通、轻轨、公交、出租车等交通方式形成协调运作、优势互补的交通体系，成为城市各种交通方式换乘的综合枢纽，为旅客提供便捷、高效的一体化运输服务。

3. 高速铁路车站的设施布局要满足高效率快速作业的要求

（1）客运组织方面：设置进站口至站台全程醒目清晰的旅客引导电子设备和多处各次列车电子信息牌，并根据客运量配备自动售票、自动识别系统。

（2）行车组织方面：车站须设置自动控制接发列车信号系统，以减少办理闭塞和开通进路时间。车站平面布置能满足列车以 80 km/h 速度进入进站信号机并安全准确到达停车位，使列车能不减速通过，确保会车安全。

4. 高速铁路车站设计要考虑先进性、文化性和经济性

（1）高铁车站的设计应具有前瞻性的规模、布局与标准，以及完善的公共安全技术（结构安全、消防安全、交通疏解安全）和先进的节能环保技术（节能降耗、减振降噪）。

（2）高铁车站的设计应体现出地域特征、人文特征、时代特征和交通建筑特征。

（3）高铁车站的设计必须贯彻"强本简末"的原则，必须要有适合发展阶段的节俭理念，最大限度地降低建设成本，合理把握建设规模及标准，充分考虑近远期结合，兼顾建设投入与维护成本。

二、高速铁路车站的布局原则

一般来说，高速铁路车站的布局应遵循以下原则：

（1）始发站、终到车站应该设置在具有大量直达客流的大城市或特大城市，以满足客流和运营效益的需求。

（2）沿线车站应该最大限度地满足周边重要城市的旅客出行量和跨线客流需求。

（3）车站位置的设置既要考虑与既有线的衔接，同时也要考虑与其他交通运输方式的衔接，以便最大限度地缩短旅客出行时间，吸引更多的客流。

（4）如果高速线与既有线基本并行修建时，若既有线站场有条件扩建的条件下，高速铁路车站应该尽量与既有线车站合并设置，可以充分利用既有客运设施、减少投资，同时还避

免了跨线客流的换乘。例如，广州北站就是一个既有线与高速线合并的车站，车场分为普速场和高速场。

第二节 高速铁路车站的分类及主要作业

一、高速铁路车站的主要作业

（一）客运作业

高铁客运车站一般办理以下客运作业：客票的发售、退改签等票务作业，旅客的候车、乘降、问讯和服务，行李寄存以及旅客文化生活、饮食卫生等方面的服务。高铁客运站一般不办理行包托运的业务，但目前一些大城市所在高铁站正在尝试与物流公司合作，在"双十一"等电商业务高峰期承运急速包裹快递业务。

（二）行车作业

高速车站的行车作业包括列车的接发、始发（终到）列车的折返及其他技术作业。所有的高铁车站都要办理列车的接发作业，大型车站还会办理动车组技术检查、动车组取送、上水、吸污及餐饮供应等作业。

二、高速铁路车站的分类

（一）按技术作业性质分

按技术作业性质分，高速铁路车站可分为越行站、中间站、始发（终到）站。

1. 越行站

越行站是专为办理高等级旅客列车越行低等级旅客列车或停站列车而设置的车站，基本上是中国高速铁路特有的，设于站间距离较长的区间，是中速列车待避高速列车的车站，它不办理客运业务，到发线较少，没有客运设施设备。日本、法国等国家的高速铁路线上也有不同等级速度的列车运行，速度较低的列车也要在一些车站待避，让高速列车越行通过，但这些车站都兼办客运业务，因此没有单纯的越行站。

2. 中间站

中间站主要办理列车通过和越行作业、客运业务和少量的列车折返作业，具有 2~4 股到发线和 2 座旅客站台，办理旅客上、下车及换乘，一般是通过列车多于停站列车。较大的一些中间站还办理少量始发、终到或立即折返的高速列车作业。这些车站或车站附近都设有与既有站（线）间的高中速联络线，在车站或附近办理高、中速列车的转线或中速车换挂机车作业。车站规模较大，一般具有 4~6 条到发线、8 条站台面线（包括正线）停靠客车，配设有高速列车运用维修所等机车、车辆设施。

3. 始发站

始发站主要办理列车始发、终到作业及客运业务并设有动车段（所），一般位于高速铁路的起讫点或大的枢纽站，如京沪高速铁路的北京南和上海虹桥站。始发站办理全部始发（终到）高、中速列车到发作业，具有全线最大的客运量；没有不停站通过列车，但有少量停站通过列车，例如，上海虹桥站可能担任北京至杭州方向高、中速列车的停站折角通过列车作业。始发站还是全线高速列车主要检修基地和运营指挥机构所在地的车站，设有高速列车动车段和管理机构等。

（二）按办理的客运量大小分

按办理的客运量大小分，高速铁路车站分为特大、大、中、小型站。按车站高峰时段的高峰小时旅客发送量 PH（人）进行分类：PH≥10 000 人为特大型站；5 000 人≤PH＜10 000 人为大型站；1 000 人≤PH＜5 000 人为中型站；PH＜1 000 人为小型站。

第三节 高速铁路车站设备及车站图型

一、高速铁路车站设备

高速铁路车站的设备主要取决于车站办理的业务，但一般来说具有的设备主要有：

（1）正线与站线：包括用于接发通过列车的正线、接发停车列车的到发线、检修线、出入段线、联络线等站线。

（2）客运设备：包括站前广场、旅客站房、站台、天桥、雨棚、地下通道、上水等客运设备。

（3）其他设备：包括信号、联锁、闭塞（简称信联闭设备）设备，通信设备、照明设备、牵引供电设备、检测检修设备。

高速铁路不同类型车站的主要设备配备见表 3-1。

表 3-1 高速铁路车站的主要设备配备表

序号	车站设备	越行站	中间站	始发（终到）站
1	正线、到发线	*	*	*
2	安全线	▼	▼	▼
3	旅客站房、站台	▼	*	*
4	信联闭、通信、照明、牵引供电设备	*	*	*
5	检测检修设备	▼	▼	*
6	站台间跨线设备	▼	*	*
7	转场牵出设备	○	○	*
8	存车线路设备	○	○	*

注：表中 * 为必备设备，▼ 为可选设备，○ 为不需要的设备。

二、高速铁路车站图型

（一）越行站

越行站在高速线上的布局应根据高、中速列车的比例、列车开行方案、高速线需要的通过能力等因素来决定。

图 3-2 所示为高速铁路越行站布置图，正线 Ⅰ、Ⅱ 办理高速列车通过，到发线 3、4 办理中速列车待避。由于不办理客运业务，原则上可不设站台。

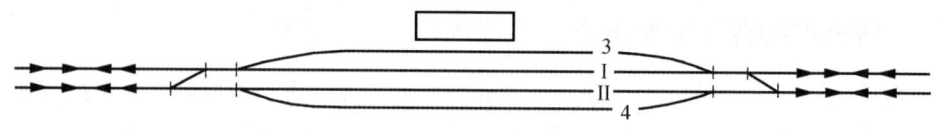

图 3-2　高速铁路越行站布置图

（二）中间站

高速铁路中间站布置图有两种：

1. 对应式中间站

如图 3-3 所示，高速铁路对应式中间站的 2 个站台夹 4 条线，Ⅰ、Ⅱ 道为正线，3、4 道为到发线。考虑到办理四交会的可能，故设 2 条停车待避用的到发线。这种布置图的优点是站台不靠近正线，高速列车自正线通过时，不影响站台上旅客的安全，站台安全退避距离不必加宽。

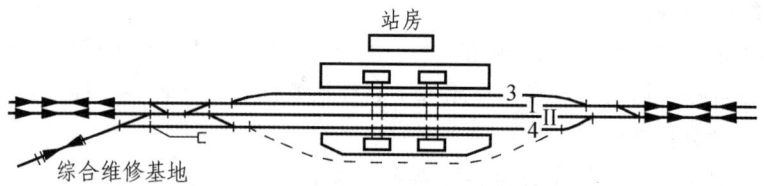

图 3-3　高速铁路对应式中间站布置图

2. 岛式中间站

如图 3-4 所示，高速铁路岛式中间站的中间站台靠近正线，Ⅰ、Ⅱ 道正线为高速列车通过线，3、4 道为待避线。这种布置图的缺点是：当有列车在正线停靠站台时，会影响后续追踪列车通过，降低区间通过能力；另外，由于高速列车通过时受列车风的影响，站台安全退避距离需要加宽以保证旅客的安全，并需设置防护栅栏。

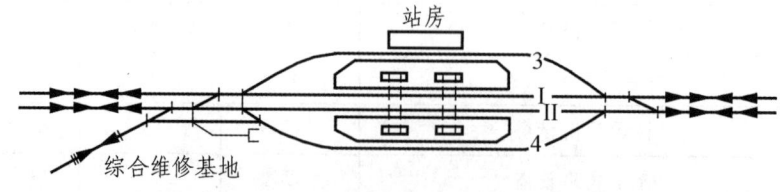

图 3-4　高速铁路岛式中间站布置图

对于繁忙高速铁路的中间站,应采用对应式站型,不采用岛式站型。只有在客运量较少、线路能力富余的线路,为了利用车站正线到发线使停站列车可以不侧向通过道岔时,才可能采用岛式站型。另外,当有停站的旅客列车较多时,或尽头式车站,为了充分利用站台,也可以采用岛式布置图。

为便于高速列车动车组停留折返,在某些有动车组折返停留作业的中间站要设置 3～4 条到发线,如图 3-5 所示。

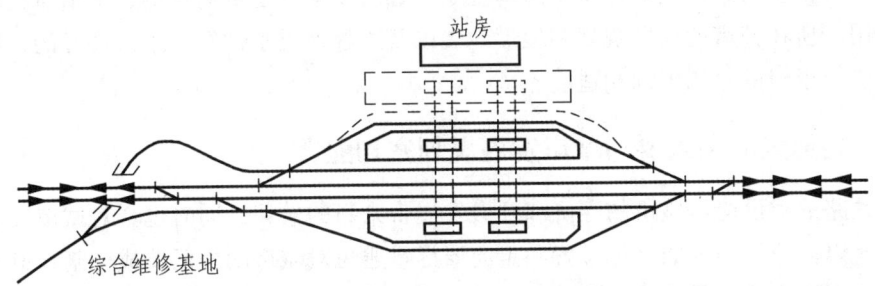

图 3-5　有折返作业的中间站布置图

为便于高速铁路设备的维修保养,在高速线的车站上,通常根据工务、电务、供电工区的分布设置综合维修基地。这种基地应尽量与车站的到发线衔接,以便于维修用车的出入。必要时,可采用跨线桥引入车站。

(三) 始发 (终到) 站

这类车站设置在高速铁路的起点和终点,位于特大城市的铁路枢纽,主要办理始发、终到高速列车的作业。

新建的高速始发 (终到) 站布置图如图 3-6 所示,图上设有到发线 4 条、站台 4 座。由于没有不停站的高速旅客列车通过,正线可设在靠近站台,并作为到发线使用。始发站应设有与到发线相衔接的动车段 (所) 或综合维修基地。

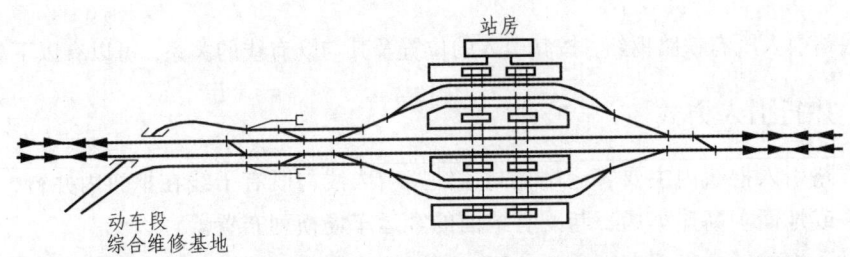

图 3-6　高速始发 (终到) 站布置图

始发 (终到) 站型布置有两种选择:通过式和尽端式。一般高速铁路的始发 (终到) 站型首选通过式,这样车站与动车段 (所)、机务段等部门是纵向布置,两个车站咽喉区可以分别办理不同的作业,一端接发列车,另一端衔接动车段 (所),这样可以减少旅客列车到发与车底取送、动车组出入段等的交叉,提高车站通过能力。

第四节 高速铁路与既有线枢纽的衔接

一、高速线引入既有铁路枢纽的原则

（一）高速线的引入要与枢纽的总图规划相适应

因为既有枢纽的总图规划是基于路网规划、各时期客货运量的预测、该枢纽在路网中的地位与作用、所在城市的发展规划和地形地貌以及工程地质条件等因素来展开的，因此高速线的引入要与枢纽的总图规划相适应。

（二）高速线的引入要与城市发展规划密切配合

高速铁路的建设能给城市的经济和社会发展带来新的繁荣，同时也会对城市发展造成一些影响，所以高速线引入的具体位置和走向要尽量避免对城市功能区造成分割，避开城市居民密集区和文物古迹、景观建筑等，必要时可采取"减震降噪"措施。高速铁路在市内延伸要力求减少建筑拆迁以降低工程投资，并注意与市区道路的交叉疏解和隔离防护，适当采用高架线路或者地下线路。

（三）高速线引入后要与城市的其他交通方式协调配合

高速线引入枢纽后，势必会形成高速铁路车站。根据国外高速铁路的发展经验来看，不管是新建的高速铁路车站还是与既有铁路客站合设的高速铁路车站，都因高速铁路车站到发客流量大，使得高速铁路站区往往成为城市最主要的客运交通枢纽；此时要注意解决好站区建设与城市其他交通方式之间的协调、衔接，使大量到发的高速客流能有序、便捷地再搭乘其他各类交通工具出行。

二、高速铁路引入大城市铁路的引入线方案

高速铁路引入既有铁路枢纽，按其引入的位置及其与既有线的关系，可以有以下三种方式。

（一）并行引入方式

高速铁路引入枢纽内主要客运站，高速铁路引入线与既有干线在枢纽内并行，在主客站旁设高架（或地面）高速车场，与既有地面的客运车场横列布置。

这种引入方式对城市不产生重新分割，便于旅客换乘，能充分利用既有客运设备和市政设施。但高速铁路穿越市区与城市干道有交叉干扰，拆迁工程量较大，高速铁路在枢纽内的技术条件受限制。

（二）并线引入方式

高速铁路在枢纽前方既有站（中间站或辅助客运站）与既有线合并后，再利用原有线引入枢纽内既有主要客运站。

这种引入方式的工程费用小，节约城市用地，拆迁工程量少，高速铁路对城市交叉干扰少。但高速列车在枢纽内的合并区间须减速运行，且该区间需要修建四线或多线方可满足区间通过能力的需求。

（三）分线引入方式

高速铁路在枢纽内的走向离开既有线，引入枢纽内适当地点的新建高速站。

这种高速铁路引入方式对城市环境的影响小，拆迁工程量少，有利于扩大枢纽的客运能力，高速铁路施工与运营无干扰。但新建高速站与既有站分开不利于旅客换乘，新建高速站要修建城市交通和公用服务配套设施，当新建高速站远离市中心时不易吸引客流。

选择何种引入方式，应根据高速铁路枢纽及站场设计的基本原则和要求，结合城市规划和既有枢纽的总布置图，进行多方案比选后确定。

三、高速铁路引入大城市铁路枢纽的高速车站设置方案

根据高速车站的设置和高速线走向，可归纳为三种基本技术方案。

（一）利用既有站、调整既有站分工或利用既有站改建的高速站

高速铁路正线利用既有线引入车站或高速铁路正线直接接入车站。正线多为靠近既有线穿越市区走行。这种站、线的组合，在高速铁路通过大城市枢纽时被广泛地应用。如日本的高速线通过大城市铁路枢纽几乎全部采用这种组合，特别是东京地区三大站：大宫、上野、东京均为这种类型。法国如东南 TGV 线引入巴黎以及德国的全部枢纽都是采用这一方式。我国设计的京沪高速京、津、济、沪等枢纽亦为相同形式。

该方案最有利于吸引旅客和方便城市居民出行，既有站是居民长期以来习惯和熟悉的车站，市内交通也已有良好的配合。这种方案实际上是高速站取代了既有站或是部分取代。

（二）在既有车站附近建高速站

该方案本质上与第一种方案相同，依托既有客站站房等设施作为高速客运设施，高速车站与既有站不直接连通，高速线引入新建的高速站。例如，我国京沪高速铁路南京高速站和日本东海道新干线上的名古屋、京都高速站就是采用的这种方案。

（三）在城市规划发展相应的位置新建高速站

在现有市区以外，与城市规划发展相应的位置新建高速站。高速正线在市区外通过，例如，我国的新徐州高速站和日本东海道新干线原新横滨高速站就是采用的这种方案。

该方案是在实施前两种方案非常困难的情况下产生的。其前提是新站区与城市发展要基本上同步实施。采用这种方案，其高速线路和高速车站工程的实施较前两种方案容易，且工程造价较低。我国大多数高铁站均采用这种形式。

四、高速铁路引入既有车站布置图型

（一）高速车站与普速车站合站设置的优点

高速客运车站与既有客运车站合设时，具有下列优点：

（1）既有客运站一般都位于城市中心附近，高铁客运车站与其合并设置，便于旅客乘降，有利于吸引更多的旅客乘坐高速列车。

（2）有利于充分利用既有客运站的站场、站房及其他旅客服务设施，节省工程投资和城市用地。

（3）高、中速列车的旅客可在同一车站直接换乘，无须乘坐市内交通工具，节省换乘时间。

（二）高速车站与普速车站合站设置方案

高速车站与既有车站合设时，有以下几种方案可供选择：

1. 高速列车与中、普速列车共用车场

高速线在枢纽前方站与既有线合并列入枢纽，如图 3-7 所示，利用既有正线进入既有客运站，既有客运车场为高速与中、普速列车共用股道。这种方案可大大节省高速线引入枢纽的建设费用，但由于高速与中、普速系统旅客列车作业交叉干扰，行车指挥与车站作业组织较为复杂。

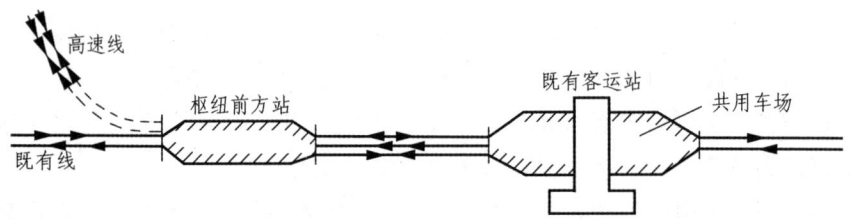

图 3-7　高速列车与中、普速列车共用车场布置图

2. 高速车场与中、普速车场咽喉互不连通

高速铁路引入枢纽既有客运站，分别设置高速和中、普速车场，两车场咽喉互不连通，高速线直接引入高速车场，高速列车与中、普速列车不能直接进入对方车场，高速列车与中、普速列车运行成为互不干扰、互相独立的两个系统，如图 3-8 所示。这种方案仅适用于中速列车不上下高速线的车站。

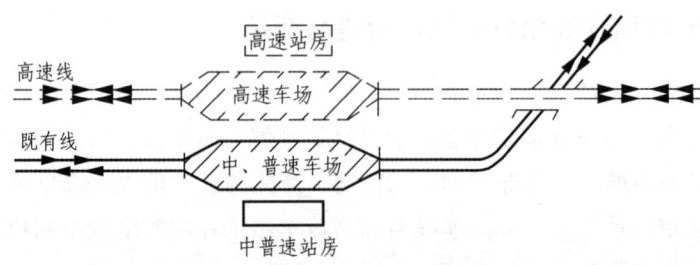

图 3-8　高速车场与中、普速车场互不连通布置图

3. 高速列车车场与中、普速列车车场在同一平面并列合设

图 3-9 所示为高速线与既有线并行引入既有尽端式客运站布置图,将靠近既有主站房一侧的既有到发线和站台改建为高速列车车场,供接发高速列车之用;与高速列车车场并列的其他到发线和站台作为中、普速列车车场,且在外侧适当扩建,供接发中、普速列车之用。在既有站房对侧,新建副站房,主站房与副站房之间采用高架通廊和地道相连,供旅客进、出站和换乘。两车场的进口咽喉用渡线互相连通。高速列车的动车段以及既有中、普速列车的客车整备场和机务段都有单独的站段联络线相衔接,以保证咽喉区必需的平行进路。这种布置方案适合于以办理始发、终到高速列车为主的高速站。

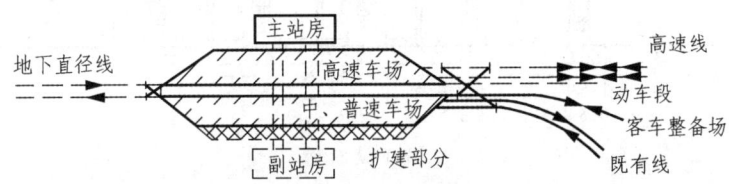

图 3-9 高速线与既有线并行引入既有尽端式客运站布置图

图 3-10 所示为高速线与既有线并行引入既有通过式客运站布置图。既有线在站房一侧,高速线在站房对侧,高速列车车场与中、普速列车车场横列,两车场咽喉用渡线互相连通,高速车场向外适当扩建。为便于高速旅客列车的旅客出入站,采用高架通廊和地道相连。这种布置方案适合于以通过高速列车为主的车站。由于两车场横列布置,两端咽喉区高、中速列车到发进路交叉较严重。

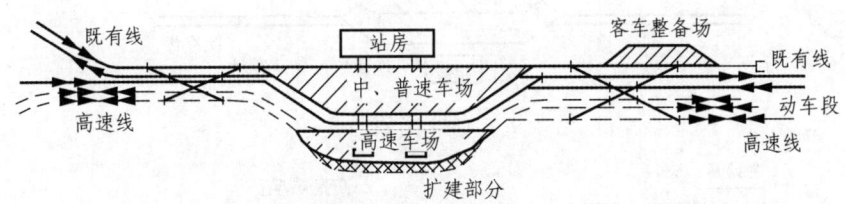

图 3-10 高速线与既有线并行引入既有通过式客运站布置图

4. 既有站上方设高架高速列车车场布置方案

图 3-11 所示为高速线高架引入既有站,在其上方设高架高速列车车场,承担接发高速旅客列车和通过车站不停车的中速旅客列车任务;桥下地面既有站为中、普速车场,承担接发始发、终到停站通过的中速旅客列车和普速旅客列车的任务。两车场两端采用进站线路立交疏解设备互相连通,以便于中速客车上、下高速线。但当没有中速列车上、下高速线时,两车场之间也可不必连通,以节省工程费用。

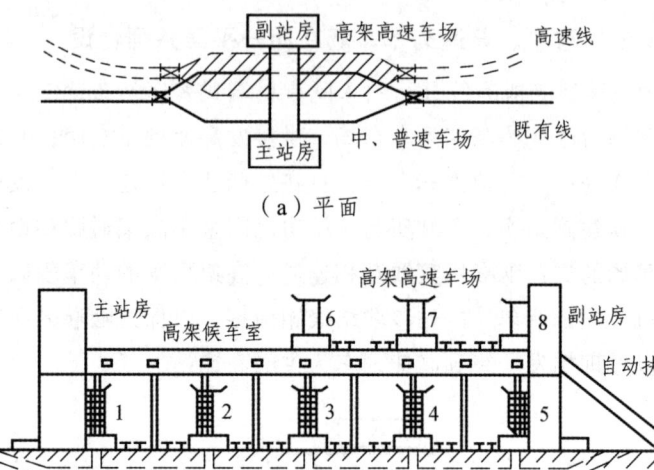

图 3-11 既有站上方设高架高速车场平面、横断面布置图

5. 既有站下方设地下高速车场布置方案。

图 3-12 所示为高速线从地下引入既有站，在既有站地下新建高速车场，既有站改建为中、普速车场，其车场的固定用途与高速车场和中、普速车场互不连通的布置图相同。两车场两端采用进站线路疏解设备相联结，以便中速列车上、下高速线。高速旅客列车的旅客可沿地道和自动扶梯进出站和换乘，中、普速旅客列车的旅客可沿高架候车室和地道进、出站。

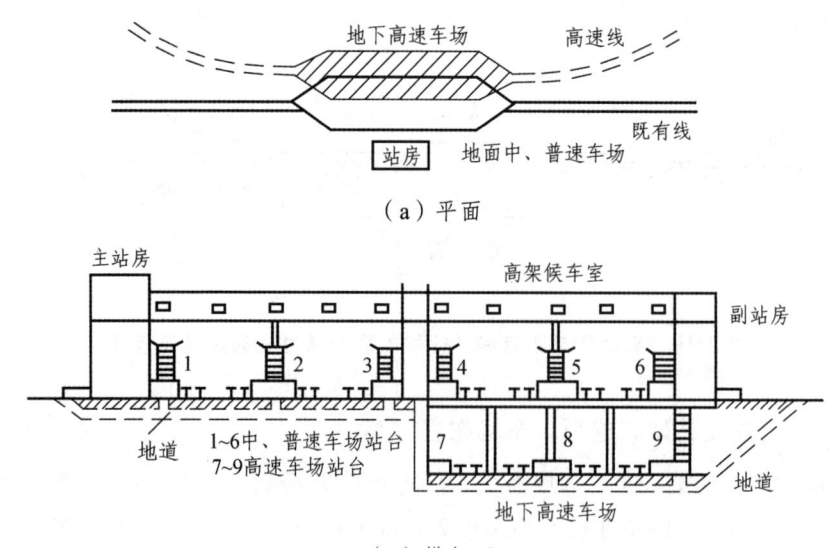

图 3-12 既有站下方设地下高速车场平面、横断面布置图

高速站与既有站合设时，究竟采用何种布置方案，应根据城市规划、既有客运站设备、当地地形地物、高速线引入枢纽的方式以及工程投资、施工难易程度等因素，通过技术经济比选后确定。

第五节　动车段(所)、综合检修段(区)与车站的布置

一、动车段(所)与车站的布置

(一) 动车段(所)的布置原则与要求

(1) 动车段(所)应该设在有较多列车始发、终到的车站附近以方便动车出入段。

(2) 动车段(所)出入高速铁路车站要有独立、便捷的通道,通过联络线与车站进行合理衔接。

(3) 动车段(所)应充分利用地形条件,尽量减少拆迁和工程施工量。

(4) 动车段(所)的设置地点、规模应根据其列车开行方式、配属的动车数量、外段派驻的动车数量及所担当的修程任务等因素来确定。

(5) 动车段(所)占地面积比较大,所以应尽量选择在荒地、旱地上建设,少占或不占用农业用地。

(6) 场地选择要结合城市用地的整体规划。

(二) 动车段(所)与车站的布局及特点

1. 终端式终点站与动车段(所)呈顺列式布局

如图3-13所示,终端式车站与动车段(所)呈顺列式布局能使车站咽喉作业均衡,一端咽喉接发列车,另一端咽喉用于动车车底进出动车段,两者无交叉干扰。此布局不需要修建车底进出段走行线与正线的立交疏解,故工程投资也是比较省的。条件许可时应选用此种布局形式。例如,日本山阳线的博多和北陆新线的长野两个终端站,东北线的盛冈和上越线的新泻终点站都预留了干线的延长。

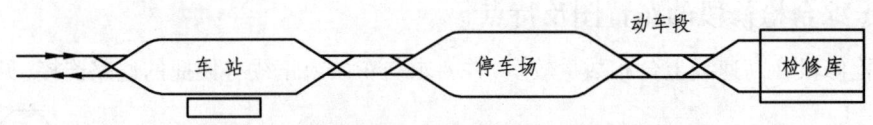

图 3-13　终端式车站与动车段(所)呈顺列式布局

2. 终端式终点站与动车段(所)呈反向布置

如图3-14所示,终端式车站与动车段(所)呈反向布局的形式,是由于车站已建在市区,顺车站方向的延伸地带位于密集的市内甚至是城市中心地区,无法按顺列式布局而采用的。例如,日本东海道新干线的东京站与车辆基地以及我国北京、上海高铁站都只能采用反向布局。这种形式的主要缺点在于列车到发和车底进出段都在一端咽喉,造成咽喉能力紧张且一部分到发列车和车底进出段必然产生平面交叉。因修建走行线与正线的立交疏解,工程投资较大,有时也因为市区的客观条件不允许修建此种立交疏解,走行线只能与正线并行引入车站,使咽喉交叉干线更为严重。不过为了加速高速列车车底的周转,提高使用效率,正常情况下高速列车和车底白天都不进段,车底是"早出晚归",故交叉干扰多出现在早上开始发车和夜间接近停运时,可采取一定的行车组织措施减轻交叉干扰。

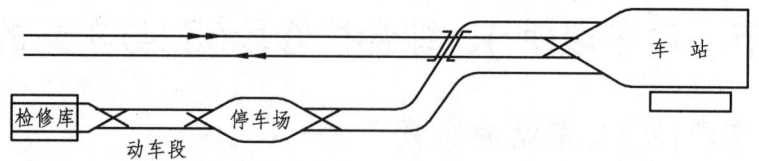

图 3-14　京沪高速铁路上海站的动车段(所)、区分布示意图

3. 贯通式车站与动车段(所)呈顺列布置

如图 3-15 所示，贯通式车站与运用维修所的顺列布局是常用的形式，例如我国京沪高速线的济南、徐州、南京等站的运用维修所均属于此种布局。

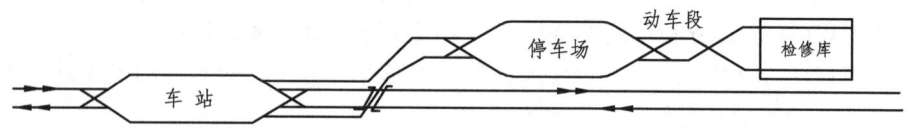

图 3-15　京沪高速铁路南京站的动车段(所)、区分布示意图

4. 贯通式车站与动车段(所)呈并列或斜并列布置

这种方式多为规模小的运用所与车站的布局，如我国京沪线的蚌埠站。

二、综合检修段与车站的布置

（一）综合检修段的布置原则与要求

（1）应设在有较多高速列车始发、终到的车站附近。

（2）应尽量设在车站附近，通过联络线引入车站一端咽喉。具体位置不受限制，可根据实际情况与车站横向、纵向或者斜向布置，以工程量少和检修车辆出入走行方便为宗旨。

（3）应尽量与动车段(所)等设置在一起，以共用走行线，减少土地占用。

（二）综合检修段的布置图及特点

综合检修段在高速线上分布数量较多，并要求与车站或正线有便捷的通路连接，见图 3-16。

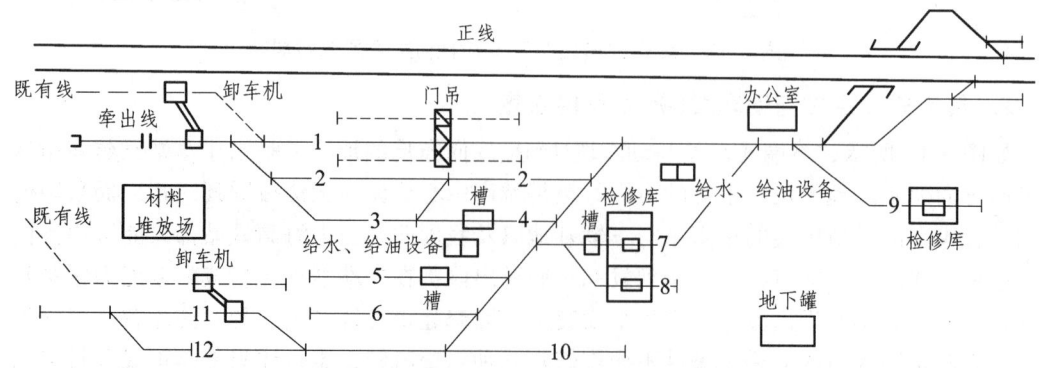

1—材料装卸、长钢轨运送更换车停留线；2—机走线、通路线；3—架线车停留线；
4—电气作业车停留线；5、6、10—维修机械停留线；
7、8、9—检修线；11—道砟装卸线。

图 3-16　综合检修段设备布置图

综合检修段设有以下主要设备：

（1）维修车停留线，供大型养路机械、轨道检测车、材料搬运车等停放。

（2）材料装卸线，供维修材料（如道砟等）装卸用。

（3）长钢轨运送车更换停留线，供长钢轨装卸作业、停留。

三、综合维修区与车站的布局

（1）综合维修区分布较广，应尽量在车站附近，以走行线与车站在咽喉处连接。综合维修区可设于车站两端任何象限内，可与车站顺列，也可横向并列和斜向设置，以工程量少和维修车列走行方便为原则。

（2）如设在车站附近，会使工程造价大增时，综合维修区也可设在区间，从正线出岔衔接。例如，我国京沪高速线在常州和无锡站间设的浒墅关综合维修区，日本东海道和山阳干线也各有1个保守基地（相当于综合维修区）设在区间。

（3）综合维修区应尽量与工务段、动车段(所)等设在一处，以共用走行线和减少用地。

复习思考题

1. 高速铁路车站的主要作业有哪些？
2. 高速铁路车站的设计特点是什么？
3. 高速铁路车站有哪些设备？
4. 根据技术作业性质不同，高速铁路的车站可划分为哪几种类型车站？
5. 我国高速铁路车站布置图型有几种？分别适用于什么条件？
6. 高速铁路引入枢纽的要求有哪些？常用的引入方式有哪几种？
7. 说明高速铁路的动车段（所、场）和综合维修基地的设置原则。

第四章 高速铁路动车组

第一节 动车组概述

动车组是由动力车和拖车或全部由动力车长期固定地连挂在一起组成的自走行车组。其中，带有动力的车辆称为动车（用 M 表示，以下同），不带动力的车辆称为拖车（用 T 表示，以下同）。动力车上也可以乘坐旅客，列车两端都带有司机室，可在线路上往复运行。

高速动车组是当今世界高新技术的集成，应用了轮轨技术、交流传动、制动控制、列车运行控制、信息工程、空气动力学工程、人体工程、环保工程、可靠性与安全性技术等多个专业领域的研究成果，是高速铁路的标志性装备。

由于动车组具有安全、高速、高效、快捷、舒适、环保以及编组灵活等特点，因此备受世界各国铁路运输和城市轨道交通运输的青睐。

一、动车组的分类

（一）按动力来源分

动车组按动力来源，分为内燃动车组和电力动车组两种，内燃动车组在动车组发展早期使用，但与电力动车组相比有明显的劣势，现在已逐步减少。目前国内外所采用的动车组多数都是电力动车组。

（二）按动力配置形式分

动车组按按动力配置形式，分为动力集中式和动力分散式。动力集中式动车组列车只有两端为动车，其余均为拖车，如法国的 TGV-PSE 动车组，由 2 辆动车和 8 辆拖车编组而成，2 辆动车位于车组的两端，即 2 动 + 8 拖（M + 8T + M）形式。由于动力装置安装比较集中，动力集中式动车组具有检查维修比较方便以及电气设备的总质量相对较小等优点。但其缺点也比较突出，即动车的轴重较大，对线路不利。

动力分散式动车组是指动力车不集中在两端而是分布在全列车中，具体还有完全分散和相对分散两种模式。完全分散模式是指高速列车编组中的车辆全部为动力车，如日本的 0 系高速列车，16 辆编组中全部是动力车，这种模式采用较少。相对分散模式为动车组采用的主要模式,是指高速列车编组中一部分是动力车,其余部分为无动力的拖车,如日本的 700 系高速列车,为 12 动 + 4 拖(12M + 4T)的 16 辆编组形式;我国的 CRH380A 型动车组 8 辆编组中有 6 辆是动车,2 辆是拖车,而 16 辆编组的 CRH380AL 动车组中有 14 辆是动车,2 辆是拖车。动力分散型动车组虽然有牵引力设备的数量多、总重量大的缺点,但其优点较多,如最大轴重小、对线路的影响小、列车总体利用率高、列车的牵引及制动性能好、可靠性高、运用成本低等。因此,动力分散动车组是当今世界铁路动车组,特别是高速动车组技术发展的方向。

由于我国幅员辽阔,南北气候差异大,东西部经济发展水平不均衡,路网规模大,长途与短途需求各异等,综合考虑上述因素,中国的动车组列车分为三大级别:高速动车组(时速 250 km/h 及其以上),一般动车组或中速动车组(时速 160~200 km/h),低速动车组(160 km/h 以下)。

二、动车组的优点

动车组的优点

相对于传统的列车编组模式,动车组在运营上有许多优势,尤其是动力分散型电动车组的优势更为明显,主要有以下几点:

(1)动力效率较高,起动加速快。动力分散的动车组驱动轴较多,黏着性能比较稳定,提速快且稳定,容易实现高速运转。

(2)由于动车组在两端都有司机室,因此转换运行方向较为方便,可以加快车底周转。也可以有效减轻起、终点车站列车折返作业压力。在保证安全的前提下,可明显提高行车密度,从而提高整个铁路网的运输能力。

(3)动车组甩挂方便,比较容易组合成长短不同的列车。可以根据客流的大小,加挂或少挂动车组,由于动车组中每组都是既有动力车又有拖车,因此,加挂动车组不影响速度,少挂动车组也不影响动力的发挥。

(4)动车组的制动效果好。电力动车组因为有较多的电动机,所以再生制动能力良好。另外,动车组一般都采用两种或两种以上制动方式,制动效果更为显著,可靠性高。

(5)最大轴重小,对线路的影响小。由于动车组的牵引设备分散布置在各动力车上,能够降低列车的平均轴重,减小运行阻力,减少对铁路线路的影响,并降低维修保养费。

(6)动车组更加注重环保。高速动车组的内部装饰和化工材料全部符合国际环保规定的要求,卫生间均采用真空集便器,集中收集排放污物,不会对列车行经路段沿线造成污染;车内外噪声也非常小,将噪声污染降到最低。

三、动车组六大关键技术

动车组的六大关键技术包括集成创新、牵引技术、高速制动技术、车体轻量化技术、高速转向架技术和网络及列车运行自动控制技术。

（一）集成创新

一列动车组大约由 8 000 个零部件组成，涉及电子和微电子技术、计算机技术、网络技术、通信技术、机械加工技术、非金属材料等。在生产过程中，涉及的企业有 100 多个。目前我国已完全掌握了动车组系统集成技术，是世界上高铁系统技术最全、集成能力最强的国家。

动车组六大关键技术

（二）牵引技术

交流传动技术是高速列车的核心技术之一，包括变压器、变流器、牵引电机、牵引控制四个关键技术。我国铁路通过引进消化吸收，完全掌握了大功率的交流传动技术，目前我国高速列车交流传动的功率可以做到单个电机功率 586 kW，而且采用世界上最先进的电流 IPG 技术。

（三）高速制动技术

高速列车的制动技术直接关系到行车安全。我国高速列车现在采用的制动方式是再生制动，列车速度在 250 km/h 实施制动以后，列车速度从 200 km/h 降到 90 km/h 左右完全是靠电机反向旋转，利用列车的巨大惯性产生电能再往上输电，这一阶段是没有任何机械磨损的，是非常绿色、环保的技术，只有当列车速度降到 90 km/h 以下后才开始实施第二阶段的机械制动。速度 200 km/h 的列车制动距离小于 2 000 m，完全达到了世界先进水平。

（四）车体轻量化技术

高速列车的重要技术之一是要求轻量化，列车运行时每牵引 1 t 质量大约要消耗 12 kW 电能，当速度达到 300 km/h 的时候，每牵引 1 t 质量大约要消耗 16～17 kW 电能，因此，世界各国都在高速列车轻量化技术上展开了研究。我国生产的动车组，车体质量比传统客车质量减轻了一半，轻量化技术达到了国际标准。

（五）高速转向架技术

转向架技术也就是走行技术。走行技术简单来讲，就是要求动车组在 200 km/h、350 km/h 运行的时候，要有良好的稳定性（这是安全性指标）和平稳性（这是舒适性指标）。还要有较好的曲线通过能力。目前我国高速铁路在转向架技术方面已经达到了世界先进水平，在现有的转向架技术基础上可以实现最高运营速度 380 km/h。

（六）网络及列车运行自动控制技术

在动车组上为旅客提供的大量服务设施基本上是靠电子计算机来控制的，整个列车实行两级网络，对全列车所有设施设备进行监测、控制。计算机、通信、控制技术与信号技术集成为一个自动化水平很高的列车运行自动控制系统（简称列控系统）。列控系统不仅为行车安全提供了根本保障，而且为行车自动化控制、运营效率的提高及管理自动化等方面提供了完善功能，并朝着运输综合自动化的方向发展。

列控系统技术是现代化铁路的重要标志之一，是保证列车安全、高效运行的重要设备。

列车运行自动控制系统简称 ATC(automatic train control system),它包括 ATP、ATO、ATS 等子系统。ATP(automatic train protection)为列车自动防护系统。ATO(automatic train operation)为列车运行控制系统,其主要作用是实现自动驾驶,包括按运行曲线运行,车门控制和停车校准、列车折返。ATS(automatic train supervision)为列车自动监测系统,包括控制中心和车站设备。联锁系统已经部分归到 ATP 中,其主要功能是超速防护、实施紧急制动。ATC 已经成为国际通用规程。

第二节 动车组的发展概况

一、国外动车组的发展概况

国际上常见的动车组有日本的新干线,德国的 ICE,法国的 TGV、欧洲之星,意大利的 ETR 等。日本川崎重工、法国阿尔斯通、德国西门子、加拿大庞巴迪和意大利菲亚特公司是掌握时速 200 km/h 及以上动车组集成和关键部件技术,并具有批量生产能力的主要制造商。

德国是最早制造和运用动车的国家,在 1903 年便率先运行了由钢轨供电的动车组。该动车组由 4 节动车和 2 节拖车编成。同年 8 月 14 日,又运行了由接触网供电的动车组,这是世界上第一列由接触网供电的单相交流电动车组。再到同年 10 月,西门子公司制造的三相交流电动车进行了高速试验,首创时速 210.2 km/h 的历史性记录。虽然德国制造和运用动车组较早,动车组技术在世界上也一直处于领先地位,但其高速动车组投入商业运营相对较晚,直到 1991 年,其最早一代 ICE-ICE1 才正式投入商业运营,比日本的新干线晚了二十多年。在 ICE(见图 4-1)1 投入运营后,他们又相继研制了 ICE2、ICE3、ICE4、ICE-T 等。

日本是最早将高速动车组投入商业运营的国家。1964 年 10 月 1 日,日本东海道新干线东京—大阪高速铁路正式投入商业运营,同时,由 16 辆全部为动力车编组的 0 系新干线动车组开始运行在这条线路上。东海道新干线是世界上第一条完全按照高速行车技术条件建造的铁路,其安全运营的最高速度达 210 km/h;而 0 系新干线列车是世界上最早投入商业运营的高速铁路动车组(见图 4-2),使时速 200 km/h 的高速列车技术由试验研究阶段跃升为商业运营阶段,这为日本铁路的发展开创了新纪元,也为当时被称为"夕阳"产业的世界铁路注入了巨大的活力,成为世界铁路发展的里程碑。在 0 系之后,日本又开发制造了 100 系、200 系、300 系、400 系、500 系、700 系、800 系、E1 系、E2 系、E3 系和 E4 系等高速动车组列车。

图 4-1 德国 ICE1 列车

图 4-2 日本新干线 0 系列车

法国也是制造和运用动车组较早的国家，尤其是它的高速电动车组，速度连续刷新世界纪录。1981年第一代TGV-PSE电动车（见图4-3）组创造了最高试验速度380 km/h的世界纪录；1990年5月，第二代TGV列车又以515.3 km/h的试验时速刷新世界纪录；1993年6月投入运营象征着TGV第三代的TGV Reseau是世界上第一列密封的列车，其客舱是压力封装的，克服了在高速运行下巨大的气压变化对旅客舒适度的影响；1996年出厂的TGV Duplex是双层TGV列车，在仅需提高4%牵引功率的前提下，容量提高了45%；另外，还有通过英吉利海峡，沟通英国、法国、比利时三国客运联运业务的欧洲首列国际高速列车欧洲之星（见图4-4）。近些年来，法国研究和开发了实际运营时速360 km/h以上的第四代TGV——Nouvelle Generation TGV。如今，TGV技术已经成为法国对外出口的一项技术。很多国家的高速列车都是由TGV演变而来的，如西班牙有引进TGV技术的AVE高速列车，韩国有从TGV变化而来的KTX等。

图4-3　TGV-PSE动车组

图4-4　欧洲之星动车组

在国际上，除了日本、法国和德国有着先进的动车组技术，并大量用于铁路旅客运输外，使用动车组较多的国家还有英国、荷兰、美国、西班牙、意大利、瑞典等。

二、我国动车组的发展概况

（一）发展历程

我国动车组的发展起步较晚，直到1998年才有第一列商用动车组"春光号"在南昌铁路局运营。自2004年10月以来，我国分别引进了法国阿尔斯通SM3、日本E2-1000、BSP和德国西门子ICE3等动车组技术，通过引进、消化、吸收，已能生产出具有完全自主知识产权的CRH（China Railway High-speed）系列动车组，实现了时速200 km/h及以上动车组的国产化，形成了我国铁路新的机车车辆制造产业群。在我国机车车辆重点制造企业中，青岛BST公司受让引进加拿大庞巴迪公司的技术，制造生产CRH_1型动车组；四方机车车辆股份有限公司受让引进日本川崎重工的技术，制造生产CRH_2型动车组；唐山机车车辆厂受让引进德国西门子公司的技术，制造生产CRH_3型动车组；长春轨道客车股份有限公司受让引进阿尔斯通公司的技术，制造生产CRH_5型动车组。

通过引进和消化国际先进技术，大力开展自主创新，我国动车组发展迅速，目前已有十余种动车组投入商业运营，尤其是中国标准动车组——复兴号动车组列车，试验速度可达400 km/h及以上，持续运行速度为350 km/h，具有完全自主知识产权，达到了世界先进水平，这标志着中国铁路以此为起点,进入了全新的高速列车时代,也标志着我国高速动车组技术已处于世界前列。目前中国铁路已形成集高速动车组制造、检修、运营一体化的能力,掌握了世界先进、成熟的铁路动车组核心技术,我国铁路装备技术已跻身世界先进行列。

(二)我国和谐号动车组简介

我国将所有引进国外技术、联合设计生产的CRH动车组车辆均命名为"和谐号"。通常用来指2007年4月18日起在中国铁路第六次提速调图后开行的CRH动车组列车。CRH为英文缩写,全名China Railways High-speed,中文意为"中国铁路高速",是我国高速铁路系统建立的品牌名称。我国铁路开行的CRH动车组已有CRH1、CRH2、CRH3、CRH5、CRH6、CRH380A、CRH380B、CRH380C、CRH380D车型。

1. CRH₁型动车组

CRH₁型动车组是由中国南车集团四方机车车辆股份有限公司与加拿大庞巴迪的合资公司——青岛四方-庞巴迪铁路运输设备有限公司(BST)负责生产的。原型车以庞巴迪为瑞典AB提供的Regaina C2008为基础。CRH₁型动车组如图4-5所示。

 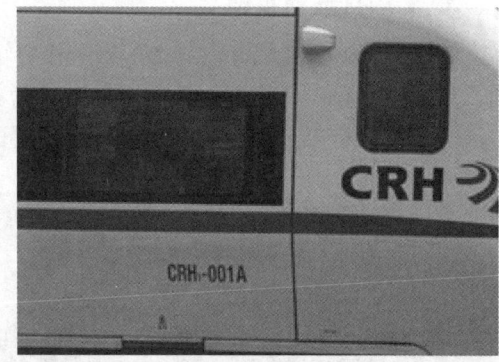

图4-5 CRH₁型动车组

2. CRH₂型动车组

CRH₂型动车组是由中国南车集团四方机车车辆股份有限公司联合日本川崎重工,引进川崎重工业的新干线E2-1000型动车组技术,南车四方机车车辆股份有限公司负责国内生产。CRH₂型动车组如图4-6所示。

 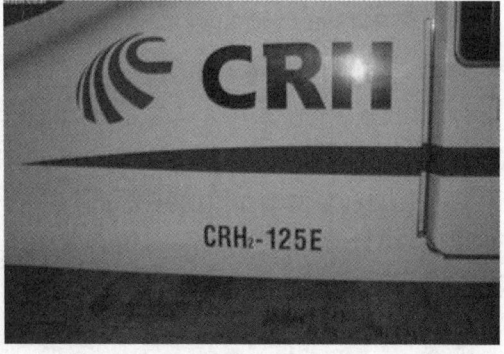

图4-6 CRH₂型动车组

3. CRH3 型动车组

CRH3 型动车组是由中国北车集团唐山轨道客车有限责任公司联合德国西门子，引进西门子 ICE3（Velaro）技术，由北车唐山轨道客车有限责任公司负责国内生产。CRH3 型动车组如图 4-7 所示。

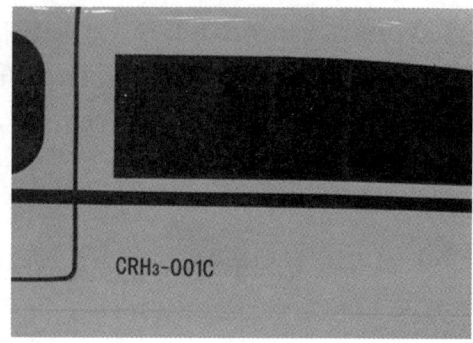

图 4-7　CRH3 型动车组

4. CRH5 型动车组

CRH5 型动车组是由中国北车集团长春轨道客车股份有限公司联合法国阿尔斯通，引进法国阿尔斯通的技术，车体以法国阿尔斯通为芬兰国铁提供的 SM3 动车组为原型，由北车长春轨道客车股份有限公司负责国内生产，主要配属在北方地区。CRH5 型动车组如图 4-8 所示。

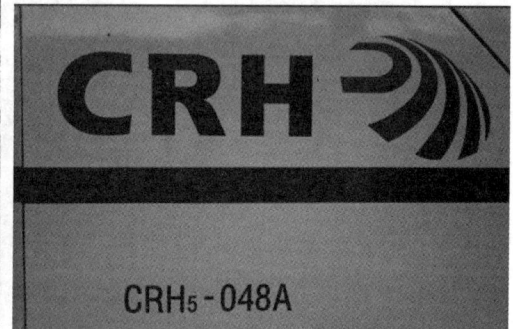

图 4-8　CRH5 型动车组

5. CRH380 型动车组

1）CRH380A 型动车组

CRH380A 型动车组（见图 4-9）是由中国南车集团青岛四方机车车辆股份有限公司研制的新一代高速动车组，有 8 辆编组和 16 辆长编组两种编组类型，其首列车于 2010 年 4 月底下线。CRH380A 型动车组的持续运营速度可达到 350 km/h，最高运营速度为 380 km/h。2010 年 12 月 3 日，在京沪高铁联调联试时，CRH380A 型动车组创下最高 486.1 km/h 的时速，刷新了世界铁路运营的试验最高时速纪录。

图 4-9　CRH380A 型动车组

2）CRH380B 型动车组

CRH380B 型高寒动车组以 CRH380BL 为基础，各系统结构及功能基本保持不变，针对高寒运用环境（哈大高速铁路）做适应性优化。该动车组源于西门子公司 ICE、Velaro E 动车组平台，借鉴 CRH5 型动车组在高寒地区的运用经验，结合高寒地区的气候特征，完全属于我国的自主创新产品。

CRH380B 型高寒动车组为 8 辆编组，4 动 4 拖，采用交-直-交传动方式（由 2 个牵引单元组成），列车由 1 辆一等头车、1 辆二等头车（观光区为一等座）、5 辆二等座车（其中 1 辆带残疾人卫生间）和 1 辆餐车组成，如图 4-10 所示。该型动车组具有良好的气动外形，两端为司机室，列车正常运行时由前端司机室操控。

图 4-10　CRH380B 型高寒动车组

3）CRH380C 型动车组

CRH380C 型动车组（见图 4-11）是中车集团长春轨道客车股份有限公司在 CRH3C、CRH380BL 型动车组的基础上研发的新一代高速动车组，与 CRH3C 型动车组相比，其持续运营速度由 300 km/h 提高至 350 km/h，最高运营速度由 350 km/h 提高到 380 km/h。

图 4-11　CRH380C 型动车组

4）CRH380D 型

CRH380D 型电力动车组是由庞巴迪-青岛四方庞巴迪铁路运输设备有限公司研发的，原项目名称为 CRH-380，2010 年 12 月中旬，原铁道部重新分配动车组车号，故改为 CRH380D 系列。

6. CRH$_6$ 型动车组

CRH$_6$ 型动车组是城际轨道交通的核心技术装备，满足载客量大、快速乘降、快启快停的运营要求，关键技术及零部件与和谐号动车组完全一致。

CRH$_6$ 型动车组采用 3 辆、4 辆、6 辆、8 辆、16 辆、20 辆编组，8 辆编组长度 201.4 m。根据运输距离、站点和乘客群的不同，CRH$_6$ 型动车组分为两大类型，运营速度分别为 200 km/h 和 160 km/h 两个等级。200 km/h 的 CRH$_6$A 型动车组的最高运营速度为 250 km/h、试验速度为 270 km/h，以"大站停"的模式运营；160 km/h 的 CRH$_6$F 型动车组的最高运营速度为 200 km/h、试验速度为 220 km/h，以"站站停"的模式运营。

1）CRH$_6$A 型动车组（200 km/h）

CRH$_6$A 型动车组（见图 4-12）定员载客量 557 人（座席），超员载客量 1 488 人；座位采用 2+2 方式布置，可调节座椅，端部设可翻转座椅，非端部的车厢座椅编排与欧洲铁路车辆及大部分国铁车厢的软座编排相同，全部座椅采用面向车厢中心的编排方式；1、3、5、7 号车厢设置卫生间；CRH$_6$A-4002 型车和 CRH$_6$A-4502 型车中间车厢为 3 门车厢，而其他的 CRH$_6$A 型车均为 2 门车厢。

图 4-12　CRH$_6$A 型动车组

2）CRH$_6$F 型动车组（160 km/h）

CRH$_6$F 型动车组（见图 4-13）定员载客量达 1 502 人，超员载客量达 1 998 人，列车座位同样采用 2+2 方式布置，但座椅不可调节或翻转；列车在 3、6 号车设卫生间；与 CRH$_6$A 型车不同，CRH$_6$F 型车的车门采用宽阔的对开塞拉门，每节车辆侧设有 3 个塞拉门（头尾车辆有 2 个，其中一个为驾驶室门）。CRH$_6$F 型车的牵引制动性能比 CRH$_6$A 型车更优越、载客量更大，更适合较短站间距的城际线路和"站站停"的运营模式。

图 4-13 CRH6F 型动车组

3）CRH6S 型动车组（140 km/h）

CRH6S 型动车组（见图 4-14）定员载客量达 765 人，超员载客量达 1 322 人，为地铁式座椅；列车在 5 号车厢设残疾人乘坐空间，列车不设洗手间。

图 4-14 CRH6S 型动车组

（三）我国 CR 复兴号动车组简介

CR 型列车（见图 4-15）是中国标准动车组的中文命名，是由中国铁路总公司牵头组织研制、具有完全自主知识产权、达到世界先进水平的动车组列车。四方厂生产的"红神龙"命名为 CR400AF，长客厂生产的"金凤凰"命名为 CR400BF。CR 型列车的三个级别为 CR400/300/200，数字表示最高时速，而持续时速分别对应 350 km/h、250 km/h 和 160 km/h，适用于高速铁路（高铁）、快速铁路（快铁）、城际铁路（城铁）。在 350 km/h 时速下复兴号与和谐号 CRH380 相比，总能耗下降了 10%。复兴号从 300 km/h 提高到 350 km/h 时速，能耗大概增加 20%~30%。

图 4-15 CR 型动车组

第三节 动车组的基本结构与技术特征

目前,世界上运营的动车组种类繁多,仅国内运用的高速铁路动车组而言,也有和谐号的 CRH1、CRH2、CRH3、CRH5、CRH380A 等多种,各种类型的动车组在设计、制造上都有一些区别,但基本构造通常都包括车体、车辆内部设备、转向架、车辆连接装置、制动装置、牵引传动系统、辅助供电系统以及空气调节系统等部分。

一、动车组的基本结构

(一)车体与车辆内部设备

车体是容纳乘客和司机驾驶的地方,也是安装和连接其他设备与部件的基础,它由侧墙、端墙、车顶、底架和车头等部分组成。动车组车体分为带司机室车体和不带司机室车体两种。为了使车体轻量化,高速动车组车体通常采用轻量化、高强度的材料,如铝合金和不锈钢材料制造,并通过运用车体的密封隔声技术,使车体具有良好的密封性和隔音效果。

车辆内部设备是指服务于乘客的车内固定附属装置,包括车内电气、供水、通风、取暖、空调、座椅、车窗、车门、行李架、旅客信息服务系统等。

图 4-16 所示为我国 CRH380A 型动车组部分车辆的车厢内部布置。

(a) 一等客室

(b) 二等客室

(c) 餐厅

(d) 司机室

图 4-16 CRH380A 型动车组的车厢内部布置

（二）转向架

动车组的每个车体下都装有转向架，动车组转向架分为动力转向架和非动力转向架。其中动车下面是动力转向架，拖车下面是拖车转向架，它们的主要区别是动力转向架有牵引电机和驱动装置，而拖车转向架没有。动力转向架的车轴可以是全动轴，也可以是部分动轴。动车组转向架置于车体和轨道之间，它的重要作用是牵引和引导车辆沿轨道行驶，承受、传递并缓和来自车体、车内设施、乘坐旅客及线路的各种荷载及作用力。转向架是保证列车运行品质和安全的关键部件。

动车组转向架的构成

动车组的转向架主要由构架、轮对及轴箱定位装置、牵引装置、驱动装置、弹簧悬挂装置和基础制动装置组成，如图4-17所示。

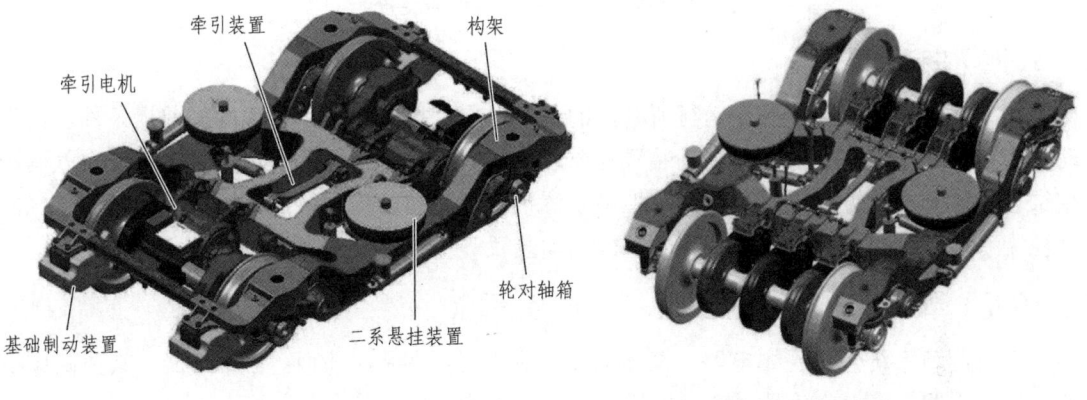

（a）动力转向架　　　　　　　　（b）拖车转向架

图4-17　CRH1型动车组转向架的基本构造示意图

（三）连接缓冲装置

动车组的连接装置主要用于连接各个车辆并传递牵引力与制动力，同时还能起到缓冲和减振作用，另外还可以保证车辆的密封性。

车辆编组成列车运行必须借助连接装置，即车钩。为了改善列车纵向平稳性，在车钩的后部设有缓冲装置，以缓和列车纵向作用力。同时，车钩还具有连接车辆之间的电气和空气的管路装置。连接缓冲装置可以自动实现机械连接、高压电器连接、辅助系统和列车供电连接以及控制系统连接。

动车组的连接装置一般由密接式车钩装置、风挡、空气及电气连接设施和车体间减振器等构成。空气及电气连接设施包括：列车总风管、列车通信总线连接、制动控制线连接、供电母线连接、电路电气设备连接、高压电线连接等。

目前世界各国的高速动车组普遍采用密接式车钩连接装置，如日本新干线动车组车钩全部采用密接式车钩方式，如图4-18所示。

 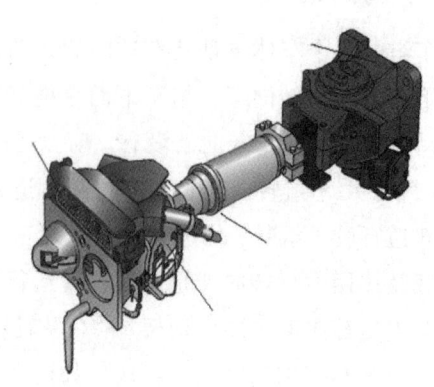

图 4-18 密接式车钩缓冲装置

（四）制动装置

制动装置是保证列车安全运行所必需的装置，也是提高列车运行速度的前提条件。由于动车组运行速度较高，因此对制动装置的要求也较高。动车组通常采用电气制动与空气制动相结合的复合制动方式。动车组制动控制系统包括动力制动控制系统（再生制动）和空气制动控制系统，此外还有电子防滑器及基础制动装置等。

（五）牵引传动系统

牵引传动系统包括：主电路、高压设备、受电弓（见图 4-19）、主断路器、其他高压设备、主变压器、牵引变流器、牵引电机及电传动系统的保护等。

图 4-19 受电弓及其附属设备

（六）辅助供电系统

动车组的辅助供电系统包括：辅助变压器、辅助整流用变压器、滤波电容器、输入侧电磁接触器、充电电阻、放电电阻、控制单元、蓄电池等。

由辅助供电系统提供供电的设备包括：空气压缩机、冷却通风机、油泵、水泵电机、空气调节系统、采暖设备、照明设备、旅客服务设备、应急用电（客室应急通风、应急照明、应急显示、广播系统、列车无线装置）、维修用电、通信及其控制等。辅助供电系统备有容量充足的蓄电池组供应急时使用，应急用电量一般最少能持续 2 h。

（七）空气调节系统

动车组有较好的气密性，因此必须解决好车内的通风换气问题。动车组列车内的通风换气是通过空气调节系统来实现的。动车组的空气调节系统与普通客车的空调系统有很大的区别，它包括客室空调装置、通风系统、司机室空调换气装置等几部分。

为了实现轻量化，并减小车体断面积和高速运行时的空气阻力，目前世界上新型高速动车组的客室空调装置一般都安装在车体下。另外，为了使动车组在车外气压变化很大时仍能正常地进行通风换气，并避免通过换气口将车外气压变化传入车内，保证客车的气密性，高速动车组客车的通风换气装置一般都设计成可控式的。

二、动车组的技术特点

相对于传统的机车车辆模式，动车组在旅客运输方面有着很多突出的优点。由于动车组列车在运行中固定编组，车站折返或换向时无须摘挂机车，节约了停站时间，提高了列车使用效率，减少了车站咽喉压力，在保证安全的前提下，可明显提高行车密度，提高整个铁路网的运输能力。

动车组的主要技术特点如下：

（一）头形流线化

随着列车运行速度的提高，周围空气的动力作用一方面对列车和列车运行性能产生影响；同时，列车高速运行引起的气动现象对周围环境也产生影响。

对于高速动车组来说，流线型车头可以有效地减少运行空气阻力和列车交会压力波，并较好地解决了运行稳定性等问题。图 4-20 所示为日本新干线 500 系动车组的车头。

图 4-20　日本新干线 500 系动车组

另外，车身的外形一般设计成细长、无棱角的流线型；采用与车身横断面形状相吻合的裙板遮住车下设备，使车体表面光滑平整；车窗、车门与车体齐平，手把、扶杆凹装在车体表层内，以尽量减少突出物；除受电弓外，顶板上尽可能不安装其他部件，使顶部光滑平整。

（二）车体结构轻量化

为了节省牵引功率，降低列车高速所引起的动力作用对线路结构、车辆结构产生的损伤，以及提高旅客乘坐舒适度，需要最大限度地降低高速动车组的轴重。因此，世界各国高速列车车体的主要材料是铝合金和不锈钢，从发展趋势来看，铝合金将成为动车组车体的主导材料。另外，通过对车体结构进行优化设计，也可以显著降低车辆自重。

（三）车体具有良好的气密性和隔音性能

1. 动车组采用的密封技术

（1）车体金属结构采用连续焊，以消除焊接气隙，对不能施焊的部位采用密封胶密封。

（2）车门采用密封性能良好的塞拉门，通过台风挡采用橡胶大风挡，并保证渡板处的密封良好。

（3）采用固定式车窗，车窗玻璃的结构、强度和车窗的组装工艺能保证密封的可靠性和耐久性。

（4）列车空调通风装置的换气系统设立压力控制，如在进、排气风口安装压力保护阀，在排气风道中装设带有节气阀的排风机、安装压力保护通风机等，从而既保证了正常的通风换气，又保证了车内压力变化控制在有限值之内。

（5）装设水的密封装置，防止洗脸室、卫生间以及空调机组冷凝水排水管在外部高压时的回流。另外，对直通车下的管路和电缆孔均采取了必要的密封措施。

2. 提升动车组车体隔声性能的主要技术措施

（1）在车体金属表面涂刷防振阻尼层，使钢结构的声频振动转化为热能消散，减少声波的辐射和声波振动的传递，从而减少车内噪声。

（2）采用双层墙结构，以增强整体隔声量。

（3）采用带空气层的双层车窗，减少从侧面传入车内的噪声，以提高车窗的隔声量。

（4）车内选用吸声效果好的高分子聚合材料。

（5）采取提高车体气密性的措施，同样可以起到隔音作用。

（四）高性能转向架技术

动车组配有高性能的转向架，保证了动车组运行的平稳性和安全性。动车组通常采用轴箱定位装置和回转阻尼装置来抑制蛇行运动，以确保车辆运行的稳定性；选择合理的踏面形状与较小的踏面斜度以防止脱轨、倾覆现象发生，使动车组具有良好的曲线通过性能；在动车组转向架中采用了空气弹簧和橡胶件以降低轮轨噪声，减小了噪声对车内及环境的污染，满足了乘坐舒适度的要求。

另外，在保证必要性能的前提下，动车组转向架也尽量实现了轻量化。国外高速动车组转向架的轻量化措施之一是采用无摇枕结构，由中央空气弹簧直接支承车体重力；此外还有很多轻量化措施,如取消端梁使构架结构轻量化、采用铝合金制作轴箱及齿轮箱以及采用轻型轮对等。

(五)复合制动技术

由于动车组运行速度较高,因此对制动装置的要求也较高。动车组通常采用能提供强大制动力并更好利用黏着的复合制动系统,该复合制动系统通常由制动控制系统、动力制动、空气制动(包括盘形制动和踏面制动)系统、计算机控制的防滑器和非黏着制动装置等组成。

表 4-1 列出了部分国家高速动车组的制动方式。

表 4-1 部分国家高速动车组的制动方式

国别	列车名称	动力车制动方式	非动力车制动方式
日本	0 系列 100 系列 300 系列	电阻制动 + 盘形制动 电阻制动 + 盘形制动 再生制动 + 盘形制动	电磁涡流制动 + 盘形制动 电磁涡流制动 + 盘形制动 电磁涡流制动 + 盘形制动
法国	TGV-PSE TGV-A TGV-N	电阻制动 + 闸瓦制动 电阻制动 + 盘形制动 再生制动 + 盘形制动	盘形制动 + 闸瓦制动 盘形制动 盘形制动 + 电磁轨道制动
德国	ICE	再生制动 + 盘形制动	电磁涡流制动 + 盘形制动
中国	CRH1、CRH2、 CRH3、CRH5、 CRH380A	再生制动 + 电空制动 再生制动 + 空气制动 + 电阻制动 再生制动 + 电空制动	盘形制动 盘形制动 电磁涡流制动 + 盘形制动

动车组的制动系统推行轻型化和免修化,以减少维修工作量。例如,采用的再生制动机是感应电机,不但是轻型的,而且几乎是免维修的。

(六)密接式车钩缓冲装置

目前世界各国高速列车(如日本、德国)普遍采用密接式车钩连接装置,如日本新干线动车组车钩全部采用密接式车钩,该装置的两个车钩连接面的纵向间隙一般都小于 2 mm,上下、左右偏移也很小,为提高列车的运行平稳性和电气线路、风管的自动对接提供了保证。在车钩连接的同时,贯通全列车的控制信息线路通过密接式车钩的电气连接器自动接通。

(七)交流传动技术

目前世界各国的高速动车组一般都采用电力牵引传动方式。近几年来,各国动车组的电力传动系统由早期的直流牵引电动机驱动改为交流感应电动机驱动,即采用了交流传动系统,不仅实现了牵引电机的小型轻量化,而且减轻了电机的日常维护检修工作量。交流传动系统的具体优点主要有:

(1)交流电机体积小、质量轻,而且输出功率大,很适合高速动车组。
(2)功率因数可控制到 1。
(3)再生制动机淘汰了电阻器,在质量减轻的同时,腾出了车下空间。
(4)因不需要像直流电机那样的整流电刷,故易于保养,牵引功率可以得到进一步提高,在功率相同的情况下使架线电流降低等。

（八）列车自动控制及故障诊断技术

列车自动控制系统对高速列车安全运行具有重要作用，世界各国在发展高速铁路的同时都十分重视列车自动控制系统的研究和开发，许多国家为先进列车控制系统（Advanced Train Control Systems）研制了多种基础技术设备，例如列车超速防护系统、卫星定位系统、车载智能控制系统、车载计算机自动监测和诊断系统等。

目前世界各国的高速铁路采用的自动控制方式主要有两类：一类是以设备为主、人控为辅的控制方式，以日本新干线采用的 ATC（列车自动控制）方式为代表；另一类是人机共用、人控为主的方式，以法国 TGV 高速列车为代表，主要采用了 TVM300 型安全防护系统及改进的 TVM430 型安全防护系统，还有德国 ICE 高速列车采用的 FRS 速差式机车信号和 LZB 型双轨条交叉电缆传输式列车控制设备。

（九）倾摆式车体技术

列车通过曲线时，未被平衡的离心加速度超过允许限度时会对乘客产生不舒适感。这种未被平衡的离心加速度与列车速度的平方成正比，由此限制了列车通过曲线时的速度。采用倾摆式列车可以在既有线路条件下使列车通过曲线时的速度提高约 30%。

三、动车组制动新技术

动车组制动除了常规的空气制动、电制动以外，还有一些新型制动技术和设备。

（一）磁轨制动

磁轨制动是通过将车辆转向架上的磁铁吸附在轨道上滑行产生制动力，其最大优点是产生的制动力不受轮轨间黏着条件的限制。磁轨制动分为电磁型磁轨制动和永磁型磁轨制动。

1. 电磁型磁轨制动

电磁型磁轨制动装置主要由励磁电路、构架、制动梁、升降风缸、电磁铁等构成。当需要制动时，压缩空气进入风缸内，控制升降机将磁轨器落到钢轨上。磁轨器以一定的吸力吸附在钢轨上，磁轨器上的磨耗板与钢轨摩擦，产生制动力。

2. 永磁型磁轨制动

永磁型磁轨制动与电磁型磁轨制动的结构基本相同，只是将电磁铁相关部件换成永磁体。电磁型磁轨制动在制动时需要提供大量的电能，而永磁性磁轨制动既可实现非黏着制动，又无须为维持制动力而提供任何能量，甚至可替代手制动机作为停车时的防溜制动装置，故特别适用于安全性要求较高的系统。

（二）涡流制动

涡流制动也是一种非黏着制动，它作为一种辅助制动方式，用在某些黏着制动力不够的高速列车上。它又可以分为轨道涡流制动和旋转涡流制动两种。

1. 轨道涡流制动

轨道涡流制动与磁轨制动很相似，也是把电磁铁悬挂在转向架侧架下面同侧的两个车轮之间。不同的是，轨道涡流制动的电磁铁在制动时只放到离轨面几毫米处而不会与钢轨发生接触。它利用电磁铁和钢轨的相对运动使钢轨感应出涡流，靠电磁铁与钢轨间的相对速度引起电涡流产生电磁吸力作为制动力，并把列车的动能转换为热能消散于大气中。

2. 旋转涡流制动

旋转涡流制动是在牵引电机轴或车轴上装设作为电磁感应体的金属涡流盘，制动时金属盘在电磁铁形成的磁场中旋转，盘的表面感应出涡流，产生电磁吸力，并消散于大气中，从而产生制动作用。这种制动方式广泛应用于日本新干线100系、300系和700系动车组的拖车上。

第四节　动车组的运用

动车组是列车的牵引动力装置（相当于机车）和载客装置（相当于客车车底）固定为一体的特殊车底，因此，动车组具有机车和客车车底双重性质，但其运用方式又不同于机车和车辆。

一、动车组的编组方式

（一）CRH₁型动车组

全列编组8辆，定员668人。其中：一等车144人，二等车524人。各车定员设置如图4-21所示；5号车酒吧/餐厅区设站席9个，餐席24个；设有2个残疾人轮椅位和1个残疾人卫生间。

动车组的编组方式

序号	01	02	03	04	05	06	07	00
席别	一等座	二等座	二等座	二等座	酒吧座	二等座	二等座	一等座
定员	72	101	101	101	19	101	101	72

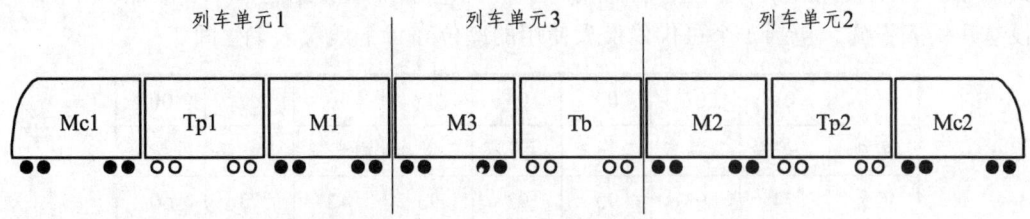

图4-21　CRH₁型动车组的编组

（二）CRH₂型动车组

全列编组8辆，定员610人，其中：一等车51人，二等车559人，各车定员设置如图4-22所示；7号、0号车设有残疾人设施，包括残疾人座椅、卫生间和多功能室；5号车是二等车并设有酒吧/餐厅区，酒吧/餐厅区设站席4个，餐席16个。

顺号	01	02	03	04	05	06	07	00
席别	二等座	二等座	二等座	二等座	酒吧座	二等座	一等座	二等座
定员	55	100	85	100	55	100	51	64

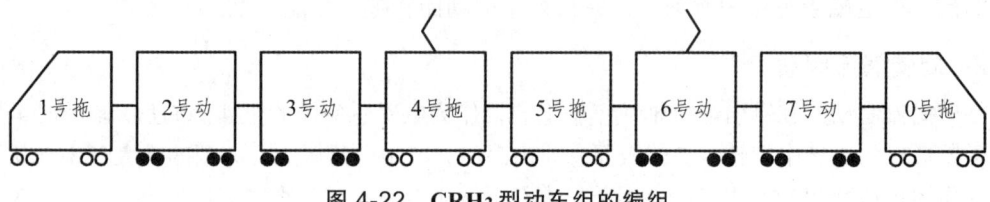

图 4-22　CRH₂ 型动车组的编组

（三）CRH₃ 型动车组

全列编组 8 辆，定员 600 人，其中：一等车 56 人，二等车 544 人。各车定员设置如图 4-23 所示；4 号车是二等座车与餐车的合造车；1 号、0 号车靠司机室区域，设一等座区。部分一等座区设旋转座椅。

顺号	01	02	03	04	05	06	07	00
席别	二等座	二等座	二等座	酒吧座	一等座	二等座	二等座	二等座
定员	73	87	87	50	56	87	87	73

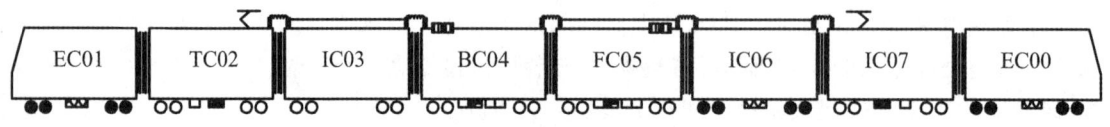

图 4-23　CRH₃ 型动车组的编组

（四）CRH₅ 型动车组

全列编组 8 辆，定员 622 人，其中：一等车 60 人，二等车 562 人。各车定员设置如图 4-24 所示。6 号车是二等车并设有酒吧/餐厅区。酒吧/餐厅区设站席 9 个，餐席 16 个；7 号车设有残疾人设施，包括 1 个可供残疾人使用的座位和 1 个残疾人卫生间。

顺号	01	02	03	04	05	06	07	00
席别	二等座	二等座	二等座	二等座	二等座	酒吧座	二等座	一等座
定员	74	93	93	93	93	42	73	60

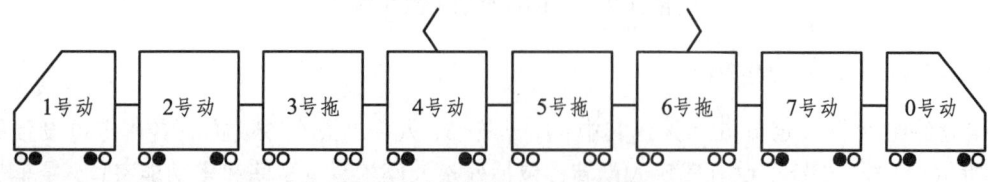

图 4-24　CRH₅ 型动车组的编组

二、动车组的编号规则

动车组也和普通铁路客运车辆一样具有运用识别标记,包括路徽、配属局段简称、车型、车号、定员、最高运行速度、制造厂名及日期等。我国电气化区段运行的动车组还有"电气化区段严禁攀登"的标志。

各种动车组的运用识别标记基本相似,下面仅针对我国 CRH 动车组的相关标记做详细介绍。

(一) CRH₁、CRH₂、CRH₃、CRH₅ 型动车组的编号规则

1. 型号和列车编号

动车组的型号和列车编号涂打在动车组首、尾车驾驶室外两侧的侧墙上,每车 2 处,其组成如图 4-25 所示。

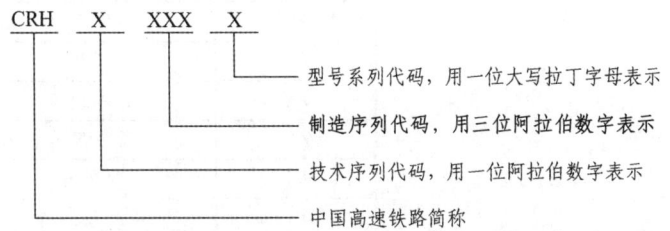

图 4-25 动车组的型号和列车编号

(1) CRH:"中国高速铁路动车组"的简称。

(2) 技术序列代码:BST 动车组——1。四方股份动车组——2。唐山工厂动车组——3。长客股份动车组——5。

(3) 制造序列代码:按不同的技术序列单独编排,顺序由 001~999 依次编排。

(4) 型号系列代码:按动车组的速度等级、车种确定。对已有的动车组规定如下:

　　A——运营速度 200~250 km/h、8 辆编组、座车。
　　B——运营速度 200~250 km/h、16 辆编组、座车。
　　C——运营速度 300(含 275) km/h、8 辆编组、座车。
　　D——运营速度 300(含 275) km/h、16 辆编组、座车。
　　E——运营速度 200~250 km/h、16 辆编组、卧车。

例如,CRH₅-048A 动车组的型号和车号编码如下:

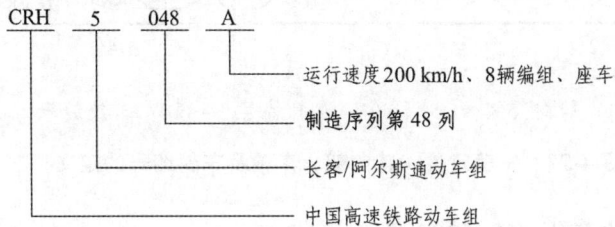

2. 车辆的车种和编号

动车组车辆的车种和编号由大写拉丁字母加 6 位数字构成,涂打于每辆车的两侧,每车 4 处,其组成如图 4-26 所示。

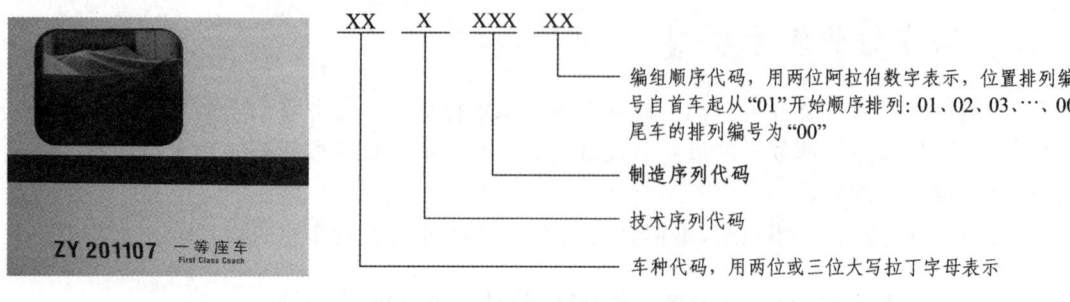

图 4-26 动车组车辆的车种与编号

动车组车辆的车种代码见表 4-2。例如，图 4-26 所示的动车组的车辆车种代码及编号如下：

表 4-2 动车组车辆的车种代码

车种代号	车种名称	备注
ZY	一等座车	
ZE	二等座车	
ZG	高级座车	VIP
WR	软卧车	四人包间
WG	高级软卧车	两人包间
SW	商务车	
SWG	商务车/观光车	
CA	餐车	含酒吧车
ZYG	一等座车/观光车	
ZEC	二等座车/餐车	

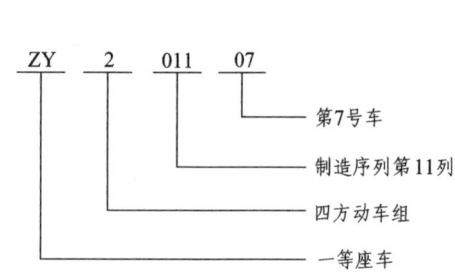

3. 车辆定位

车辆的定位、转向架、车轴及车轮的编号按图 4-27 进行定义。

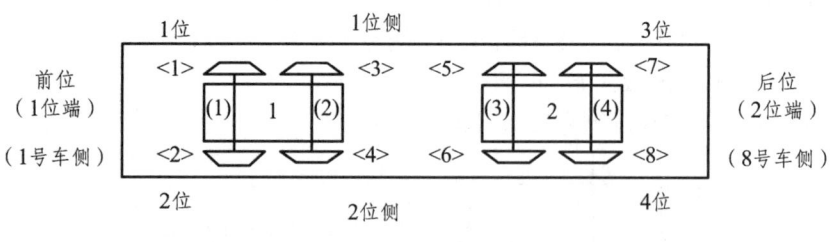

{x}：转向架编号　　(x)：车轴编号　　<x>：车轮编号

图 4-27 车辆定位、转向架、车轴及车轮编号的定义

动车组车辆定位及编号方法

（二）新一代动车组 CRH380 的编号规则

1. 型号及列车编号

CRH380 动车组的型号及列车编号如下：

第四节 动车组的运用

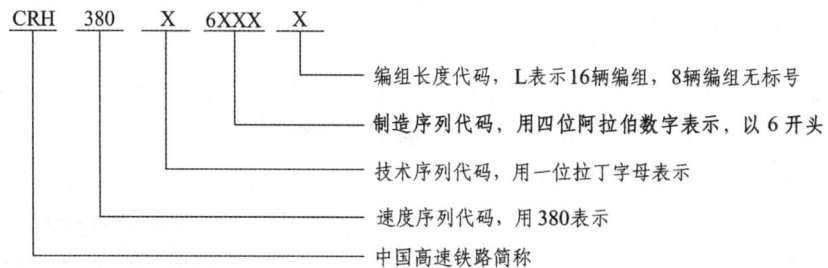

例如，图 4.11 所示的动车组型号和列车编号如下：

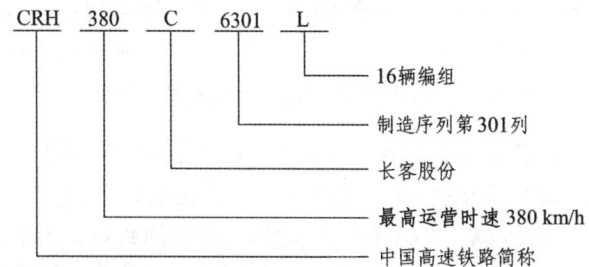

2. 车辆的车种和编号

CRH380 动车组车辆的车种和编号如下：

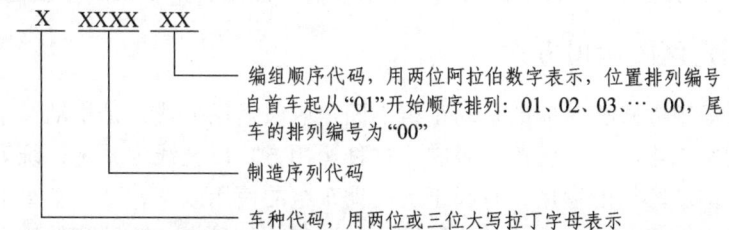

例如，图 4-28 所示的车辆车种及编号如下：

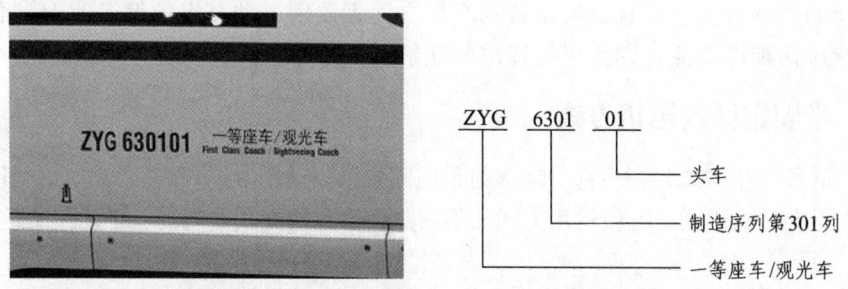

图 4-28　CRH380 动车组的车辆车种及编号

二、动车组的运用方式

由于动车组的特殊性，其运用方案也不同于普通列车，需要根据动车组自身的技术特点设置与之相适应的运用方式。根据目前国内外的运用现状，动车组的运用方式可分为固定区段运用方式、不固定区段运用方式和半固定区段运用方案三种。

（一）固定区段运用方式

固定区段运用方式是指动车组在指定的线路上运行并且其运行区段是固定的运用方式，该方式与既有铁路客车车底的运用方案一致。固定区段运用方式又分为站间固定周转方式和两区段套跑周转方式，如图 4-29 所示。

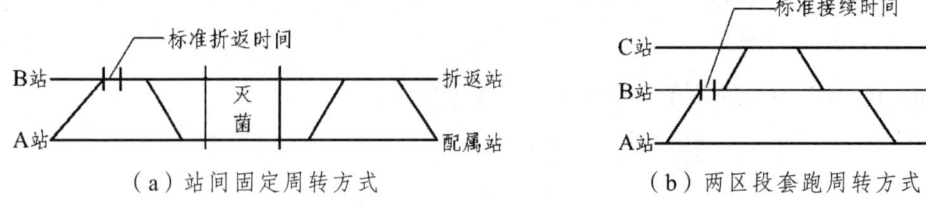

（a）站间固定周转方式　　　　　　（b）两区段套跑周转方式

图 4-29　动车组固定区段运用方式示意图

固定区段运用方式的优点是：动车组在固定的区段内运行，有利于动车组的管理，并可根据客流变化采用不同的车辆编组方案，动车组的运用组织比较简单，便于高速铁路的运输组织。其缺点是：不利于提高动车组效率，也不能减少动车组的使用数量，还不利于高速动车组的检修。一方面，在动车组检修期间需要有一定数量的备用车组来替代，如果备用车组由各区段分别配备，则全线总备用车组数量较大且利用率不高；另一方面，由于高速动车组的维修技术复杂、设备昂贵，只能集中配置，即将所有动车组的维修作业集中在维修中心进行，所以，对于与维修中心不邻接的区段，需要检修的动车组必须专程送检，事后又需专程送回。

（二）不固定区段运用方式

与固定区段运用方式相对应的是动车组不固定区段运用方式，是指动车组完成一次列车任务后，下一次所承当的运行区段无限制。这种运用方式以全线为系统，统筹考虑动车组的使用与维修来安排动车组的运用，有利于提高动车组的使用效率，减少动车组数量，是比较合理的动车组运用方式。高速动车组比较发达的国家（如日本、法国等）均广泛采用这种运用方式。但是，由于该方式动车组接续安排比较周密，一旦出现较大的随机干扰时，动车组运用所受到的影响也大；而且，假定各动车组之间无差别，动车组的编组就不能根据不同区段的客流特点而加以改变，因而可能造成输送能力的浪费。

（三）半固定区段运用方式

半固定区段运用方式是指一部分动车组采用固定区段运用方式，而其余动车组采用不固定区段运用方式。它是介于固定区段运用方式和不固定区段运用方式之间的一种动车组运用方式。

第五节　中国标准动车组

一、总体概况

中国标准动车组是指中国标准体系占主导地位的动车组（254 项重要标准中国标准占 84%），其功能标准和配套轨道的施工标准均高于欧洲标准和日本标准，具有鲜明的中国特征。中国标准动车组采用 CR（中国铁路）代号，三种时速等级为 CR400/300/200，持续时速为 350 km/h、250 km/h、160 km/h。复兴号动车组列车于 2017 年 6 月 26 日在京沪高铁首发，有两个型号，分别是"红神龙"CR400AF 和"金凤凰"CR400BF。

中国标准动车组的设计研制遵循了安全可靠、简统化、系列化、经济性、节能环保等原则，在方便运用、环保、节能、降低全寿命周期成本、进一步提高安全冗余等方面加大了创新力度，具有创新性、安全性、智能化、人性化、经济性等特点，实现了高速动车组技术全面自主化，动车组整体性能及车体、转向架、牵引、制动、网络等关键系统技术达到了国际先进水平。

（一）中国标准动车组的特色

中国标准动车组有以下特色：

（1）座椅：二等座椅间距统一调整为 1 020 mm，一等座椅为 1 160 mm，比现有的和谐号动车组略大。座椅色彩搭配更有特色、时尚活泼，每个座椅都配有插座。

（2）照明：车内照明有十几种模式，亮度从高到低，光线从暖到冷，每个旅客都能使用阅读灯，亮度和色温都可以手动或自动调节，人性化设计更加突出。

（3）Wi-Fi：整列车的 Wi-Fi 网络全覆盖，旅客可随时上网，旅途不再寂寞。

（4）安全：在轮轨上加载的防脱线装置，使动车在极端情况下，车轮也不会脱离轨道线。

（5）车头：车头设计吸纳了凤凰元素，车型设计流线使阻力减少5%，意味着在时速高于 380 km/h 的情况下也有一定的安全冗余。在车头的选择上，中车长春轨道客车股份有限公司从 45 个方案中最终选定了龙头造型。车头造型体现了中国传统文化，从京剧、龙图腾等元素中把握设计灵感，给人以流动、爬行之感。

（6）维修：中国标准动车组统一了全国各动车维修基地的维修标准，为运营部门降低了成本。列车设置了智能化感知系统，全方位建立强大的安全监测系统，全车有 2500 余个传感器，列车出现异常时，系统可自动报警或预警，并能根据安全策略自动采取限速或停车措施。此外，列车采用了以太网技术，通过远程数据传输，可在地面实时获取车辆状态信息，提升了同步监测、远程维护的能力。

（二）中国标准动车组的技术参数和编组布置

1. 主要技术参数

中国标准动车组的主要技术参数如表 4-3 所示。

表 4-3 标准动车组列车的主要技术参数

指标	最高运行速度	最高试验速度	定员	编组形式	长度	中间车体长度	车辆间距	车体宽度	车辆高度	地板面距轨面高度
技术参数	350 km/h	385 km/h	556 人	4M4T	208.8 m	25000 mm	650 mm	3360 mm	4050 mm	1260 mm
指标	受电弓落弓时的高度	轴重	转向架中心距	转向架轴距	轮周牵引功率	0~200 km/h 时的平均加速度		350 km/h 时的剩余加速度		
技术参数	4500 mm	≤17 t	17800 mm	2500 mm	10140 kW	不小于 0.4 m/s²		不小于 0.05 m/s²		

2. 编组布置

中国标准动车组 CR400BF 为动力分散型电动车组，8 辆编组（4 动 4 拖），分为 2 个牵引单元（Tc+M+Tp+M），设一等/商务座车、二等/商务座车、二等座车、二等/餐车，在 01、02、03、04、06、07、08 车上设有卫生间，其中在 04 车上设置残疾人的相关设施，在 05 车上设厨房；总定员 556 人，其中商务座席 10 个、一等座席 28 个、二等座席 518 个。中车长客股份有限公司与中车四方股份有限公司的中国标准动车组可两列重联运行，如图 4-30 所示。

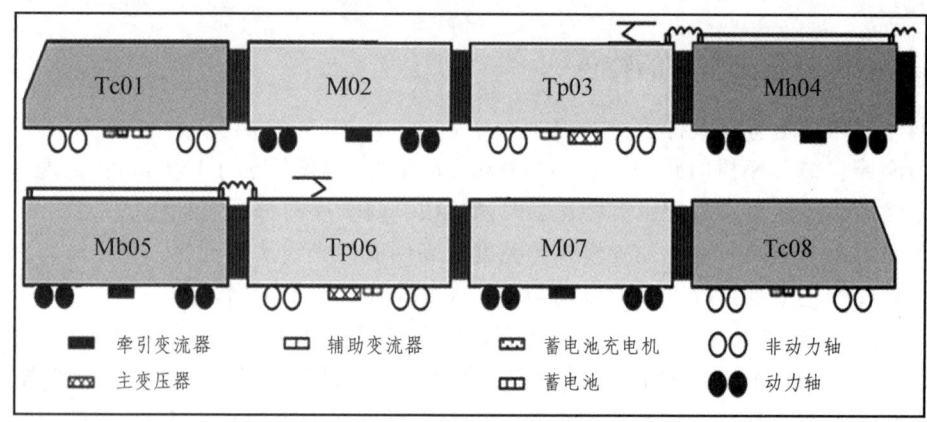

图 4-30　中国标准动车组列车车辆配置

二、中国标准动车组的主要组成

（一）转向架

中国标准动车组 CR400BF 为 8 辆编组，每辆车有 2 个转向架，分为动力转向架和拖车转向架。转向架固定轴距为 2 500 mm，最大轴重为 17 t，车轮直径为 920 mm/850 mm，如图 4-31 所示。

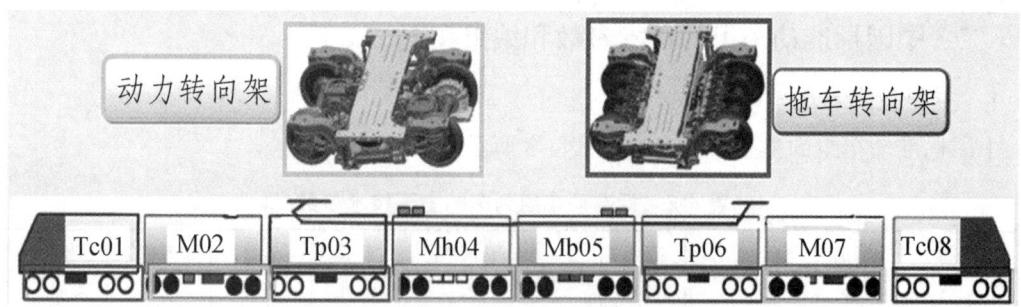

图 4-31　中国标准动车组列车转向架

（二）牵引系统

中国标准动车组的牵引系统包括 2 个牵引单元，采用对称式设计，每个牵引单元由 2 个动车和 2 个拖车组成，主要设备包括牵引变压器、牵引变流器、牵引电机以及牵引部件所需的冷却单元，如图 4-32 所示。

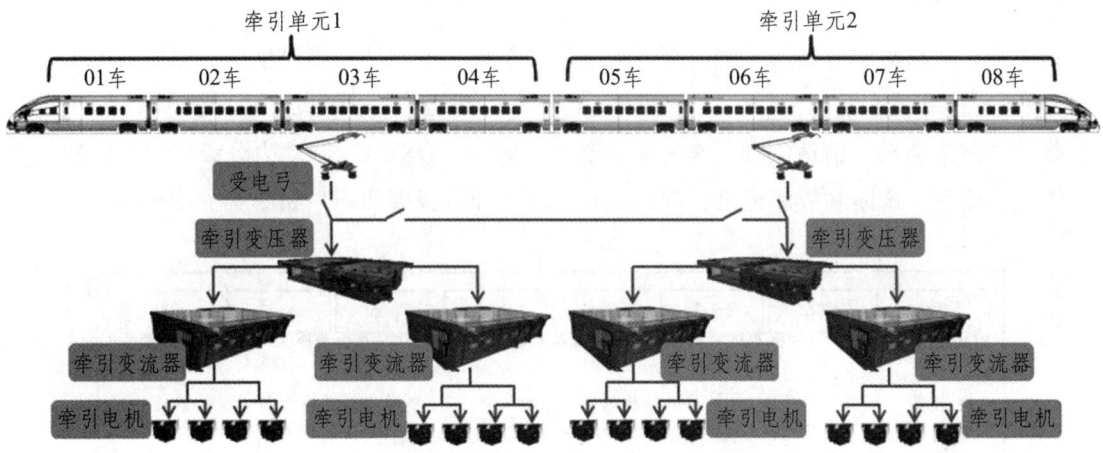

图 4-32　中国标准动车组列车牵引系统结构示意图

（三）辅助系统

中国标准动车组的辅助系统从牵引中间直流环节取电，由辅助变流器提供 3AC380V，充电机及蓄电池提供 DC 110 V，全部通过列车母线实现并网供电。辅助系统主要由辅助变流器、充电机、蓄电池、应急逆变器、单向逆变器和外接电源插座组成，如图 4-33 所示。

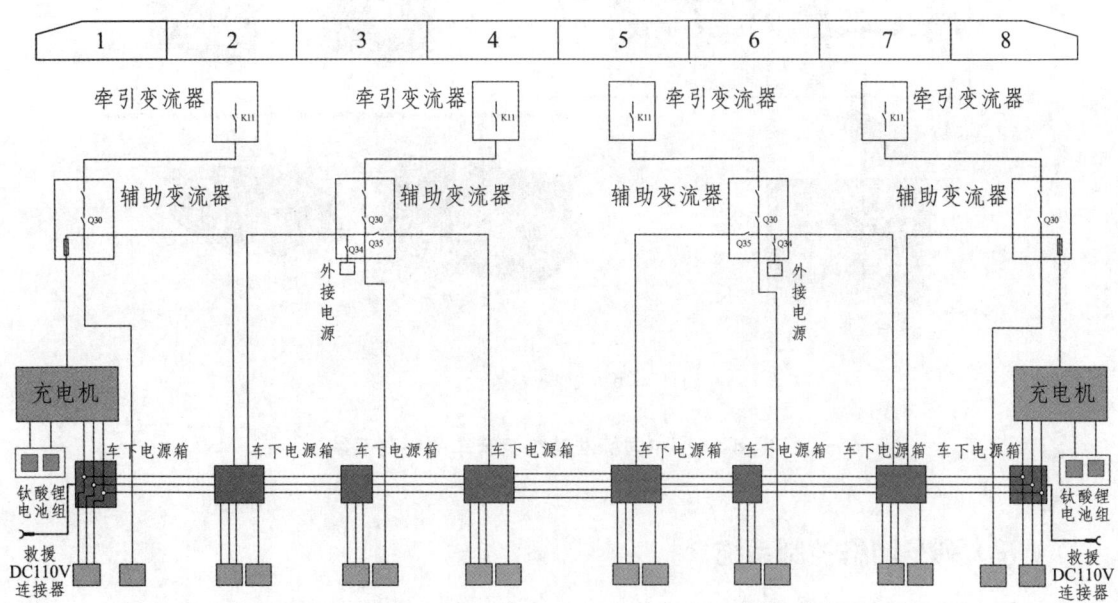

图 4-33　中国标准动车组列车辅助系统结构示意图

（四）制动系统

中国标准动车组的制动系统由直通电空制动系统、电制动、供风单元、辅助供风单元、BP 救援转换装置和基础制动装置等组成，具有常用制动、紧急制动 EB、紧急制动 UB、停放制动、保持制动、清洁制动、乘客紧急制动、WSP、DNRA、制动力分级控制、撒砂、升弓供风、监测、诊断和故障记录、制动试验、回送和救援等功能，如图 4-34 所示。

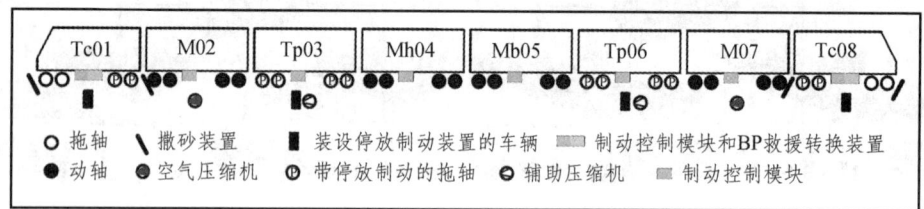

（a）结构示意图

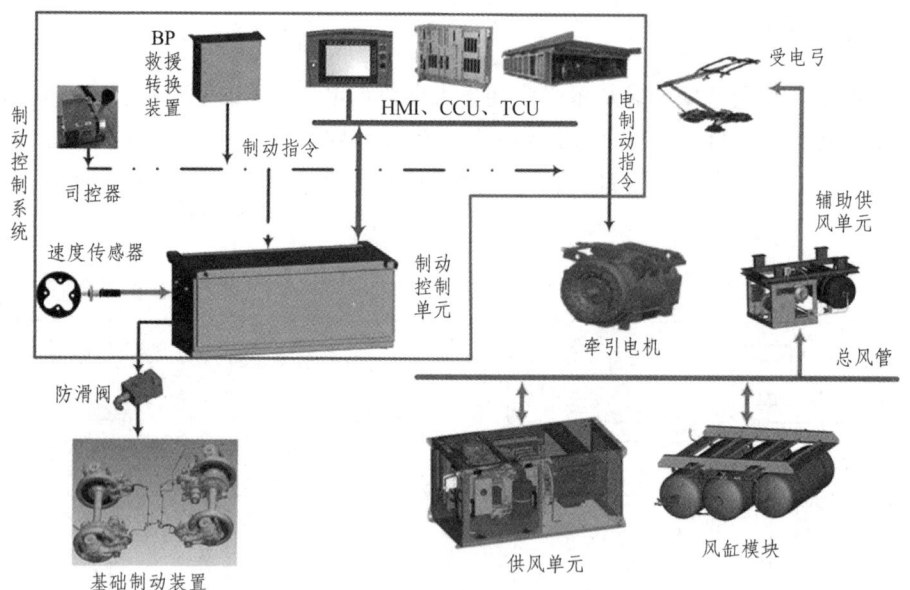

（b）组成示意图

图 4-34 中国标准动车组列车的制动系统

（五）列车网络控制系统

中国标准动车组的列车网络控制系统主要实现整车的控制、监视、诊断及测试，从而保证列车安全可靠地运行，并为司机和机械师提供故障处理指南，为检修维护提供数据支持。列车网络控制系统在采用列车级 WTB 总线及车辆级 MVB 总线的两级 TCN 网络基础上，同时布设以太网，用于传输状态数据和故障数据，如图 4-35 所示。

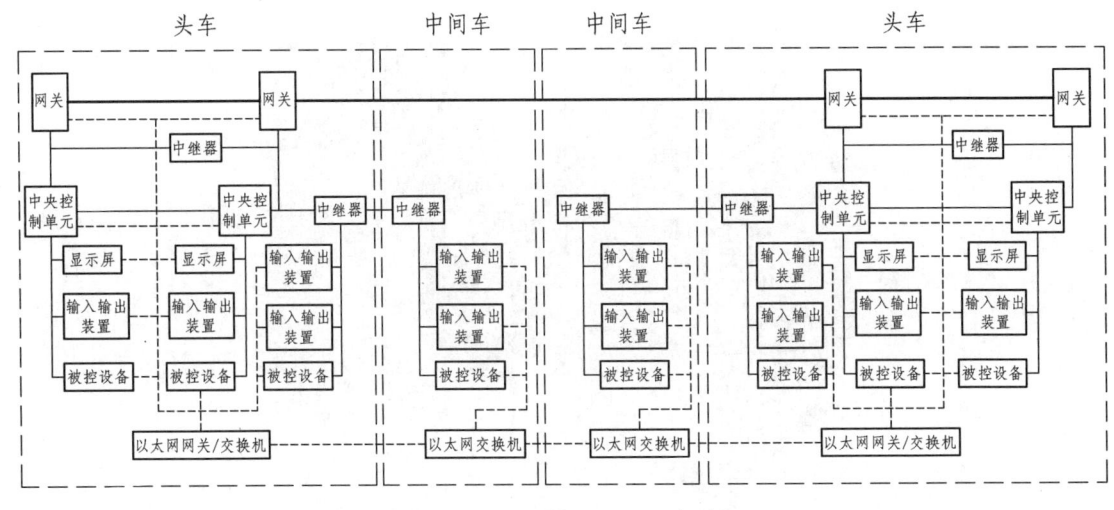

图 4-35　中国标准动车组的列车网络控制系统拓扑图

（六）旅客信息系统

中国标准动车组的旅客信息系统包括信息显示子系统、内部通信子系统、列车娱乐子系统、列车监控子系统、无线网络子系统，如图 4-36 所示。

图 4-36　中国标准动车组的列车旅客信息系统组成示意图

（七）给水和卫生系统

CR400BF 型动车组全车共有 12 个卫生间，7 个坐式便器卫生间（其中一个可满足乘坐轮椅的乘客使用），5 个蹲式便器卫生间；设有 7 个洗面间（仅餐车未设）；每车均设有沸腾式电热开水器（餐车设在厨房内）、净水箱、污水箱（餐车）和污物箱，供水采用重力供水方式给用水设备供水，集污采用中转式真空集便，如图 4-37 所示。

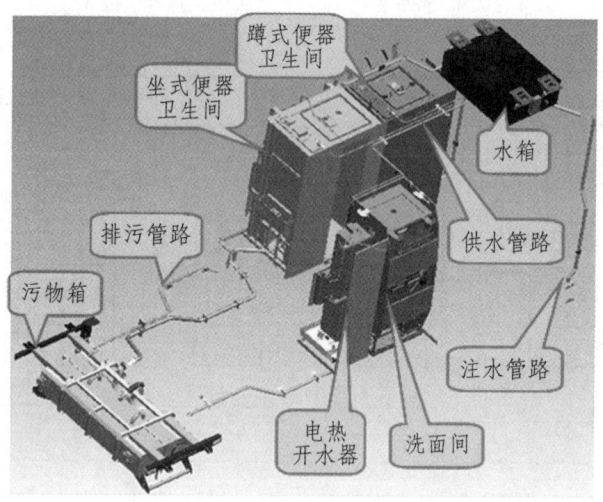

图 4-37 中国标准动车组的列车给水和卫生系统示意图

(八) 车门布置

中国标准动车组共设置了 26 个侧门,其中头、尾车和餐车设置了 2 个侧门,其他中间车设置了 4 个侧门,还设置了 18 个内端门和 14 个外端门,如图 4-38 所示。

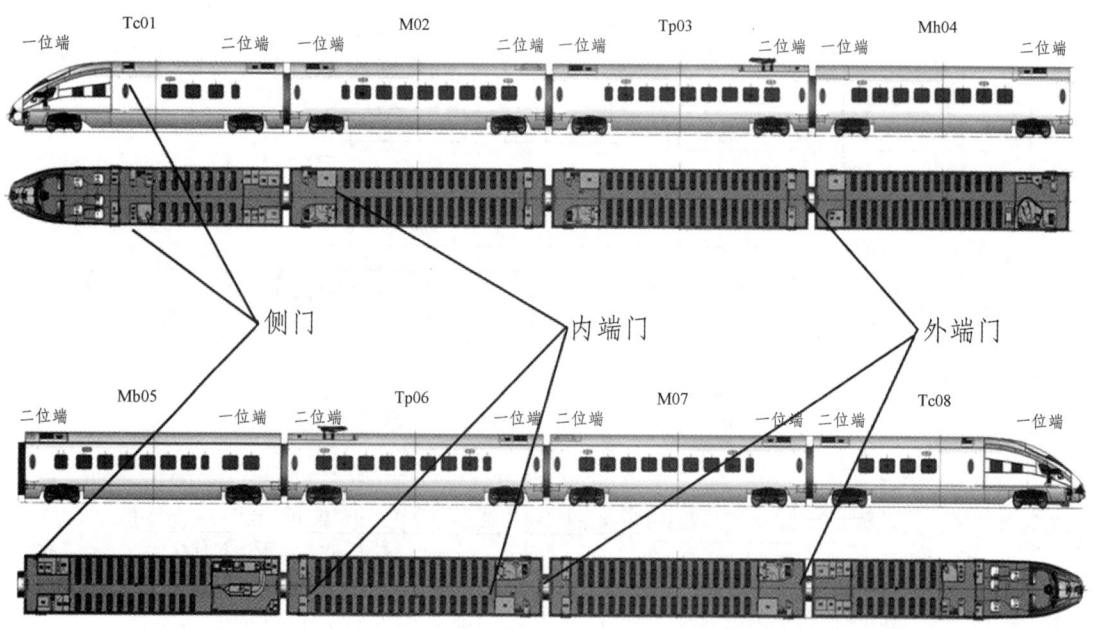

图 4-38 中国标准动车组的列车车门布置示意图

(九) 服务设施

中国标准动车组的主要服务设施如表 4-4 所示。

表 4-4　中国标准动车组列车服务设施列表

序号	设施	1 车	2 车	3 车	4 车	5 车	6 车	7 车	8 车
1	座椅	28+5	85	85	75	63	85	85	40+5
2	卫生间	座	蹲、座	蹲、座	残座、蹲		蹲、座	蹲、座	座
3	洗面间	1	1	1	1		1	1	1
4	开水炉	1	1	1	1	1	1	1	1
5	商务车服务台	1							1
6	备品柜	3		1	1	1	1		3
7	乘务员专座	1			1	1			1
8	储藏柜	2				1			2
9	垃圾小车存放		1				1		
10	垃圾箱	2	2	2	2	2	2	2	2
11	洁具柜		1		1			1	
12	大件行李柜	2	1	1	1	1	1	1	2

（十）应急安全设施

中国标准动车组设置了应急车窗、灭火器、紧急制动手柄、紧急解锁装置、逃生梯等应急安全设施，如图 4-39 所示。

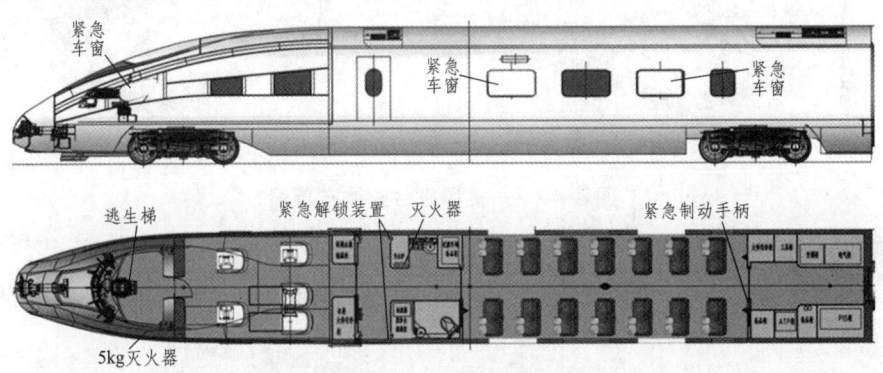

（a）1 号和 8 号车的应急安全设施

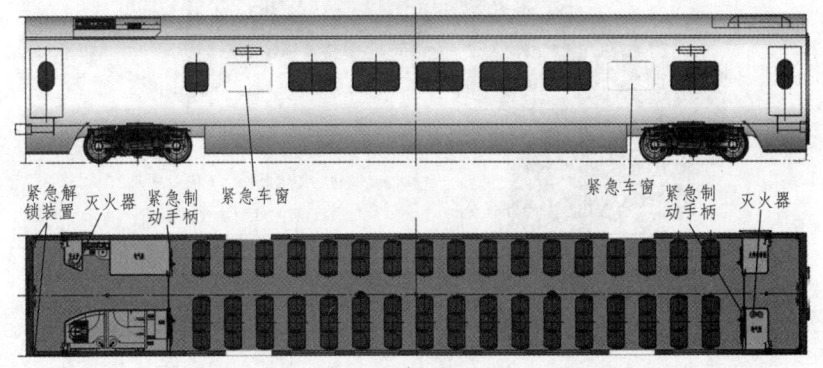

（b）2、3、6、7 号车的应急安全设施

图 4-39　中国标准动车组的应急安全设施

三、中国标准动车组的主要子系统

（一）司机室

复兴号动车组司机室为单人驾驶模式，司机操纵台设置在中央位置，是列车的主要操作设备。

司机室包括司机操纵台、司机台左/右柜、司机室脚踏、前照灯和标志灯、司机室照明、火警检测装置、雨刷、司机座椅、挡风玻璃、司机室墙顶板、遮阳帘、司机室门等设备。

1. 司机操纵台

司机操纵台主要包括仪表盘功能区和台面功能区；仪表盘功能区主要有各系统显示屏和仪表盘，台面功能区主要有司控器、左操作区、左侧制动按钮区、中央操作区和右操作区，如图 4-40 所示。

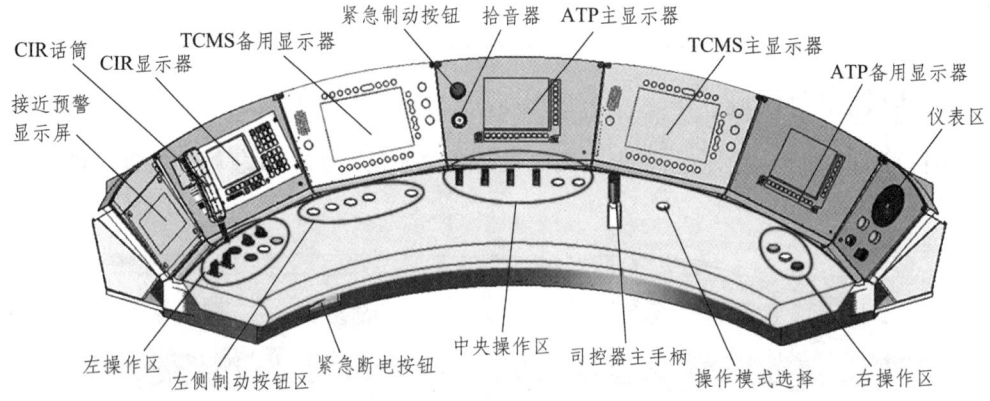

图 4-40 司机操纵台整体布置图

2. 司机台左柜

司机台左柜（见图 4-41）主要有数据下载端口、CIR 打印机、PIS 电话、辅助座椅和灭火器等。

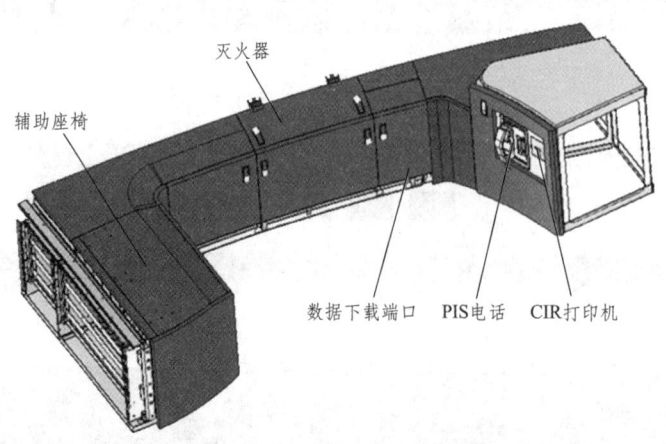

图 4-41 司机台左柜布置图

3. 司机台右柜

司机台右柜主要有数据转储装置、220 V 插座、二级操作区和故障面板等，如图 4-42 所示。

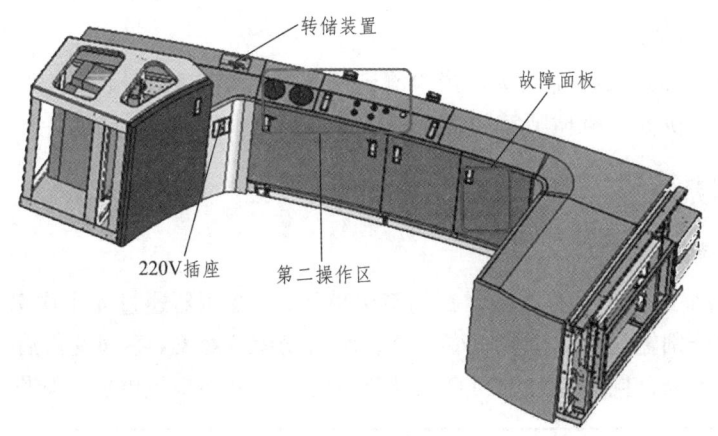

图 4-42　司机台右柜布置图

4. 司机室脚踏

司机室脚踏包括司机警惕脚踏开关和风笛开关，如图 4-43 所示。

5. 司机室和外部照明

司机室照明采用司机室顶板 6 组射灯；在司机室外车顶中部设前照灯 1 组；车头左右侧各设前照灯与标志灯组合 1 组和装饰灯 1 个。

6. 司机室挡风玻璃

司机室挡风玻璃由多层玻璃和有机材料复合而成，外层玻璃进行化学钢化处理；为保证挡风玻璃受到冲击或出现破裂时具有足够的可见性，各层玻璃均不进行物理钢化处理。司机室挡风玻璃具有抗飞弹冲击、防飞溅、抗砾石、隔声、隔热等功能，内置电加热装置，防霜、防冻；最低环境温度下，满足动车组运行的瞭望要求，眩光不影响司机操作。

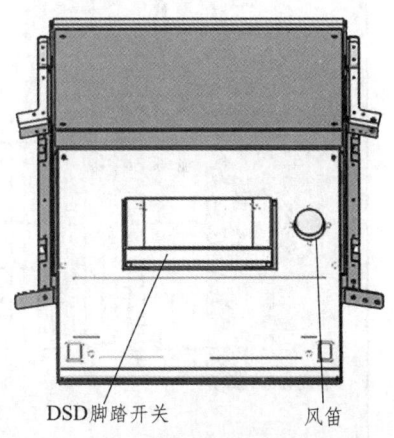

图 4-43　司机室脚踏布置图

7. 司机室墙顶板

司机室墙顶板符合车体流线型车头造型，主体材料采用 4mm 玻璃钢制造，外露可见面喷涂亚光漆。

8. 司机室面板

司机室面板结构紧凑，均布于司机台及左、右柜上，采用硬质尼龙搭扣、销钉、压紧锁、快锁紧固件等结构，牢固可靠，能快速拆装。

9. 司机室后墙

司机室后墙主体采用雾化玻璃，门框采用铝型材镀铬，整体效果高档时尚，具有强烈的科技感。

10. 司机室遮阳帘

遮阳帘置于司机室墙顶板内，外部仅露下部型材，遮阳帘由单一电机驱动，保证帘布运动同步性，避免咬帘、卡滞等现象，帘布行程约 600 mm。

11. 火警检测装置

司机室顶板安装烟火报警探头，当检测到烟雾时，本车火灾报警主机向 CCU 发送火灾报警信号，同时司机室、机械师室网络显示屏发出声光报警。

（二）牵引系统

1. 牵引系统的组成

CR400BF 动车组全车共有 2 个对称的牵引单元，主变压器通过 4 个次级绕组将 25 kV 接触网电压降压后分别输送给 2 个牵引变流器，牵引变流器经交-直-交变换后，为本车 4 台三相异步牵引电机供电，同时通过中间直流环节为辅助变流器提供电能，如图 4-44 所示。

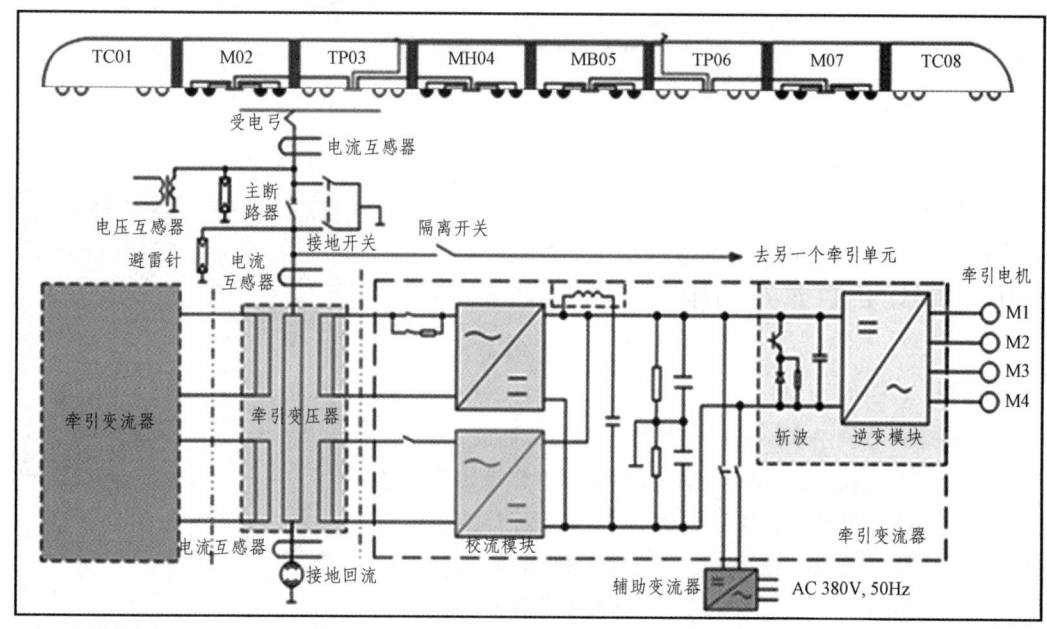

图 4-44　CR400BF 动车组牵引系统示意图

2. 牵引系统的牵引设备布置

牵引变流器及冷却系统、牵引电机及齿轮箱布置在 02/07 车、04 车和 05 车，牵引变压器及冷却系统布置在 03/06 车。

（三）制动系统

1. 制动模式

CR400BF 动车组采用全列电空复合制动模式，在列车制动时优先使用电制动，当电制动不足时由空气制动力补充，可以减少闸片的磨耗。CR400BF 动车组设置了由硬线控制的弹簧储能式停放制动。

2. 制动系统的组成

CR400BF 动车组的制动系统主要由司机室制动设备、制动控制装置、供风装置、基础制动装置和救援/回送装置组成。

（1）司机室制动设备：主要包括牵引/制动手柄（司控器）、紧急制动 UB 按钮、双针压力表（红针：总风管压力。黄针：头车制动缸压力）、单针压力表（白针：列车管压力）、HMI屏和制动相关操作开关。

（2）主供风单元：负责为整个列车系统供风；主要设备包括压缩机、压缩机电机、空气过滤器、精细滤油器、干燥器、电控箱等。正常情况下，制动控制装置（BCU）负责主空压机控制的功能，协调并控制列车中的各空压机为动车组提供压缩空气。在制动控制装置（EBCU）故障的情况下，空压机可通过压力开关控制启动，保证系统安全。在司机室 HMI 屏上可手动切除主供风单元。

（3）辅助供风单元：作用是当总风欠压时，为升弓提供压缩空气。设备主要包括空压机、干燥器等。

（4）制动控制单元：主要执行制动系统的制动控制功能，主要由制动控制单元和制动阀板等组成。

（5）停放制动：作用是保证动车组在定员载荷下在 20‰ 的坡道上停放。

通过操作司机台左侧"停放施加"自复位按钮开关，可对整列车施加停放制动。列车在施加全部停放制动后，"停放施加"按钮开关自带黄灯点亮。

通过操作司机台左侧"停放缓解"自复位按钮开关可缓解整列车停放制动。列车在缓解全部停放制动时，"停放缓解"按钮开关自带白灯点亮。

第六节　高速动车组的定期检修

一、不同类型动车组的检修期限

（一）CRH1 型动车组

一级检修周期：运行里程 4 000 km 或 48 h。
二级检修周期：15 天。
三级检修周期：120 万 km。
四级检修周期：240 万 km。
五级检修同期：480 万 km。

（二）CRH2 型动车组

一级检修周期：运行里程 4 000 km 或 48 h。
二级检修周期：3 万 km 或 30 天。
三级检修周期：45 万 km 或 1 年。
四级检修周期：90 万 km 或 3 年。
五级检修周期：180 万 km 或 6 年。

（三）CRH3 型动车组

一级检修刷期：运行里程 4 000 km 或 48 h。

二级检修周期：暂定 2 万 km。
三级检修周期：120 万 km。
四级检修刷期：240 万 km。
五级检修周期：480 万 km。

（四）CRH5 型动车组

一级检修周期：运行里程 4 000 km 或 48 h。
二级检修周期：6 万 km。
三级检修周期：120 万 km。
四级检修刷期：240 万 km。
五级检修周期：480 万 km。

二、检修内容

（一）一级检修：例行或日常检查，在动车段或运用检修所完成

（1）下层工作面：通过目测检查车轮缺损、踏面剥离、探伤检查；检查轴箱及轴箱定位装置；检查基础制动装置配件是否脱落或损坏，各部分螺栓和连接件开口销是否折损或丢失；检查车辆之间的联结状态；施行列车制动机试验；对转向架、制动、车钩、动力传动部分等部位进行全面检查，重点修理。

（2）中层工作面：进行车厢内部清扫工作（包括玻璃擦洗、垃圾清理、厕所排污等），同时留意车厢内是否有部件破损（如扶手、座椅、门、窗等），以及防火、安保检查，同时进行日常食品及水的补充。

（二）二级检修：重点检查，在动车段或运用检修所完成

（1）下层工作面：首先进行一级检修中的外观检查；重点进行主要部件的检查，包括牵引电机的内外部检查，辅助电机、牵引变压器、主变换装置（逆变器）的外观检查；对密接式车钩、转向架及轮对进行外观检查，进行轮缘厚度和踏面磨耗的检查，必要时可在不落轮的情况下镟轮。此外还要对弹簧装置、传动齿轮和齿轮箱、制动装置、电机悬挂装置、轴箱轴承和轴箱定位装置、油压减振器进行检查。

（2）中层工作面：除了与一级检修的内容相同外，对整列车的外部进行清洗（在上、下两层工作面完成后进行）。

（3）上层工作面：①受电弓不解体检修：清扫，检查底架、框架、杆件、链座及扇形板等零部件，检查连接螺栓是否坚固，轴、销、套是否有过量磨耗，所有转动关节是否转动灵活，油润状态如何，检查滑板及支架摆动是否灵活，检查传动缸、活塞及传动杆，检查弹簧装置是否出现裂纹、变形和腐蚀，并检查绝缘子表面是否有局部缺损。②按规定进行试验：升降弓不应有冲撞，最大起升高度、升降弓时间、压力及压力差均应符合规定要求。

（三）三级检修：重要部件检修，在动车段完成

（1）下层工作面：除进行一级检修的外观检查和二级检修中主要部件的检查外，重点对

转向架主要部件进行解体检查。

（2）中层工作面：同二级检修。

（3）上层工作面：同二级检修。

（四）四级检修：系统分解检修，在动车段完成

（1）下层工作面：转向架解体检查，检查焊缝有无裂纹，综合性尺寸测量；对牵引电机、辅助电机、主变换装置（逆变器）、密接式车钩、传动齿轮和齿轮箱、油压减振器等进行解体检查；对牵引电机还要进行清扫，更换部分零件；对轮对进行全轴超声波探伤检查，轮缘、踏面磨耗或轴堆检修，检查轴颈有无拉伤；对弹簧装置刚度检查；制动装置检查；轴箱、轴承和轴箱定位装置检修。

（2）中层工作面：在进行车体内部清扫的同时，对车体内部可观察到的部件进行外观检查及更换，对整列车的外部进行清洗（在上下两层工作面完成后进行）。

（3）上层工作面：对受电弓进行解体检修。

（五）五级检修：对整车全面检修，一般在大修厂完成

（1）下层工作面：更换整个转向架及轮对、齿轮传动系统、制动部件、蓄电池；更换牵引电动机、主开关和电路设备，以及主变压器。

（2）中层工作面：车辆照明系统、门和通道的修理，并进行车厢内部检查；同时对车体外部进行检查，对损坏的表面除锈、磨光、油漆；车厢内部进行类似日常检修的清洁工作；完成所有工作面的检修工作后，进行车体外部的大清洗。

（3）上层工作面：对受电弓进行彻底解体检修。

我国客运专线动车组检修制度的制定，结合了国情、路情以及我国现行机车车辆运用检修的实际做法，以确保动车组快速、安全、舒适、高效地投入运营。

三、日常维修

客车日常维修的主要基地是库列检，要充分运用客车在库内的停留时间，认真检查，彻底修理，消除故障，维护质量，以避免列车往返运行区间因车辆故障发生晚点和事故。

客车日常维修的内容包括车底在到达终点站或在始发站出发前，在整备库内进行的技术检查、日常保养和清扫整备作业。其由客车技术整备所（客技站）、旅客列检所和车务乘务组三个部分共同完成，实行"库内为主，沿途为辅"的方针。

客车技术整备所负责对每次运行完毕入库的车底进行全面检查和修理（包括辅修）及整备工作，将达到出库质量标准的列车交给车辆乘务员；旅客列车在沿途由旅客列检所负责进行技术检查和不摘车修理，此外在旅客列车上还设有车辆乘务员，随车进行途中的技术保养工作。客车的日常维修工作集中在旅客列车编成站、更换机车的客运站上进行，由客车技术整备所、旅客列车检修所和车辆检车包乘组共同承担。

日常维修为走行 1 万 km 以内时，除了日常维修的内容外，还要重点对走行部制动系统进行检查、修理或更换。

四、动车运用段和动车运用所

根据我国铁路发展思路,"国铁集团"确定在北京、上海、武昌、广州建立四大现代化动车组检修基地。四大基地的建设在能力和规模上要立足于干线,并辐射周边地区;在覆盖范围上要立足于时速 200 km/h,兼顾 300 km/h,做到"一次规划,分步实施";同时为了充分发挥检修基地的功能,科学合理地配置检修资源,四大检修基地由"国铁集团"统一管理,面向全路,服务全路。

依据路网布局与发展规划,结合动车组的配属和使用方案,确定四大检修基地的辐射范围如下:

(1)北京基地:重点辐射东北、华北及京津环渤海地区,如天津、沈阳、长春、哈尔滨、大连、石家庄、太原、济南、青岛,覆盖京广、京津、京哈(大)、石太、京沪、胶济客运专线。

(2)武汉基地:重点辐射华中(中原)、西南地区及华北部分地区,如长沙、郑州、西安、宜昌、成都、贵阳、重庆、襄阳,覆盖京广、沪汉蓉、浙赣、郑西客运专线。

(3)上海基地:重点辐射华东及长三角地区,如杭州、南京、合肥、扬州、南昌,覆盖京沪、沪汉蓉、浙赣客运专线和杭州—宁波—深圳间的沿海客运专线。

(4)广州基地:重点辐射华南及珠江三角地区,如广州、深圳、珠海、汕头、湛江,覆盖京广、广深、广珠客运专线和杭州—宁波—深圳间的沿海客运专线。

各主要干线上动车运用所的设置如下:

(1)京哈线以北京检修基地为中心,以此为依托在沈阳、大连和哈尔滨设置动车运用所。

(2)京广线以武汉检修基地为中心,北京、广州基地为补充;同时依托北京基地设置石家庄动车运用所,依托武汉基地设置郑州动车运用所,依托广州基地设置长沙动车运用所。

(3)京沪线以北京、上海检修基地为中心,同时依托北京基地设置天津、济南(青岛)动车运用所,依托上海基地设置南京、杭州动车运用所。

(4)杭州—宁波—深圳沿海通道以上海、广州检修基地为中心,同时依托上海基地设置温州动车运用所,依托广州或上海基地设置福州动车运用所。

(5)浙赣线以上海、广州检修基地为中心,同时依托上海基地设置南昌动车运用所。

(6)在西南地区依托武汉基地设置成都、重庆动车运用所。

(7)在陇海线上依托武汉基地设置西安、兰州动车运用所。

复习思考题

1. 什么是动车组?它有哪些优点?
2. 动车组是如何分类的?
3. 我国的高速铁路动车组主要引进了哪些国家的技术?
4. 简述动车组的基本构造及其各自的作用。
5. 动车组车体及车内设施的轻量化具有哪些意义?
6. 动车组转向架有什么作用?由哪几部分组成?
7. 动车组的运用方式有哪几类?
8. 简述动车组的检修级别与检修范围。

第五章 高速铁路牵引供电系统

第一节 概　述

以电能为主要牵引动力的铁路被称为电气化铁路。由于电力牵引具有功率大、效率高、清洁无污染、安全可靠程度高等优点，因此目前世界各地的高速铁路几乎都采用电能作为牵引动力。

电气化铁路由电力机车（或动车组）和牵引供电系统两大部分组成。其供电关系如图 5-1 所示。

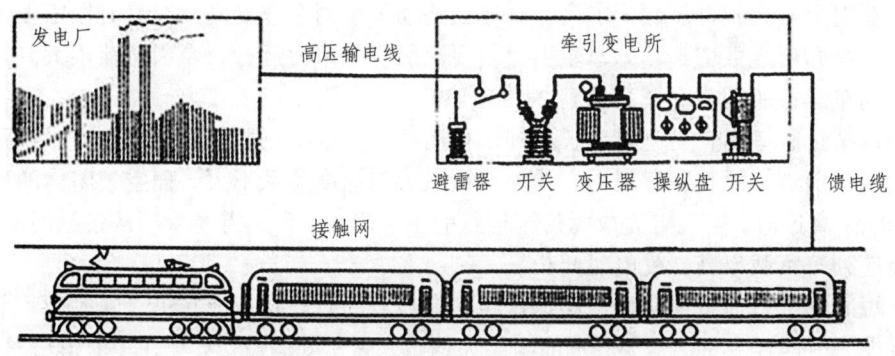

图 5-1　电气化铁路的供电系统示意图

牵引供电系统是指从电网的三相电力系统接收电能，经过转换后向交流电气化铁路上行驶的列车输送电能的电气网络。而牵引供电系统本身不产生电能，它是由外部供电系统（电力系统）提供电能。在铁路运输设备、设施中，人们通常把外部供电系统统称为一次供电系统，而把牵引供电系统称为二次供电系统。

一次供电系统主要由发电厂、区域变电所和电力传输线组成。而二次供电系统（也称为牵引供电系统）主要包括牵引变电所、牵引网（又叫接触网）及远程控制系统等。有的也把公用电力系统向牵引变电所供电的专用高压线路也包括在内。在我国，以牵引变电所高压进线门形架为界，门形架以外的供电系统归属电力部门，门形架以内的供电系统归属铁路部门。

牵引变电所将电力系统的输电线路电压从 110 kV（或 220 kV）降到 27.5 kV，经馈电线将电能送至接触网；接触网沿铁路上空架设，电力机车通过列车受流装置从接触网取得电能，进而转换为牵引动力,牵引列车高速运行。因此,牵引供电系统的性能直接影响列车牵引功率的发挥和牵引传动控制系统的性能。

为了满足高速列车运能大、安全性好、占地少、节省能源的要求,高速铁路的牵引供电系统必须采用更为高效、可靠的供电设备和施工技术,才能为高速铁路的正常运行提供更有效的供电质量和运行基础。

第二节 高速铁路牵引供电系统的特点及构成

高速铁路牵引供电系统是实现动车组高速运行的关键技术之一。它的主要任务是将从电网获得的电能,安全可靠地输送到动车组上,为动车组高速运行提供持续强大的电能,同时,尽可能避免或减少动车组等负荷载电在运行时对国家电网和通信信号系统稳定性的影响。

一、高速铁路牵引供电系统的特点

高速铁路牵引供电系统有以下特点:

(1)牵引负荷大,可靠性要求高。高速铁路动车组列车速度高,高峰时段密度大。空气阻力随速度呈几何级数增长,列车牵引力主要克服空气阻力运行,牵引负荷很大。350 km/h 速度时,列车运行所需功率最高达到 24 000 kW。

(2)列车负载率高,受电时间长。列车在运行中,主要克服轮轨摩擦阻力、线路坡道阻力和空气阻力前进。轮轨摩擦阻力、线路坡道阻力与速度关系不大,而空气阻力随速度呈几何级数增长。高速时,空气阻力成为列车运行的主要阻力,列车需要持续从接触网取得电能。所以,高速列车负载率高,受电时间长。

(3)短时集中负荷特征明显。高速铁路具有显著的时段特征。在早、晚时段和节假日的高峰客流期,根据客流量的需要,可能组织大编组、高密度运输,甚至在短时形成紧密追踪,牵引负荷集中特征明显。牵引供电系统应具有应对各种集中负荷供电的能力和条件。

(4)越区供电能力要求高。由于旅客运输能力和准点的需要,牵引供电系统应具有应对各种各样条件下的供电能力。在出现某一牵引变电所解列、退出供电的情况下,往往采用由两相邻牵引变电所越区进行供电。为了尽量减少越区供电对运输能力和准点的影响,应避免过多地限制列车数量或降低列车速度,这样会相应加大两相邻牵引变电所的供电负荷。

二、高速铁路牵引供电系统的构成

高速铁路牵引供电系统主要由牵引变电所、接触网、数据采集与监视控制系统(SCADA)三大部分组成,如图 5-2 所示。

第二节 高速铁路牵引供电系统的特点及构成

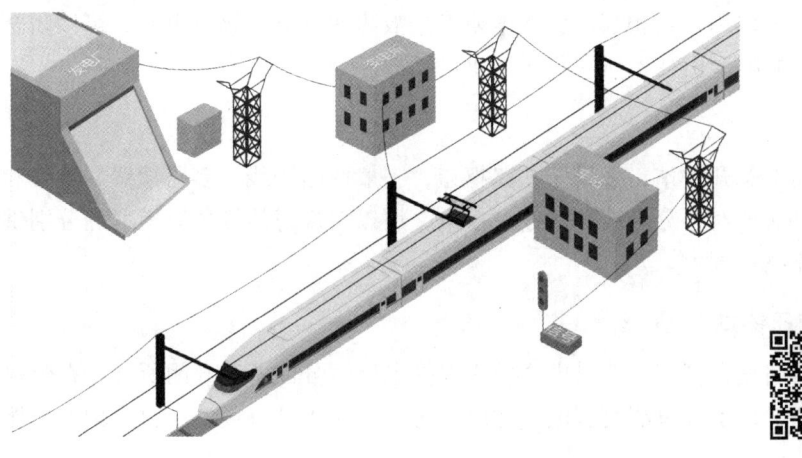

牵引供电回路

（a）牵引供电系统示意图

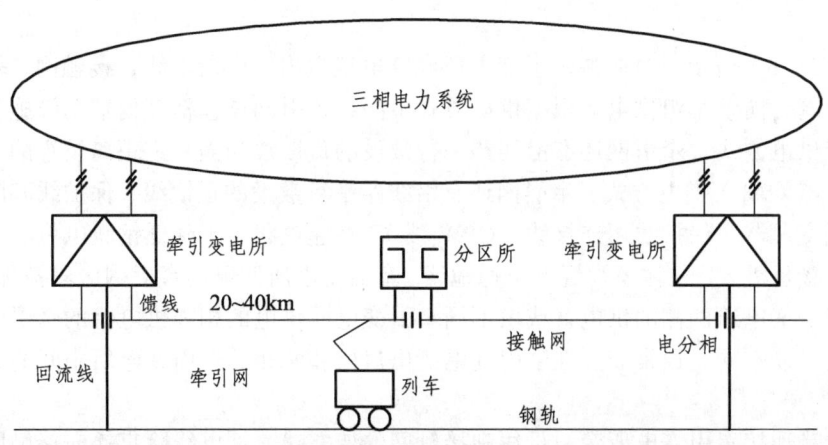

（b）牵引供电回路

图 5-2 高速铁路牵引供电系统

（一）牵引变电所

牵引变电所的主要作用是电能的变换及控制，完成单相牵引网与三相电力系统之间的连接和电压变换。

牵引变电所由供电系统中的开闭所、分区所和自耦变压器站等组成，其主要作用是降压和分相，它将电力系统输送来的三相高压电变换成适合动车组使用的两个单相电，通过馈电线分别供给两侧的接触网，同时，降低高速动车组运行对电网的影响。

牵引变电所沿电气化铁道分布，每一个牵引变电所负责两侧接触网的供电。牵引变电所的左、右两侧接触网称为供电臂或供电分区，一个供电臂的长度对应线路的区间数约为 1~5 个。

1. 分区所（亭）

为了提高供电的灵活性和可靠性，在两个相邻牵引变电所的接触网末端通常设置分区所。

分区所的主要作用是当相邻牵引变电所发生故障而不能继续供电时，可以闭合分区所内的断路器，由非故障牵引变电所实行越区供电。

2. 开闭所

开闭所实际上是开关站，多设于铁路枢纽，一般两路进线、多路馈线，进线和馈线都经过断路器，可灵活地对各分区接触网停、供电，用以实现对站场各股道群的分别供电控制，从而缩小事故停电范围。

3. 自耦变压器站

自耦变压器站是自耦变压器供电系统中除变电所、分区所和开闭所外，在牵引网上放置自耦变压器的场所，工频单相交流电气化股道每隔 10~15 km 设置一台自耦变压器。

（二）牵引网

牵引网负责向行驶中的列车供给电能。牵引网由馈电线、接触网、钢轨和大地、回流线等组成。

如图 5-2（b）所示，电能从牵引变电所经馈电线送出，由馈电线、接触网、轨道、回流线构成牵引网后向动车组供电。根据供电方式不同，牵引网还包括其他辅助设施。对于带负馈线的直接供电方式，牵引网还有沿线路平行敷设的负馈线和隔一定距离设置的吸上线。对于自耦变压器（AT）供电方式，牵引网还有沿线路平行敷设的正馈线、保护线和隔一定距离设置的自耦变压器、保护线用连接线（CPW 线）。高速铁路出于降低钢轨电位、实现与信号系统的综合接地需要，往往还设置有贯通地线。牵引变电所两侧的牵引网区段被称作供电臂。由于同一牵引变电所两侧的供电臂或由不同牵引变电所供电的相邻供电臂的牵引网电压在相位、幅值上可能不同，通常需要在牵引变电所出口处和两相邻牵引变电所中间的分区处设置电分相环节。

馈电线是连接牵引变电所牵引母线和接触网的架空线。馈电线除直接向接触网送电外，还要向附近车站、动车段（基地）、开闭所等送电，所以馈电线的数目较多，距离也可能较长。

接触网是牵引网的主体，由于接触网分布广、结构复杂、运行条件差，所以不仅日常维修工作量大，故障也较多，对牵引供电的可靠性影响极大。

流过动车组的负荷电流经钢轨和地、回流线流回到牵引变电所。由于钢轨与地不绝缘，所以部分电流沿大地返回，形成地中电流。

（三）数据采集与监视控制系统（SCADA）

数据采集与监视控制系统（Supervisory Control And Data Acquisition，简称 SCADA）也常被称作远动系统，是以计算机为基础的电力生产过程控制与调度的自动化系统。它可以对高速铁路运输现场的设备运行情况进行监视和控制，以实现状态信息采集、数据测量、设备控制、参数调节以及各类信号报警、数据统计等各项功能。高速铁路的 SCADA 系统纳入综合调度系统之中，在线实时监控"四电"设备运行状态，在保证供电设备安全可靠运行、故障及时快速处理、提高高速铁路运输调度管理水平等方面具有十分重要的作用。

高速铁路的 SCADA 系统主要由控制中心（CCR）、远动终端（RTU）和通信网络构成，它是高速铁路综合调度自动化的一个组成部分。

综上所述。牵引变电所是高速铁路牵引供电系统的心脏，接触网是高速铁路牵引供电系统的主动脉，而 SCADA 系统则是其整个高速铁路牵引供电系统的"中枢神经"或"大脑"。

第三节　高速铁路牵引供电系统的供电方式

一、电气化铁路的电流制

在整个电力牵引的发展历程中，电气化铁路的电流制经历了由低压直流、三相交流、单相低频交流到单相工频交流的演变过程。现在各国所采用的电流制逐渐趋向统一，电压也逐渐提高。如意大利、波兰等国家采用 3 000 V 直流制，德国、瑞典等国家采用 $16\frac{2}{3}$ Hz 的单相低频交流制，中国、法国、日本等大多数国家都采用 25 kV 的单相工频交流制。

根据目前世界各国电气化铁路的发展情况，今后的发展方向主要是采用 25 kV 的单相工频交流制。

（一）直流制

直流制是指在牵引网上采用直流供电，使用直流牵引电动机来驱动机车。直流制是电气化铁路最早采用的一种电流制，直流供电最高电压只有 3 000 V，目前直流电气化铁路里程约占全部电气化铁路总长度的 40%。直流制之所以得到这样广泛的应用，是因为它具有牵引性能良好、牵引电动机易于调速、机车构造简单和整流技术比较成熟以及对通信干扰小等优点。但它需要在牵引变电所设置整流装置，因而使得牵引变电所结构复杂、设备昂贵；另外，由于接触网上的电压受到牵引电动机端电压的限制，电压不能太高，为保证必要的牵引电流，就要加大接触网导线的截面面积，因此消耗金属多、设备复杂，牵引变电所的设置距离短，使得投资、运营费用都比较高；此外，还需要采取特殊防护措施，以解决泄漏电流对沿线地下金属设施的腐蚀。

（二）三相交流制

三相交流制是应用两根接触导线和一根钢轨形成三相系统的电路，机车采用三相异步电机。这种电流制虽然具有牵引变电所和机车设备简单，电动机结构简单、维修方便等优点，但是由于异步电动机调速困难，接触网结构复杂而且不安全，所以，这种电流制只在个别国家的电气化铁路中采用。

（三）单相低频交流制

单相低频交流制主要在西欧一些国家尤其是德国使用，采用的是单相交流 15 kV、$16\frac{2}{3}$ Hz 的供电制式。目前采用单相低频交流制供电制式的电气化铁路约占全部电气化铁路总里程的 16.6%。采用这种电流制式虽然可以提高牵引网电压，同时在电力机车上还可以比较容易地将牵引网的高压降低到牵引电动机所需要的低电压。但由于其频率与工业频率不同,所以不能与工业供电系统统一,使用时需要变频,因此设备复杂、效率低,经济效果并不比直流制好。

(四)单相工频交流制

单相工频交流制是 20 世纪 50 年代以来发展最迅速的一种牵引供电制式。它的主要优点是:供电系统简单,不需要变换频率,即可由工业电网直接供电,能节省铁路牵引供电设备的投资,是目前最经济的一种电流制;其次,它的电压高达 25 kV,可以延长供电距离,减少牵引变电所的数目,缩小接触网导线的截面面积,节省基建投资和运营费用;再者可为沿线铁路车站的装卸机械和养路机械等设备及铁路沿线地方工业提供电源。单相工频交流制的缺点是:对铁路沿线的通信信号设备产生强电对弱电的干扰,增加了铁路内外通信设备拆迁或埋设电缆的投资。不过,随着科技的进步,这些问题会得到解决。我国及日本、法国的电气化铁路就采用 25 kV 单相工频(50 Hz)交流制。

二、牵引供电系统的供电方式

目前单相工频 25 kV 牵引网供电方式主要有直接供电方式(TR)、带回流线的直接供电方式(TRNF)、吸流变压器(BT)供电方式、自耦变压器(AT)供电方式和同轴电缆(CC)供电方式。

我国电气化铁路均采用单边供电方式,即牵引变电所向接触网供电时,每一个供电臂的接触网只能从一端的牵引变电所获得电能。复线区段可通过分区亭将上下行接触网连接,实现"并联供电",可适当提高末端电压。当某一牵引变电所发生故障无法供电时,通过分区亭道闸操作,使相邻变电所通过分区亭实现"越区供电",此时供电距离增加,网压降低,通常应减少列车对数或牵引定数,以维持运行。

(一)直接供电方式(TR)

直接供电方式是在牵引网中不加特殊防护措施的一种供电方式。电气化铁路最早大都采用这种供电方式,它的一根馈线接在接触网上,另一根馈线接在钢轨上,如图 5-3 所示。这种供电方式的供电距离单线一般为 30 km 左右。

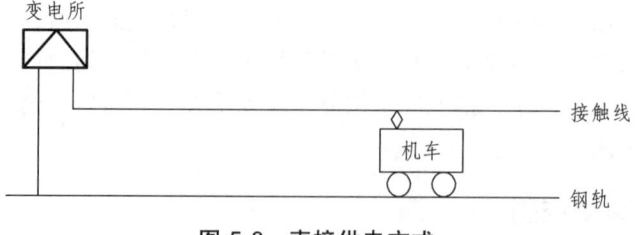

图 5-3 直接供电方式

直接供电方式的牵引网结构最简单,投资最小,但钢轨电位较高,流过电力机车的回流电流全部通过阻抗较大钢轨及大地完成,能量损失较大,同时流过工频单相交流电的接触网产生的交变磁场缺乏补偿,其对通信线的干扰最大。

直接供电方式一般在铁路沿线无架空通信线路或通信线路已改用地下屏蔽电缆的区段得到采用。主要应用范围：地铁、城市轨道交通、矿山运输等。

（二）带回流线的直接供电方式（TRNF）

为了减轻牵引网对沿线平行接近的线路的电磁干扰影响，可在接触导线平行位置增加金属回流线，并隔一定距离设置连接导线将回流导线与钢轨并联，从而构成回流导线、钢轨及大地回路的回流设施，这种供电方式就是带回流线的直接供电方式，如图5-4所示。

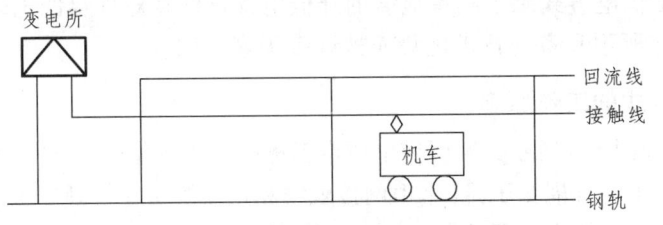

图 5-4　带回流线的直接供电方式

带回流线的直接供电方式，机车部分电流通过钢轨和大地流回牵引变电所（约70%），其余通过回流线流回牵引变电所（约30%）。虽然流经接触网的电流和流经回流线的电流大小不等，但方向相反，且安装高度比较接近，两者对铁路沿线通信设施的电磁干扰影响趋于抵消，因此牵引网本身具备防干扰功能。在接地方面，接触网支柱通过回流线实现集中接地，回流线每隔一个闭塞分区通过吸上线（铝芯或铜芯电缆，常用 VLV-70 和 2XVLV-150）与信号扼流圈中性点连接（吸上线间距 3～4 km）。

（三）吸流变压器供电方式（BT）

在牵引供电系统中加装吸流变压器-回流线装置的供电方式，称为吸流变压器供电方式，简称 BT 供电方式，如图 5-5 所示。

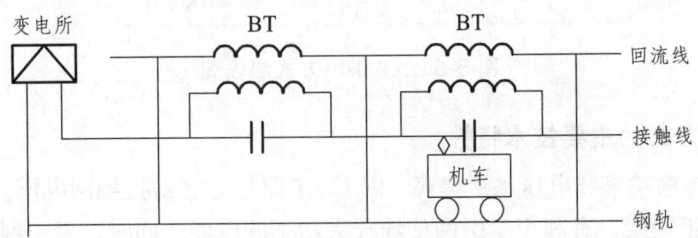

图 5-5　BT 供电方式原理图

图 5-5 中，牵引网每隔一段距离在牵引网的接触导线和回流线（或轨道）接入变比为 1∶1 的吸流变压器 BT，其一次线圈串接入接触网，二次线圈串接在回流线中，（即吸流变压器-回流线方式，简称吸-回方式；或串接在轨道中（即吸流变压器-轨道方式，简称吸-轨方式）。吸流变压器的间隔为 3～4 km，在两个吸流变压器的中间设有吸上线，用于将钢轨中的牵引电流吸入回流线。当牵引负荷电流经 BT 原边时，其副边产生很大的互感电流，迫使负荷电流沿回流线流回牵引变电所而不经过钢轨和大地，从而极大地减弱了牵引网周围的磁场，有效降低了牵引电流对邻近通信线路的干扰影响。因此，BT 方式抑制通信干扰的效果很好。

BT 方式牵引网结构复杂，造价较高，由于吸流变压器串入接触网，使得牵引网阻抗变大，供电臂长度将减小；因存在 BT 分段（火花间隙），不利于高速、重载等大电流运行。随着通信线路电缆化和光缆化，BT 方式的防干扰优势越来越不突出。我国电气化铁路早期采用 BT 方式，但目前已经基本不采用。

（四）自耦变压器供电方式（AT）

在牵引网中，在接触网和正馈线之间每隔 10 ~ 15 km 并入一台自耦变压器，从而形成 AT 供电方式。AT 供电方式除了具有显著的降低电气化铁路对外界的电磁干扰外，还具有现行其他供电方式所不具备的技术优势而被许多国家采用。

1. AT 供电方式的工作原理

AT 供电方式如图 5-6 所示，牵引变电所牵引侧电压为单相 55 kV 或两相 2×27.5 kV，AT 表示变比为 2∶1 的自耦变压器，牵引网接触线和正馈线接在自耦变压器原边，构成 55 kV 供电回路，而钢轨与自耦变压器的中点连接，使接触网和钢轨间的电压仍然保持为 27.5 kV。因此，在列车与变电所之间形成长回路，由列车所在的 AT 段形成短回路，由于长回路电压提高了一倍，在相同的牵引功率下，牵引网上的电流减小，使电压损失、功率损耗都大大下降，这样 AT 供电系统运行的技术指标得到很大改善。自耦变压器的容量可视铁路运量及 AT 间隔大小而定，通常 AT 间距为 8 ~ 12 km，自耦变压器的容量为 2 000 ~ 3 000 kV·A。

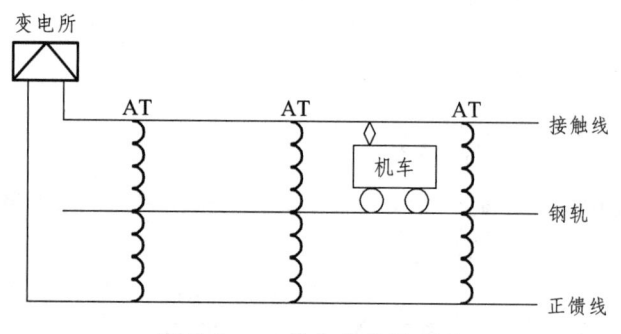

图 5-6 AT 供电方式原理图

自耦变压器供电方式

2. AT 供电方式的主要技术特性

（1）牵引网传输功率和电压水平提高。由于 AT 原边为 2 倍接触网电压，只有 1/2 牵引电流通过接触网和正馈线，有利于牵引网传输较大功率的电能。同时，牵引网的电压损失和功率损耗大幅度降低，可提高电压水平，增强运营的经济效益。

（2）牵引网电压提高为 2×27.5 kV 后，牵引变电所的间隔可增大为 90 ~ 100 km（比 BT 供电方式增大 3 倍），变电所主变压器副边绕组和相应的开关设备绝缘水平相应提高，牵引网单位阻抗与 BT 供电方式相比显著降低；但 AT 供电方式牵引网结构复杂，并在沿线设置若干台自耦变压器及相应的开关设备和避雷器等（称为 AT 站），使牵引网系统（含 AT 站）的造价增大，运行维护的工作量增多。

（3）对通信线抗干扰特性效果较好，且接触导线不需断口，有利于列车高速运行。

总之，采用 AT 供电方式时，应做牵引供电系统的全面综合技术经济比较，尽量发挥它的技术优势。在高速重载铁路电气化区段中 AT 供电方式有较大的适用性，也可按不同地区采用 AT 供电方式和带回流线的直接供电方式相结合的综合供电方式。

（五）同轴电缆供电方式（CC）

CC 供电方式是一种新型的供电方式。同轴电力电缆沿铁路线路埋设，其内芯线作为馈电线与接触网并联连接，外部导体作为回流线与钢轨并联连接。每隔 5~10 km 做一个分段，如图 5-7 所示。由于馈电线与回流线在同一电缆中，间隔很小，而且同轴布置，使互感系数增大，因同轴电力电缆的阻抗比接触网和钢轨的阻抗小得多，牵引电流和回流几乎全部经由同轴电力电缆流过。因此电缆芯线与外部导体电流相等、方向相反，二者形成的磁场相互抵消，对邻近通信线路几乎无干扰。由于阻抗小，因而供电距离长。但由于同轴电力电缆造价高、投资大，现仅在一些特别困难的区段得到采用。

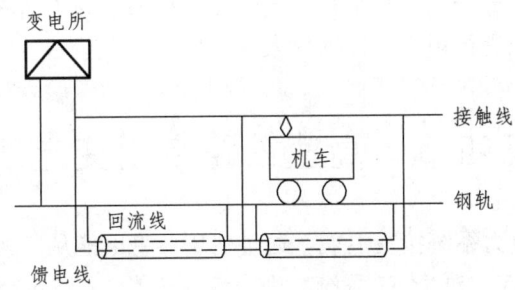

图 5-7　CC 供电方式原理图

（六）高速铁路供电方式的选择

1. 各种供电方式的优劣

由于高速电力牵引的速度快、电流大，因此要求供电系统供电质量要高，并应尽量减少电分相、电分段的数量。BT 供电方式虽然在通信线路防干扰方面的性能较好，但是由于它在接触导线中串入吸流变压器，伴随一个火花间隙，使一个供电臂的接触导线分成很多段，因此不适合高速电力牵引。与 BT 供电方式相比，AT 供电方式和直接供电方式（包括加负馈线的供电方式）的很多特点都能满足高速电力牵引的要求。

AT 供电方式变电所间距大，一是可以大大减少电分相数量，并且牵引网阻抗小，能显著减少牵引网电压损失，改善供电质量，保证列车高速运行；二是可以密切配合电力系统向电气化铁道供电的电源选择，以降低工程造价；三是 AT 供电方式对通信线路的影响小，与 BT 供电方式相当。由于以上种种原因，世界各国的高速铁路均广泛推广 AT 供电方式，日本已将 AT 供电方式作为电气化铁路的标准制式加以推广。

直接供电方式牵引网阻抗大，变电所间距小，相应的电分相数量多，对通信线路的防护不如 BT、AT 供电方式。但直接供电方式牵引网结构简单，可用在对电磁干扰要求不高的地区。直接供电方式的一些技术指标介于 BT 和 AT 供电方式之间，也是高速电气化铁路可选择的方式。

2. 我国高速铁路供电方式

在我国《高速铁路设计规范》（TB 10621—2014）中已经明确规定高速铁路正线牵引网

应采用 2×25 kV 的 AT 供电方式；枢纽地区跨线列车联络线、动车走行线和动车段（所、场）等可采用 25 kV 的供电方式。这是因为我国高速铁路的目标值为 250~350 km/h 的铁路，具有高密度、长编组等特点，采用 2×25 kV 的 AT 供电方式有利于高电能的传输和接触悬挂的轻型化和系统匹配设计，有利于减少外部电源的投资和减少电分相数量。因此，规定正线牵引网应采用 2×25 kV 的 AT 供电方式。我国目前已经实施的武广、郑西、石太、京石、石武、京津、京沪、合武等客运专线、高速铁路均采用 2×25 kV 的 AT 供电方式。

另外《高速铁路设计规范》(TB 10621—2014) 中还规定，采用 2×25 kV 的 AT 供电方式时，接触电压长期持续不应高于 60 V，瞬时（0.1 s）值不应高于 785 V。这是因为采用 2×25 kV 的 AT 供电方式，列车运行在 AT 区段内，会有负载电流流过钢轨。理论上讲，列车运行的 AT 区段外没有电流流过钢轨，但实际上也有部分负载电流流过钢轨。电流流过钢轨会使钢轨对大地产生电位差，钢轨对大地的电位差会因时间、地点和负荷条件的不同而发生变化。人类和动物有可能与部分电位甚至是全部电位相接触。为了消除对人体的危害，需要对人体手脚之间的接触电压进行规定，以确保人身安全。

第四节　高速铁路牵引变电所

牵引变电所从公用电力系统接受电能，通过变压器将电能从三相 110 kV 或 220 kV 变换成 1 个或 2 个单相 27.5 kV，对于 AT 系统，则为 55 kV 或 2×27.5 kV，并向两侧铁路上、下行的牵引网供电。

牵引变电所的主要设备包括主变压器、互感器、高压断路器、高压隔离开关、高压负荷开关、高压熔断器等。

牵引变电所按其在电网中的位置、重要程度和电源引入方式的不同可分为：中心变电所、通过式变电所、分接式变电所。

牵引变电所的现场图如图 5-8 所示。

图 5-8　牵引变电所现场图

一、牵引供电系统的供电电压

(一) 我国高速铁路牵引供电系统的外部供电电压

电气化铁路牵引供电系统的外部电源来自公用电力系统的电力网,而限制电力网送电能力的因素体现在四个方面:导线发热、电压损失、功率和能量损耗、稳定破坏。这四个方面都是由电流引起的,解决方法是提高供电电压,减小电流,这是提高电网输送能力、降低网损、提高电能质量的有效措施;但是电压提高会导致电气设备的投资增大。因此,选择一个合适的电压等级是牵引变电所设计中的一项重要内容。电力网的电压等级一般根据输送功率和输电距离来选择,应用的大致范围可参考表5-1。

表 5-1 电力网电压与输送功率、输电距离的关系

额定电压/kV	输送功率/(MV·A)	输送距离/km
110	10～50	50～150
220	100～150	100～300
500	1000～1500	150～850

我国第一条电气化铁路宝凤段1961年建成开通时,牵引变电所外部电源即采用110 kV电源供电,随后建成的其他电气化铁路一直习惯采用110 kV电源供电,应该说均保证了安全、可靠供电。而高速铁路牵引负荷增大较为明显。一般来说,时速350 km的铁路按间隔3 min、16辆编组运行时,其牵引变电所的负荷瞬间可达到170 MV·A,高峰小时可达到130 MV·A。由于牵引负荷电流大,波动比较剧烈,谐波含量丰富,并且属于单相负荷,为了增大电网对谐波、负序的承受力,减少牵引变电所母线电压的波动,降低输电线路损耗,保证输电线路的动态、静态稳定,需要牵引变电所的进线电压等级与负荷匹配,目前我国已运行750 kV超高压电网,且正在试运行1 000 kV特高压电力线路。

结合我国的电力负荷需要和电网的发展,我国电气化铁路的牵引变电所进线电压等级选择220 kV,目前我国西北地区因无220 kV电压等级,故其电压等级可选择330 kV。采用220 kV/330 kV的电压等级,系统具有较强的负序和谐波承受力,有利于牵引变压器采用单相接线。

(二) 国外高速铁路牵引供电系统的外部供电电压

世界各国采用工频、单相、交流接触网额定电压为25 kV的高速电气化铁路,毫无例外地均采用高压供电。

日本山阳等新干线,牵引变电所的进线电压采用27.5 kV。这与原来的70 kV电压相比,电源的变动和不平衡承受能力都有所提高,因而更能保证机车稳定、高速地运行,从经济角度来看也更为有利。

法国大部分牵引变电所的进线电压为225 kV,只有一个变电所为63 kV。

德国牵引网电压采用15 kV,牵引变电所进线电压采用110 kV。另外它使用$16\frac{2}{3}$ Hz频率给铁路专门供电,有其特殊性。

二、牵引变电所的电气主接线

牵引变电所的电气主接线又称主电路,是指由断路器、隔离开关、互感器、避雷器、主变压器、母线和电缆等高压一次设备,按一定的顺序连接起来用于表示接收和分配电能的电路,如图 5-9 所示。

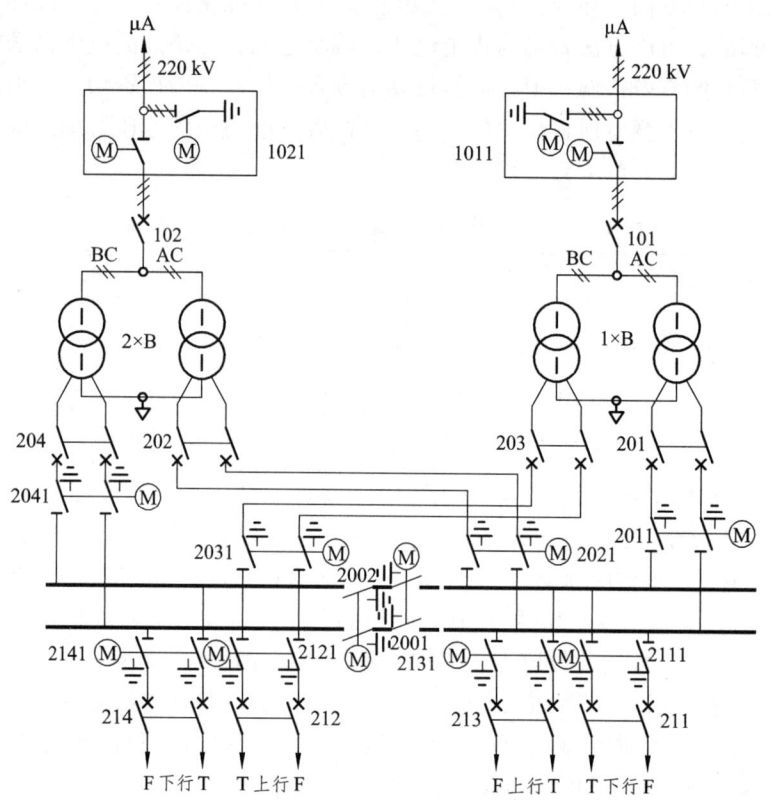

图 5-9 武广客运专线牵引变电所典型主接线原理图

主电路的设备和构成决定着牵引变电所的主要技术经济指标和运营质量,并对一次供电系统的运行有一定影响。因此,主电路的设计应全面综合考虑各种因素,要求供电可靠、技术合理、结构简单、操作灵活、维修方便、运营经济。

(一)牵引变电所电源侧主接线

牵引变电所电源侧主接线应结合外部电源条件确定,在牵引变电所两路电压均非常可靠的条件下,宜采用线路变压器组接线或分支方式。如牵引变电所电源侧采用分支接线,在两路进线之间设置由隔离开关分段的跨条,实现电源进线与变压器交叉供电的运行方式,提高了运行方式的灵活性。我国目前已经实施的郑西、京津、京沪、合武等高速铁路、客运专线工程中,其牵引变电所采用线路变压器组接线方式;武广、京石、石武客运专线则采用分支接线方式。

(二)牵引变电所馈线侧接线

馈线侧接线宜采用上下行断路器互为备用的接线形式,并符合上、下行分别供电和并联供电运行方式的要求。

馈线侧配电装置当采用户外单体布置时，实现上、下行断路器互为备用的联络开关设置在所内线路侧；当采用 GIS 柜布置时，实现上、下行断路器互为备用的联络开关设置在所外上网开关的线路侧。

高速铁路分区所主接线应按同一供电臂的上、下行并联供电，以及非正常供电运行的越区供电设计。上、下行并联供电应采用断路器接线方式，越区供电采用隔离开关接线方式。

我国目前已经实施的武广、郑西、京津、京沪、合武等高速铁路、客运专线的分区所、自耦变压器所的接线是采用上、下行馈线分别通过断路器、电动隔离开关接入并联母线，每台自耦变压器通过断路器和隔离开关或只有电动隔离开关接入并联母线。

二、牵引变压器

牵引变压器是牵引供电系统中最重要的设备，如图 5-10 所示。它对牵引供电系统和工程起着决定性的影响，不同类型的牵引变压器对电力系统也会产生不同的不平衡影响。

为了提高牵引供电的可靠性，牵引变电所一般设置两台牵引变压器，每台牵引变压器都能单独承担全部负荷。正常运行时，一台工作，另一台作为检修或者故障时的备用。

图 5-10 牵引变压器现场图

牵引变压器的额定电压，原边为 110 kV（或 220 kV）；次边为 27.5 kV，比接触网额定电压 25 kV 高 10%；AT 供电方式的牵引变压器次边额定电压为 55 kV 或 2×27.5 kV。

牵引变压器的容量根据线路负荷条件而定，对于高速铁路一般达到 63 MV·A 或 75 MV·A，按规划，我国长大客运专线远期要按 350 km/h 的速度、3 min 的追踪间隔运行 16 辆编组的动车组，牵引变压器的容量甚至会超过 100 MV·A。牵引变压器的短路阻抗一般为 10% 左右。为适应不同网压和负荷条件，一般变压器高压侧带多个分接头，可以无载调压。

电气化铁道牵引变压器的接线方式多种多样。目前我国高速铁路的设计趋势是尽量推广单相接线，在电源容量较弱时则使用 V,v 接线；对于 2×27.5 kV 的 AT 系统，往往省略变电所内的自耦变压器，相应地采用二次侧中点抽出式单相接线和 V,x 接线。

日本采用斯科特（Scott）接线和变形伍德桥（Woodbridge）接线三相变压器。法国、德国、意大利和西班牙采用单相变压器。斯科特接线在我国既有电气化铁道 AT 供电系统中被广泛采用。

单相变压器的优点是变压器容量大、利用率高、经济效果好，最适合在高速铁路上应用。我国京沪高速铁路就采用了单相变压器。

（一）纯单相接线牵引变压器

电力机车是单相交流负荷，显然，牵引变电所采用单相变压器最为直观、简单。单相牵引变压器和一般的单相变压器不同，一般单相变压器，都是一端接高压，另一端接地或接中性点，故可采用分级绝缘；而单相牵引变压器的高压绕组两端都接高压，故采用全绝缘。原理电路如图 5-11 所示。

纯单相接线的主要优点是变压器的容量利用率为 100%，且变电所的主接线简单，设备少、占地面积小。纯单相接线的缺点是在三相系统形成较大的负序电流，为了减少负序电流对系统的影响，各变电所变压器高压绕组所结相序依次轮换，即所谓换相连接；另一个缺点是不能实现双边供电，并且变电所无三相电源，变电所的所用电须由附近地方电网引入。我国的哈尔滨—大连线全部采用纯单相接线。

（二）单相 V,v 接线变压器

单相 V,v 接线与纯单相接线的区别是两台变压器分别接不同的两个线电压，两高压绕组有公用端子，故而构成 V 型。两个低压绕组也有一个公共端子，接到钢轨和地网，低压绕组的另外两个端子分别接变电所的两个供电臂，两臂电压均为 27.5 kV，构成 60° 接线。结构原理如图 5-12 所示。

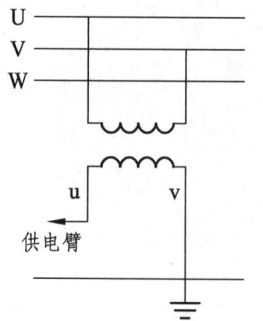
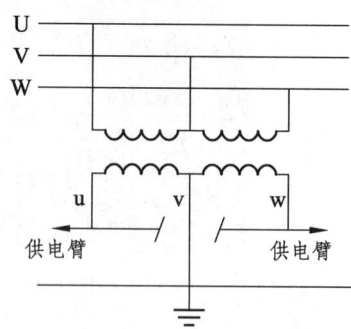

图 5-11 纯单相接线牵引变压器原理图　　图 5-12 单相 V,v 接线变压器原理图

单相 V,v 接线变压器的优点是容量利用率为 100%，而且可以供给所用电电能，对牵引网还可实现双边供电。变电所内设备也相对较少，这种接线在阳平关—安康线路应用。

（三）三相 V,v 接线变压器

电力机车是单相交流负荷，现在普遍采用三相 V,v 接线牵引变压器。这种变电所内装设两台三相 V,v 接线牵引变压器，结构原理如图 5-13 所示。其内部接线类似两台纯单相接线变压器的组合。

三相 V,v 接线变压器不但保持了单相 V,v 接线的主要优点，而且完全克服了单相 V,v 接线的缺点，最可取的是解决了单相 V,v 接线不便于采用固定备用和自动投入的问题，为牵引变压器的选型提供了一种新的接线形式。

（四）三相牵引变压器

三相 YN,d11 接线牵引变电所简称三相牵引变电所。三相牵引变电所是我国电气化铁道采用较多的一类。目前在三相牵引变电所中采用的是 110 kV 油浸风冷式变压器，该牵引变压器的接线采用标准联结组，即 YN,d11，必要时原边中性点可以接地。其原理结构如图 5-14 所示。

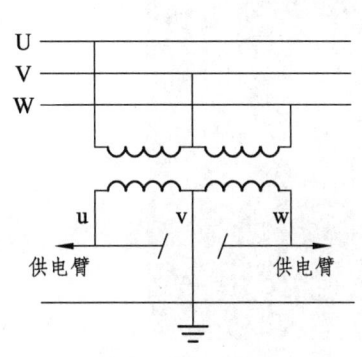
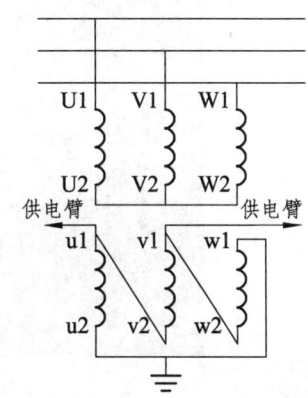

图 5-13　三相 V,v 接线变压器原理图　　图 5-14　三相牵引变压器原理图

三相牵引变压器原边采用 YN 接线，中性点引出接地方式与高压电网相适应；结构相对简单，变压器造价较低，这种变压器运用技术成熟，供电安全，可靠性好，不但所用电可靠，必要时还可向地方供应电能；但是，三相牵引变压器的容量不能充分利用，输出容量最大只能达到 84%，并且和单相接线牵引变电所相比，主接线比较复杂，设备多，占地面积大，工程投资大，设备的维护和检修的工作量也相应增大。

（五）三相-两相牵引变压器

采用三相-两相牵引变压器的目的，是使电力系统的三相负荷对称，消除或减弱由牵引负荷在电力系统中所产生的负序电流。

我国电气化铁道牵引变压器所采用的三相-两相牵引变压器，主要有斯科特接线变压器和阻抗匹配平衡变压器 2 种。图 5-15 为斯科特接线变压器电路原理图。

三相-两相牵引变压器可以在两供电臂负荷相同的情况下消除负序电流，虽然两相电无法供给所内三相电源要求，但通过斯科特接线变压器可以重新把两相电变为三相电供所内三相设备使用，同时，牵引网可以实行双边供电。所以，该形式变压器用在了北京—秦皇岛以及郑州—武昌等繁忙干线上。但是，这种变压器制造工艺复杂，造价较高；在电分相位置电压较大，提高了电分相的绝缘要求。

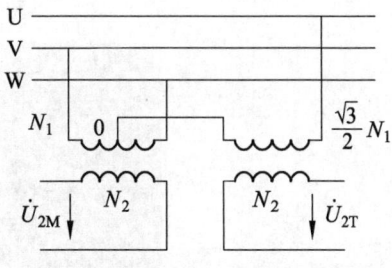

图 5-15　斯科特接线变压器原理图

三、牵引变电所内设备布置

一次侧的设备电压高,绝缘距离要求长,不管是110 kV还是220 kV等级,通常采用室外布置,如图5-16所示。对于带负馈线的直接供电方式,27.5 kV侧的断路器通常安装在室内;对于AT供电方式,2×27.5 kV的设备可以采用室外布置,如图5-17所示,也可采用室内布置(采用GIS开关柜),如图5-18所示。牵引变电所的控制、保护、测量、计量、操作电源等低压装置一般布置在控制室中,如图5-19所示。

图5-16 220 kV室外设备

图5-17 2×27.5 kV室外设备

图5-18 2×27.5 kV GIS开关柜

图 5-19 变电所的控制、保护、测量、计量屏柜

四、牵引变电所综合自动化系统

牵引变电所综合自动化系统,即利用微型计算机和大规模集成电路组成的自动化系统,用以代替常规的测量和监视仪表,代替常规的控制屏、继电保护屏、远动屏和中央信号系统,实现对全所主要设备和输配电线路的自动监视、测量、控制、保护以及与调度通信等综合性的自动化功能。牵引变电所往往还安装了远方视频监控及防灾报警系统,以进一步提高变电所的安全、可靠运行水平,减少维护工作量,实现无人值班。

(一)变电所综合自动化系统的基本配置

牵引变电所综合自动化系统的基本配置如图 5-20 所示。

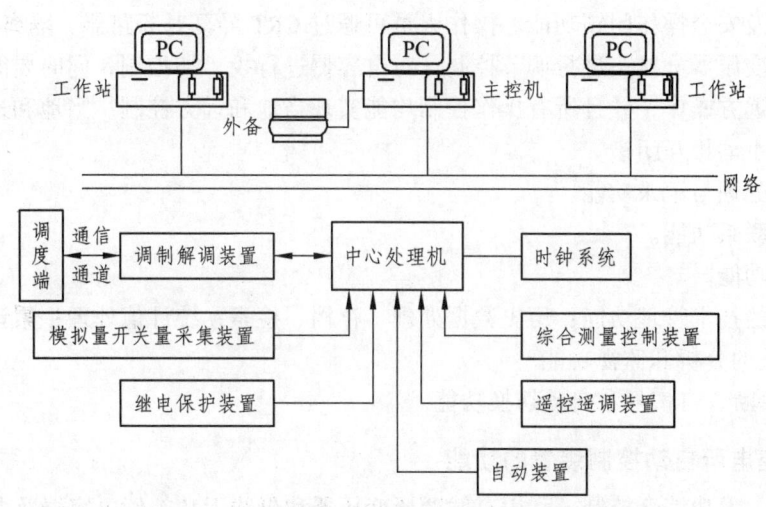

图 5-20 变电所综合自动化系统的配置图

（二）牵引变电所综合自动化的功能

1. 继电保护的功能

变电所综合自动化系统中的计算机继电保护主要包括接触网线路保护、牵引变压器保护、母线保护、电容器保护、小电流接地系统自动选线、自动重合闸。此外附加功能还包括：

（1）继电保护的通信功能及信息量。
（2）具有与系统统一时钟对时功能。
（3）存储各种保护整定值功能。
（4）当地显示与远方观察和授权远方修改保护整定值。
（5）设置保护管理机或通信控制机，负责对各保护单元的管理。
（6）故障自诊断、自闭锁和自恢复功能。
（7）自动重合闸功能。

2. 监视控制功能

（1）实时数据采集与处理。采集变电所牵引运行实时数据和设备运行状态，包括各种状态量、模拟量、脉冲量、数字量和保护信号，并将这些采集到的数据去伪存真后存于数据库供计算机处理之用。

（2）运行监视功能。主要是对变电所的运行工况和设备状态进行自动监视，即对变电所各种状态量变位情况的监视和各种模拟量的数值监视。

（3）故障录波与测距功能。变电所的故障录波和测距可采用两种方法实现：①由计算机保护装置兼作故障记录和测距，再将记录和测距的结果送监控机存储及打印输出或直接送调度主所，这种方法可节约投资，减少硬件设备，但故障记录的量有限；②采用专用的计算机故障录波器，并且录波器应具有串行通信能力，可以与监控系统通信。

（4）事故顺序记录与事故追忆功能。事故记录是对变电所内的继电保护、自动装置、断路器等在事故时动作的先后顺序自动记录；事故追忆是指变电所内的一些主要模拟量，如线路、主变压器各侧的电流、有功功率、主要母线电压等，在事故先后一段时间内作连续测量记录。

（5）控制及安全操作闭锁功能。操作人员可通过 CRT 屏幕对断路器、隔离开关进行分、合闸操作；对变压器分接头进行调节控制；对电容器进行投、切控制，同时要能接收遥控操作命令，进行远方操作，并且所有操作控制均能实现当地和远方控制，当地和远方切换相互闭锁，自动和手动相互闭锁。

（6）数据处理与记录功能。
（7）人机联系功能。
（8）打印功能。
（9）运行的技术管理功能：历史数据处理、存档、检索；统计值处理；累计值处理。
（10）谐波的分析和监视功能。
（11）自诊断、自恢复和自动切换功能。

3. 牵引变电所自动控制装置的功能

（1）无压、无功综合控制。利用有载调压变压器和母线无功补偿电容器及电抗器进行局部的电压及无功补偿的自动调节，使负荷侧母线电压偏差在规定范围内。

（2）备用电源自投控制。当工作电源因故障不能供电时，自动装置应能迅速将备用电源投入使用。典型的备用自投有变压器备投、进线备投。

4. 远动及数据通信功能

变电所综合自动化的通信功能包括系统内部的现场级间的通信和自动化系统与上级调度的通信两部分。

（三）变电所综合自动化系统的硬件结构

分散分布式与集中相结合的综合自动化系统结构是目前国内外最为流行、受到广大用户欢迎的一种综合自动化系统。它是采用"面向对象"即面向电气一次回路或电气间隔的方法进行设计的，间隔层中各数据采集、控制单元和保护单元集成在一起，设计在同一机箱中，并将这种机箱当地分散安装在开关柜上或其他一次设备附近，这样各间隔单元的设备相互独立，仅通过光纤或电缆网络由所控机对它们进行管理和交换信息，这是将功能分布和物理分散两者有机结合的结果。

1. 分散与集中相结合的变电所综合自动化系统结构

如图5-21所示，将配电线路的保护和测控单元散发安装在开关柜内，而高压线路保护和主变压器保护装置等采用集中组屏的系统结构，称为分散和集中相结合的结构，适合应用在各种电压等级的变电所中。

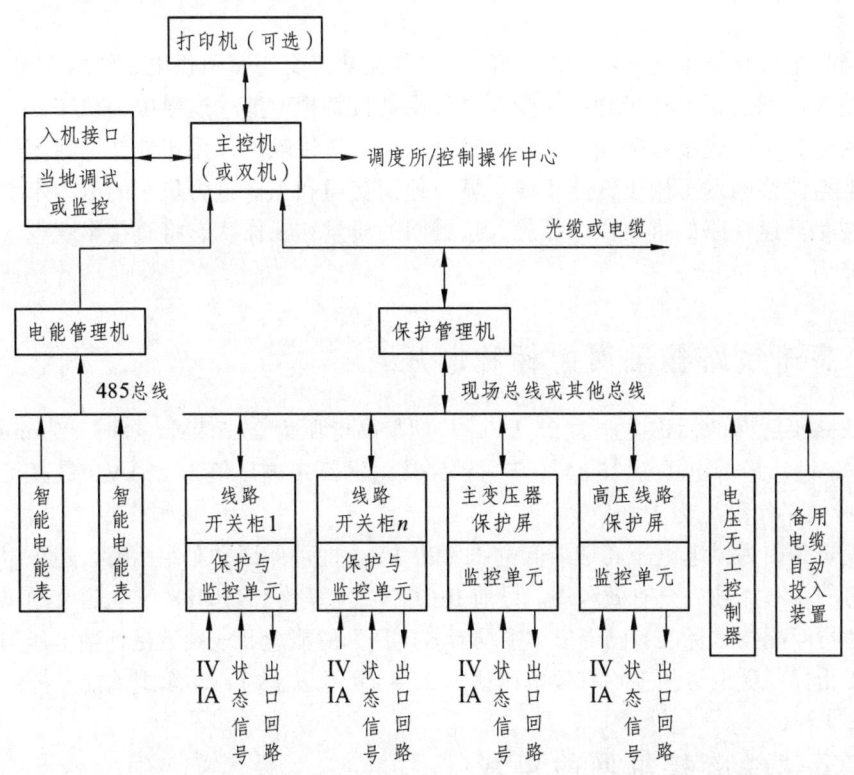

图5-21 分散与集中相结合的变电所综合自动化系统结构示意图

2. 结构特点

牵引变电所综合自动化系统一般采用集中组屏的系统结构。

（1）27.5 kV 馈线保护、110 kV 高压线路保护和变压器保护采用集中组屏结构，安装在控制室或保护室中，可靠性高。

（2）备用电源自投控制装置和电压无功综合控制装置采用集中组屏结构安装于控制室或保护室中。

（3）采用脉冲电能表或带串行通信接口的智能型电能计量表，保证电能计量的准确性。

3. 优越性

（1）简化了变电所二次部分的配置，缩小了主控室的面积，有利于实现无人值班。

（2）减少了施工和设备安装工作量。

（3）简化了变电所二次设备之间的互连线，节省了电缆。

（4）分层分散式结构可靠性高，组态灵活，检修方便。

目前，变电所综合自动化系统的功能和结构都在不断地优化和升级，全分散式的结构一定会成为今后发展的方向，为变电所实现高水平、高可靠性和低造价的无人值班创造更有利的技术条件。

第五节　高速铁路接触网

接触网是电气化轨道交通特有的设备，是电气化轨道交通牵引供电系统的重要组成部分。它沿着铁路线路铺设，通过接触线和受电弓的滑动接触把电能输送给电力机车。

接触网分为架空式接触网和第三轨接触网。第三轨接触网仅用于地铁与封闭的城市铁路和轻轨，架空式接触网可用于铁路干线、城市地面交通和工矿电力机车的电力牵引线路。

接触网是高速铁路的重要供电设施，接触网的质量和工作状态将直接影响电气化高速铁路的运输能力。

一、高速铁路接触网的标称电压

高速铁路接触网的标称电压为 25 kV，长期最高电压为 27.5 kV，短时（5 min）最高电压为 29 kV，设计最低电压为 20 kV（普通铁路接触网额定电压值为 25 kV，最高工作电压为 27.5 kV，最低工作电压为 19 kV）。

这样规定是因为供电电压高于最低电压（20 kV）即可保证动车组运行，但该电压并不能保证动车组的功率能被完全有效利用。目前 IEC62313（等效 EN50388）《轨道交通供电系统和机车车辆运行匹配技术标准》已提出"平均有效电压"的概念，该参数是评估电压与机车性能关系的重要指标。受电弓的平均有效电压达到 22.5 kV 及以上时，动车组才能发挥最佳性能。

二、高速铁路接触网的组成

高速铁路接触网主要由接触悬挂、支持与定位装置、补偿下锚装置、支柱与基础以及其他辅助设备等构成,如图5-22所示。其中支柱与基础、支持装置和定位装置都带电,与支柱(或其他建筑物)接地体之间用绝缘子隔开,接触网通过与受电弓的直接接触将电能供给动车组。

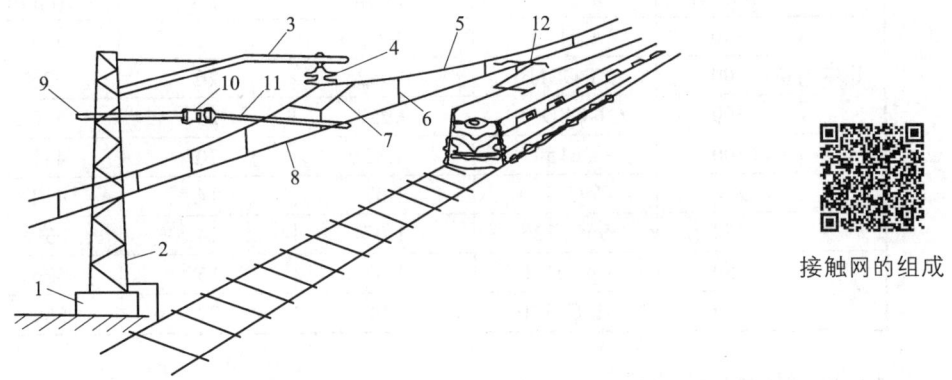

1—基础;2—支柱;3—腕臂支持装置;4—绝缘子;5—承力索;6—吊弦;7—弹性吊弦;
8—接触导线;9—定位肩架;10—棒式绝缘子;11—定位管;12—受电弓。

图 5-22　接触网结构示意图

(一)接触悬挂

接触悬挂是传输电流的主体。

1. 接触悬挂的组成

接触悬挂由接触导线、承力索、吊弦以及连接它们的零件组成,如图 5-23 所示。

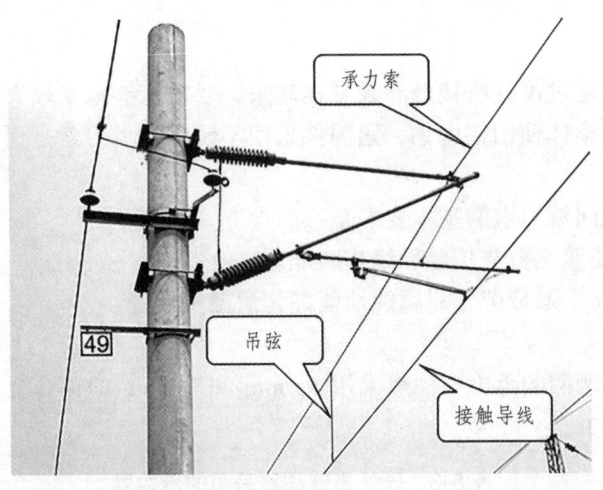

图 5-23　接触悬挂

1)接触导线

接触导线在接触网中直接与机车受电弓做摩擦运动、传递电能,它对接触网-受电弓系统的受流性能的好坏产生至关重要的作用,受流系统的许多性能指标直接由接触导线决定。

国外高速铁路采用的接触导线见表 5-2。

表 5-2 国外高速铁路采用的接触导线

国家	运行速度/(km/h)	接触线类型	接触线线密度/(kg/m)	接触线张力/kN	波动传播速度/(km/h)
日本	240	Cu170	1.51	14.7	355
	300	CT-CS110	0.942	20	525
	300	CT-CSD110	0.957	20	520
法国	300	Cu150	1.32	20	441
	270	CdCu120	1.07	14	412
	350	SuCu120	1.07	24	539
德国	250	AgCu120	1.07	15	426
	330	MgCu120	1.08	27	569

高速铁路对接触导线的基本要求是：

（1）机械强度高。

（2）单位质量尽量小。

（3）导电性能好。

（4）良好的耐磨及耐腐蚀性以及高温软化特性，使用寿命长。

（5）摩擦性能与受电弓滑板相匹配。

随着列车运行速度的提高，为了提高抗拉强度，增大波动传播速度和接触导线耐磨性，国外一些国家的高速铁路接触导线采用铜或铜合金材质或复合导线。铜合金导线是在铜中加入其他金属元素，如镁、银，采用合金方法制成的。复合导线是用铜与另一种机械强度高的金属制成的。

2）承力索

承力索的作用是通过吊弦将接触导线悬挂起来，要求能够承受较大的张力和具有抗腐蚀的能力，在材质上，整体使用铝青铜，紧固件采用不锈钢。承力索是保障接触网安全的关键零件。

高速铁路对接触网承力索的基本要求是：

（1）承力索的线胀系数与接触导线相匹配。

（2）机械强度高，耐疲劳、耐腐蚀性能好，耐温特性好。

（3）导电率高。

我国高速铁路接触网的承力索一般采用 95 mm 和 70 mm 的铜合金绞线，国外高速铁路采用的承力索见表 5-3。

表 5-3 国外高速铁路采用的承力索

国家	日本	法国	德国
承力索类型	镉铜绞线	BZ65	120-BZ
张力/kN	24.5	14	21

2. 高速铁路接触网的悬挂形式

高速铁路接触网的悬挂形式是在不断改进中发展起来的，主要有三种悬挂形式：简单链形悬挂、弹性链形悬挂、复链形悬挂。各国对这三种悬挂形式有不同的认识和侧重，根据各自的国情发展自己的悬挂形式。日本的高速线路，如东海道新干线、山阳新干线、东北新干线、上越新干线均采用复链形悬挂，近几年来，日本高速铁路又采用了简单链形悬挂；法国的巴黎—里昂的东南线采用弹性链形悬挂，巴黎—勒芒/图尔的大西洋线采用接触导线带预留弛度的简单链形悬挂；德国在行车速度低于 160 km/h 的线路采用简单链形悬挂，在 160 km/h 及以上的线路采用弹性链形悬挂。图 5-24 所示是国外高速铁路有代表性的三种接触悬挂技术方案。

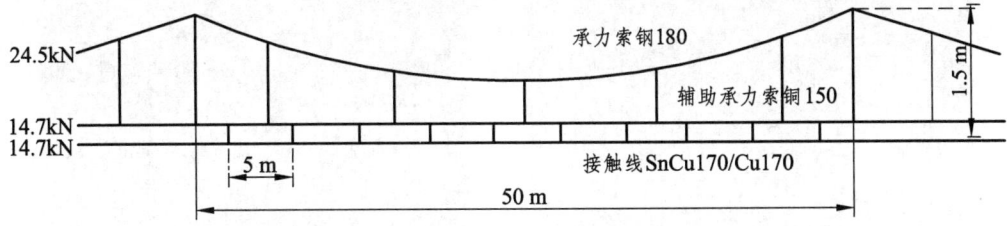

（a）日本的复链形悬挂

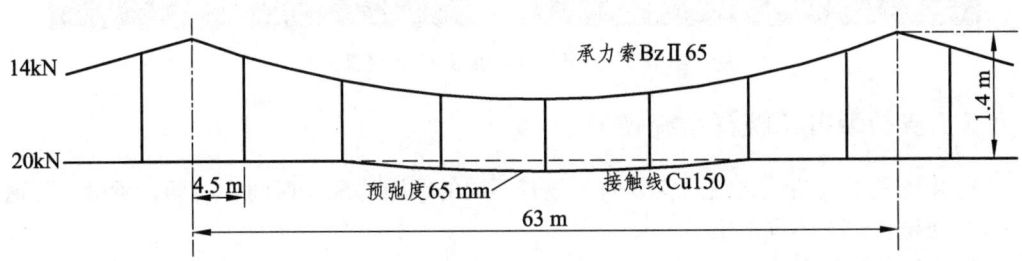

（b）法国的简单链形悬挂

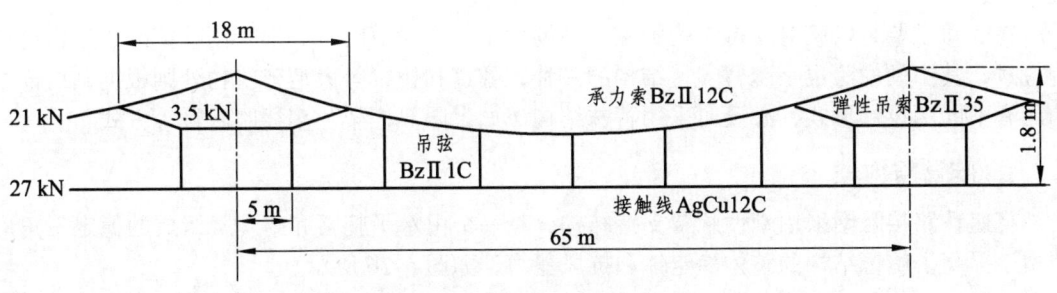

（c）德国的 Re330 弹性链形悬挂

图 5-24　国外高速铁路接触网的悬挂形式

我国高速铁路普遍采用全补偿简单链形悬挂。根据国外经验和我国铁路路轨现状，通过科技人员论证，普遍认为我国高速铁路采用全补偿简单链形悬挂较为合适，特别是在车速不高的情况下，有利于投资少、见效快，且完全能够适应 380 km/h 车速的要求。

（二）支柱与基础

支柱与基础是接触网的重要机械设备，用以承受接触悬挂、支持和定位装置的全部机械负荷，并传递给大地，同时将接触悬挂固定在规定的位置和高度上。支柱有钢柱和钢筋混凝土柱两种。基础主要是针对钢支柱而言的，即钢支柱固定在钢筋混凝土制成的基础上，由基础承受支柱传来的全部负荷，并保证支柱的稳定性。钢筋混凝土柱直接埋在路基中，支柱与基础须稳定可靠，强度符合安全要求，如图 5-25 所示。

图 5-25　钢筋混凝土支柱和钢柱

（三）支持装置（腕臂系统等）

支持装置是沿铁路线路纵向安装的，随着不同的线路情况（区间、站场、桥梁、隧道），支持装置的结构也有不同的类型。

支持装置包括腕臂、软横跨、硬横跨、悬式绝缘子串、棒式绝缘子及其他建筑物的特殊支持设备。

在区间主要是以腕臂支持结构为主；站场大于 3 个股道时，一般采用软横跨、硬横跨结构方式，其中硬横跨也是腕臂支持结构的一种；隧道和桥梁等大型建筑物处则根据其内部结构而有不同的设计形式，必要时采用特殊结构（如大限界框架、多线路腕臂等方式）。

1. 腕臂结构

高速铁路接触网采用刚性腕臂支持结构，是一个由水平腕臂和斜腕臂组成的稳定三角形结构，提高了腕臂结构的整体稳定性和抗风能力，如图 5-26 所示。

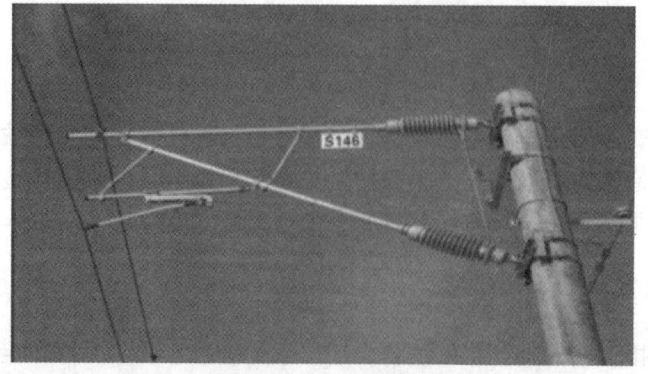

图 5-26　腕臂结构

腕臂结构安装在支柱上（由平腕臂、斜腕臂、支持等组成），用以支持接触悬挂，并起传递负荷的作用，腕臂管一般采用圆钢管制成。目前常速铁路一般采用无缝型热镀锌钢管，客运专线和高铁铁路一般采用铝合金管。

2. 软横跨

多股道接触悬挂通过横向线索悬挂在线路两侧的支柱上的装配方式，称为软横跨。软横跨由站场线路两侧支柱（称为软横跨支柱）和悬挂在支柱上的横向承力索，上、下部固定绳，软横跨直吊弦及支持和连接它们的零件组成。软横跨分为绝缘软横跨和非绝缘软横跨，如图5-27所示。

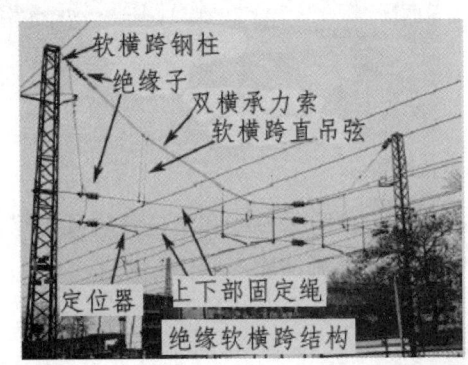

图 5-27 绝缘和非绝缘软横跨结构

3. 硬横跨

硬横跨是用于站场或两股以上线路的接触网支持钢结构，一般用型钢焊接成梁式结构横跨于线路上空，支持接触悬挂。硬横跨分为吊柱硬横跨、定位索硬横跨，如图5-28所示。

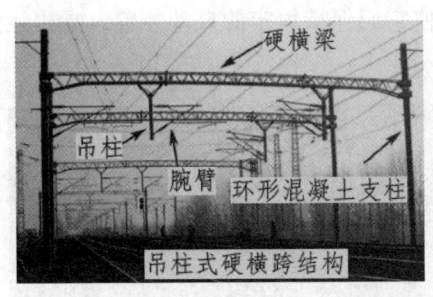

图 5-28 吊柱、定位索硬横跨

特点：各股道上的接触网在机械上和电气上相互独立。接触悬挂在硬横跨上采用吊柱旋转腕臂的支持结构。

优点：机械上独立，结构稳定，抗风能力强，寿命长，在受流性能上与区间接触悬挂相同。

法、英、日本等国家的高速铁路接触网几乎全部采用硬横跨。我国高速铁路的接触网也趋向使用刚性硬横跨。

（四）定位装置

定位装置是使电力机车受电弓滑板在运行中与接触线始终良好地接触取流，将接触线按受电弓运行要求进行定位的装置，如图 5-29 所示。

作用：使接触线始终在受电弓滑板的工作范围内，保证电力机车良好地取流，避免脱弓，造成事故。将接触线在直线区段的"之"字力、曲线区段的水平力及风力传递给腕臂。

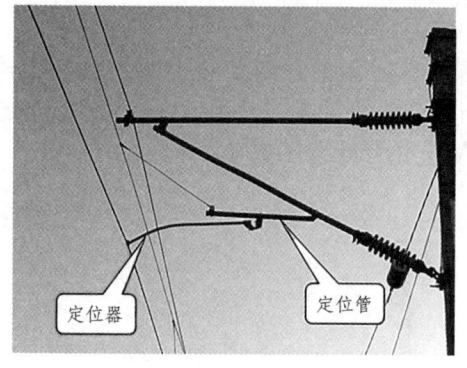 

图 5-29　定位装置

组合定位装置包括：定位器、定位管、支持器、定位防风拉线和定位管防风支撑，这部分零部件对接触导线起定位和支持的作用，影响弓网的受流性能。

高速铁路对定位器的要求是：

（1）构造简单，安装方便，不形成接触悬挂硬点。

（2）材质上一般采用铝合金材料，质量轻，耐腐蚀。

（3）具有较高的强度。

（4）环路电阻小，不形成电损坏。

（五）张力补偿装置

张力补偿装置是调整承力索、接触导线张力，使它们保持恒定的自动装置，是接触网的关键部件，如图 5-30 所示。

图 5-30　补偿装置

高速铁路接触网一般有两种方式的自动张力补偿装置：滑轮组自动补偿装置；棘轮补偿装置。

高速铁路对张力补偿装置的要求是:
(1) 传动效率高,达到 97% 以上。
(2) 安全可靠。
(3) 耐腐蚀性能好。
(4) 少维修,寿命长。
(5) 有断线制动装置。

(六) 高速接触网线岔

在站场上,站线、侧线、渡线、到发线总是并入正线的。如果线路设一个道岔,接触网就必须设一个线岔(也称架空转辙器)。

接触网线岔的作用是保证电力机车受电弓安全平滑地由一条接触线过渡至另一条接触线,达到转换线路的目的。

受电弓过无
交叉线岔

三、高速铁路对接触网的基本要求

1. 接触导线

高速铁路对接触导线的基本要求如下:
(1) 机械强度高。
(2) 单位质量尽量小。
(3) 导电性能好。
(4) 良好的耐磨及耐腐蚀性能及高温软化特性,使用寿命长。
(5) 摩擦性能与受电弓滑板相匹配。
(6) 在安装处理上,尽量缩短接触导线工作支和非工作支同时接触受电弓滑板的长度,提高非工作支的坡度。

我国高速铁路接触导线一般采用 150 mm^2 的铜锡或铜镁合金线。

2. 承力索

承力索是接触网承载接触导线,并传输电流的线材。
承力索的选用应符合下列条件:
(1) 承力索的线胀系数与接触导线相匹配。
(2) 机械强度高。
(3) 耐疲劳、耐腐蚀性能好,耐温特性好;导电率高。

我国高速铁路的承力索一般采用 120 mm^2 的镁铜合金绞线。

3. 导线高度

导线高度是指接触导线距钢轨面的高度。它的确定受多方面的因素制约,如:车辆限界、绝缘距离、车辆和线路振动、施工误差等。一般来说,高速铁路接触导线的高度比常规电气化铁路的接触导线高度低,这是因为高速铁路一般无超限列车通过,所以,高速铁路接触导线的高度一般在 5300~5500 mm 之间。

4. 结构高度

结构高度是指定位点处承力索距接触导线的距离。它由所确定的最短吊弦长度决定,吊弦长时,因温度变化引起的吊弦斜度小,使锚段内的张力差小,有利于改善弓网受流特性;长吊弦的另一个优点是高速行车引起导线振动时,吊弦弯度小,可以减少疲劳,延长使用寿命。

我国接触网的结构高度为 1.1~1.6 m。

5. 跨距和拉出值

跨距及拉出值取决于线路曲线半径、最大风速和经济因素等。高速铁路中,由于列车速度的提高、机车车体和受电弓的横向摆动量的增大以及受电弓滑板宽度的缩小,接触导线的拉出值一般都小于常速电气化铁路接触导线的拉出值。高速铁路接触导线的拉出值均为 200~300 mm,其中直线区段 200 mm,曲线区段 300 mm。

6. 锚段长度和锚段关节

锚段长度的确定主要考虑接触导线和承力索的张力增量不宜超过 10%,且张力补偿器工作在有效工作范围内。高速铁路接触网的锚段长度与常规电气化铁路基本一样。

锚段关节是接触网的机械转换关节,是接触网的薄弱环节,其设计和安装质量对受流影响较大,高速铁路接触网一般采用两种形式的锚段关节:

(1)非绝缘锚段关节采用三跨锚段关节。
(2)绝缘锚段关节采用五跨锚段关节。

7. 吊弦分布和间距

吊弦间距是指一跨距内两相邻吊弦之间的距离,吊弦间距对接触网的受流性能有一定的影响,改变吊弦间距可以调整接触网的弹性均匀度,但是,如果吊弦过密,将影响接触导线的波动速度,而对弹性改善效果不大,所以,确定吊弦间距时,既要考虑改善接触网的弹性,又要考虑经济因素。

吊弦分布有等距分布、对数分布、正弦分布等几种形式,为了设计、施工和维护的方便,吊弦分布一般采用最简单的等距分布。

8. 接触导线预留弛度

接触导线预留弛度是指在接触导线安装时,使接触导线在跨距内保持一定的弛度,以减少受电弓的抬升量,改善弓网的振动。对于高速铁路接触网,简单链形悬挂设预留弛度,弹性链形悬挂一般不设预留弛度。

9. 定位器坡度

列车高速行驶时,受电弓弓头和上下部框架受空气动力的影响,最终结果是增大了受电弓对接触导线的抬升力,导致接触导线动态抬升量增大,接触导线上下振动剧烈,定位器抬升量增大,如果定位器坡度不足,定位器根部或支持器将撞击受电弓滑板,危及行车安全。因此,高速接触网定位器坡度一般较大或采用新型结构的定位器。

10. 线岔位置

由于接触导线抬升量的增大和提高受流性能的要求,常速电气化铁路接触网的直接交叉式线岔已不能适应高速铁路的要求,高速接触网的线岔一般采用交叉吊弦式线岔。

11. 接触导线和承力索的张力

提高接触导线的张力,可以增大波形传播速度,改善受流性能,同时增加接触网的稳定性。导线张力的确定受导线的拉断力、接触网的安全系数等因素的影响。

承力索的张力受接触网的稳定性、载流容量、结构高度、支柱容量等因素的影响,提高承力索的张力可以增加接触网的稳定性,但对弓网受流性能影响不大;减少承力索的张力有利于减少反射系数。承力索的张力受接触网的结构高度的限制,也就是在一定的结构高度下,要保持跨距内最短吊弦的长度。

第六节 高速铁路牵引供电 SCADA 系统

数据采集与监视控制系统(Supervisory Control And Data Acquisition,SCADA),也常被称作远动系统,是以计算机为基础的电力生产过程控制与调度自动化系统。SCADA 系统的应用领域很广,它可以应用于电力系统、给水系统、石油、化工等领域的数据采集与监视以及过程控制等诸多系统中。SCADA 系统的工作流程如图 5-31 所示。

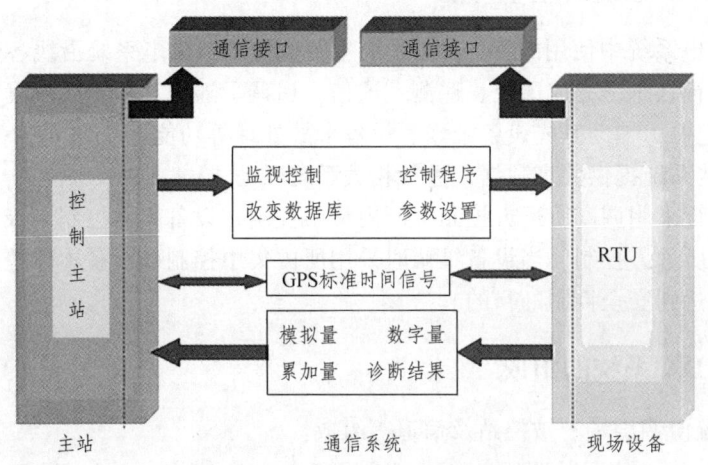

图 5-31 SCADA 系统的工作流程

一、高速铁路的 SCADA 系统

高速铁路的 SCADA 系统纳入综合调度系统中,它可以对电气化铁路现场的运行设备进行监视和控制,以实现状态信息采集、数据测量、设备控制、参数调节以及各类信号报警、数据统计等各项功能,在线实时监控四电设备运行状态,保证供电设备安全可靠运行、故障及时快速处理,对提高铁路运输的调度管理水平等方面起到了很大的作用。

高速铁路的综合 SCADA 系统主要由控制中心(CCR)、远动终端(RTU)和通信网络构成,如图 5-32 所示。RTU 包括沿线各牵引变电所、分区所、AT 所、开闭所和电力配电所等,有些重要的接触网负荷开关也属于远动控制对象。

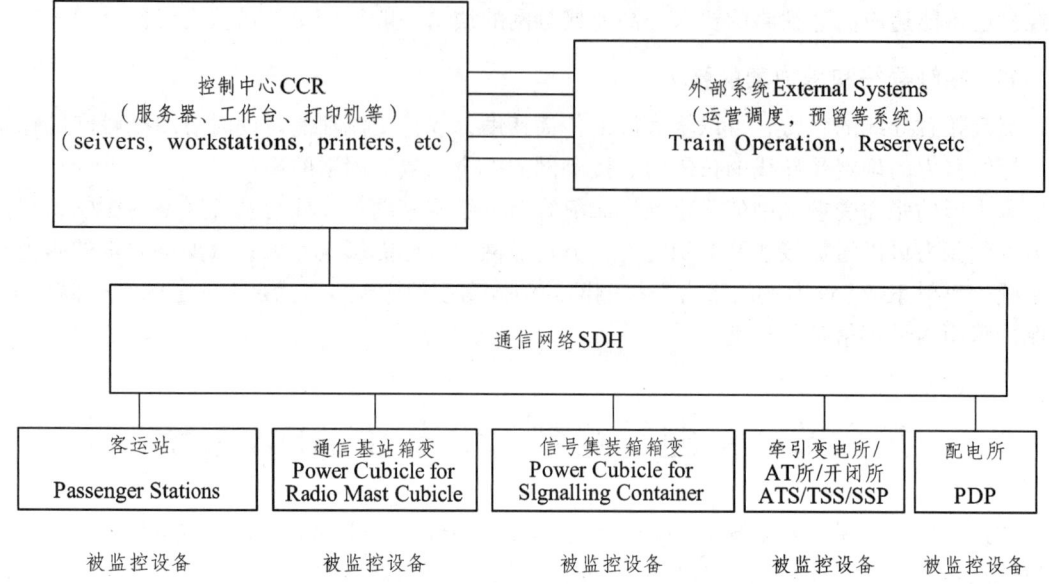

图 5-32 高速铁路综合 SCADA 系统

（一）SCADA 系统的基本功能

（1）牵引供电系统中使用的 SCADA 系统主要监控牵引供电系统沿线各变电所、分区所、开闭所的设备运行状态，完成遥控、遥测、遥信、遥调、遥视、保护及调度管理。

（2）故障定位，辅助完成设备维修、设备事故处理等功能。

（3）向其他系统提供共享数据，进行相关系统联动。

牵引供电系统采用调度所远方控制、所内集中控制、设备本体控制三级控制方式。正常运行时采用调度所远方控制，当设备维修时采用所内集中控制或设备本体控制。三种控制方式相互闭锁，以达到安全控制的目的。

（二）SCADA 系统的组成

SCADA 系统由调度端、被控站及信道等组成。

1. 调度端

调度端设在电力调度所内，完成远方对象的监控、数据统计及管理功能等，高速铁路中主机均为网络化设备。

2. 被控站

各牵引变电所、亭，受调度端监视的站称为被控站（Remote Terminal Unit，简称 RTU），被控站完成远动系统的数据采集、预处理、发送、接收及输出执行等功能。被控站内的信息和数据包括开关的位置信号、事故信号、预告信号（何种保护动作、动作时间、自动重合闸是否动作等）以及电度表、电压、电流和故障点的测量数据等。高速铁路中被控站的远动系统由综合自动化系统完成，牵引变电所综合自动化系统除了具备常规远动终端 RTU 的"四遥"和事件记录远传以及其他数据通信功能外，还接收调度端远动装置发来的查询、遥控命令，经译码确认后执行,将被控站内的数据和信息编码发送给调度端。

3. 信 道

远动信息传输的介质(通路)称为信道,调度端与被控站是通过信道联系起来的。信道有有线、无线、光缆等多种形式。在高速电气化铁路中,信道主要采用光缆。音频信号或电码直接送到通信站,调制成光信号后传输到执行站(附近车站),再经光端机解调还原成音频或电码送到被控站。

二、牵引供电 SCADA 系统的发展瞻望

SCADA 系统在牵引供电系统的应用技术上在不断完善、不断发展。随着电力系统以及牵引供电系统对 SCADA 系统需求的提高以及计算机技术的发展,对 SCADA 系统提出了新的要求,概括来说有以下几点:

(1)SCADA 系统与其他系统的广泛集成。SCADA 系统是电力系统自动化的实时数据源,为电力系统分析提供了大量的实时数据。现在 SCADA 系统已经成功实现与行车调度系统、EMIS 系统等的互联。牵引供电 SCADA 系统与 EMIS 系统、地理信息系统、电力、水调度自动化系统、调度生产自动化系统以及办公自动化系统的集成成为综合调度管理系统的一个发展方向。

(2)变电所综合自动化。SCADA 系统被控站以 RTU、计算机保护装置为核心,将变电所的控制、信号、测量、计费等回路纳入计算机系统,取代传统的控制保护屏,能够降低变电所的占地面积和设备投资,提高二次系统的可靠性。变电所的综合自动化系统目前已取代常规被控站测控 RTU 而成为电气化铁道牵引变电所自动化的主导产品。

(3)专家系统、模糊决策、神经网络等新技术的研究与应用。利用这些新技术模拟牵引供电系统的各种运行状态,并开发出调度辅助软件和管理决策软件,由专家系统根据不同的实际情况推理出最优化的运行方式或故障处理的方法,以达到快速判定及分析处理故障的目的。

(4)面向对象技术、Internet 技术。面向对象技术(OOT)是网络数据库设计,将面向对象技术(OOT)运用于开放式 SCADA 系统是今后的发展趋势。

复习思考题

1. 高速铁路牵引供电系统由哪几部分组成?分别有什么作用?
2. 高速铁路牵引供电系统有哪几种供电方式?都有哪些特点?
3. 高速铁路牵引变电所的主要设备有哪些?
4. 高速铁路接触网由哪些部分组成,各有什么作用?
5. 高速铁路接触网有哪几种常见的悬挂方式?它们有什么特点?
6. 高速铁路接触网有哪些主要结构参数?
7. 简述牵引变电所综合自动化的基本功能。
8. 牵引供电系统 SCADA 系统的主要功能是什么?结构包括哪几部分?

第六章 高速铁路信号及列车控制系统

第一节 概 述

高速铁路信号与列车控制系统是保障高速列车行车安全、高密度运行的关键技术设备，也是创新运输组织形式、提高运输能力、实现铁路运输集中指挥的重要技术条件，它反映了一个国家轨道交通技术装备的现代化水准，因此，世界各国发展高速铁路，都十分重视行车安全及其相关支持系统的研究与开发。

一、高速铁路信号与列车控制系统的组成

高速铁路信号与列车控制系统是集成计算机技术、通信技术和控制技术于一体的行车指挥、列车运行控制和管理自动化系统，主要由列车运行控制系统（用于控制行车间隔，简称"列控系统"）、调度集中系统（用于指挥行车，简称"CTC"）、车站计算机联锁系统、信号基础设备组成，其附属子系统包括诊断与服务子系统、计算机监测子系统、灾害信息处理子系统、通信网络子系统等。

列车运行控制子系统根据车站进路、前行列车的位置、安全追踪间隔等向后续列车提供行车许可、速度目标值等信息，由车载列控设备对列车运行速度实施监督和控制。

车站联锁子系统根据计划实时建立各列列车运行进路，为列车提供进、出站及站内行车的安全保障。

调度集中子系统根据列车基本运行图所制定的日、班计划和列车运行速度、晚点情况，编制各阶段计划，并下达给各个车站终端系统。

二、高速铁路信号与列车控制系统的特点

高速铁路信号与列车控制系统的主要特点如下：

（1）采用列车运行自动控制系统（ATC）。高速铁路列车速度达到 200 km/h 以上，其紧急制动距离接近 4 000 m。通常的地面信号为主体信号的自动闭塞制式已不能确保行车安全，因此已建成的高速铁路无一例外地全部采用了列车运行自动控制系统来完成闭塞功能。它的特点是：以车载信号作为行车凭证，直接向司机提供速度命令，信号直接控制列车制动。

高速铁路司机按车载速度命令驾驶列车,地面没有必要再设通过信号机,但并不意味着高速铁路取消了所有的地面信号机。为了完成调车作业、特殊情况下的行车、危险地段防护等目的,高速铁路仍然使用固定信号机(如调车信号、引导信号等)、临时信号、手信号、特殊信号、表示器、标志(如停车标、预告标、缓行标等)。

(2)为了提高行车效率,降低运营成本,高速铁路都建有调度中心,由调度员统一指挥全线列车运行。调度集中系统(CTC)远距离控制全线信号、转辙机和列车进路,正常行车不需要车站本地控制。

(3)在各车站及区间信号室附近设置车次号核查等列车-地面信息传递设备(TIPB),对列车实际位置进行确认,这是调度中心指挥列车运行所必需的基础设备。

(4)车站采用计算机联锁(CI)和大号码道岔,道岔转换采用多台转辙机多点牵引。

(5)重视安全防护。配备了热轴探测、限界检查、自然灾害报警等监测点并与调度中心联网,防患于未然。

(6)通信信号一体化在高速铁路中得到充分体现。专用通信系统承载业务以数据为主,辅以语音和图像,信息传递的实时性、安全性、可靠性要求更高。

(7)为保证安全,高速列车运行中不允许线路上进行施工及维修作业。因此高速铁路对信号系统的可靠性、可用性要求更高,应尽可能采用设备冗余、故障检测记录、远程诊断等先进技术手段,以保证设备不间断使用。

三、高速铁路信号与控制系统的发展方向

近年来,随着高速铁路建设的快速推进和信息技术的迅猛发展,铁路信号控制技术和装备领域也发生了深刻变化,产品安全性、可靠性、可用性和可维护性逐步提高,向数字化、智能化、网络化和综合化方向迈进,以满足高速铁路的运营要求。

(1)软、硬件不断升级换代。其安全性、可靠性、可用性和可维护性逐步提高。

(2)向综合自动化、人机对话、全面提高运输质量和路网运输能力方向发展。

(3)行车指挥自动化。利用在线计算机和有关技术设备,自动收集信号设备状态和列车的运行信息,按规定的算法和程序进行处理,实时地发送出指挥列车运行的有关命令,安排列车进路和调整列车运行,同时,将处理的结果予以记录和显示,这种集中控制和监视系统称为铁路行车指挥自动化。

第二节 调度集中系统(CTC)

调度集中全称调度集中控制(Centralized Traffic Control,简称CTC),是控制中心对某一调度区段的信号设备进行集中控制,对列车进行直接指挥、管理的技术设备。

具备分散自律功能的调度集中系统(CTC系统)综合利用了先进的计算机技术、网络通信技术和现代控制技术,采用智能化分散自律设计原则,以列车运行调整计划控制为中心,兼顾列车与调车作业,具有强大的运行图自动调整能力,能解决车站与调度所(调度中心)之间频繁交权的问题,实现列车运行的直接指挥与管理。另外,高速铁路受各种原因的影响,

局部线路有时需要临时限速，CTC 系统还承担着临时限速设置的任务。

一、分散自律的基本原理

分散自律调度集中系统车站设立自律机，按照列车运行调整计划和《站细》正常接发车以及协调列车与调车作业的冲突，实现列车与调车作业的统一控制，这一原则叫"分散自律"控制原则。

调度中心根据运输实际情况，编制列车运行调整计划，并适时地将调整计划下达给各个车站的自律机，由车站自律机根据列车运行调整计划自动生成列车进路操作指令，并根据车次号追踪结果，适时地将进路操作命令传送给联锁系统执行，实现了车站作业和远程调度指挥。有人值守车站还能接收车站调车作业计划，无人值守车站接收 CTC 中心调车作业计划，在不影响列车的前提下自动生成调车进路操作命令并下达给联锁系统执行，以实现调车作业和列车作业协调进行，解决列车作业和调车作业的矛盾。车站自律机体现了既受 CTC 中心集中控制又按各站调车作业情况自行处理的机理。

二、新一代分散自律式 CTC 的特点

新一代调度集中系统，是在高速铁路跨越式发展的新形势下，在计算机技术、通信技术、信号技术高度发达以及 TDCS 系统成功实施的基础上，提出来的一种新型的行车指挥和信号控制设备，同时也将带来一种新的高效的运输组织管理模式。

新一代调度集中系统对运输组织管理模式进行结构重组、职能重划、分工重调、岗位重定，在没有客运作业的中间站可实现行车指挥无人化。中间站行车指挥有关岗位取消后，按照专业相近、作业关联、管理直接、设置合理的原则，对原有岗位、职能和作业方式重新进行调整和划分。

新一代调度集中系统吸取传统 CTC 的经验和教训，充分考虑中国铁路高中速混跑、调车作业多的实际情况，采用"分散自律（Distributed Autonomic System）"的理论，将调车控制纳入 CTC 功能中来，系统无须切换控制模式即可实现行车作业和调车作业的协调办理，并且能够进行无人值守车站的调车作业，从而将调度集中的优势彻底地发挥出来。

新一代调度集中系统具备以下诸多特点：

（一）新一代调度集中系统是智能化系统

智能化就是通过计算机软硬件技术（含 TDCS 技术），通过对实际运输生产中的调度指挥工作流程进行优化处理，并转化为计算机控制程序，使运输组织指挥达到智能化、自动化，最大限度地解放了调度员烦琐的工作；新一代调度集中在目前 TDCS 的基础上，实现列车运行计划自动调整，实绩运行图自动描绘；调度命令多媒体下达（可根据列车运行计划执行情况自动向有关列车发送信息），事件自动记录，为统计分析提供原始数据。将使行车调度员彻底摆脱老三件，调度员的主要精力、主要工作专用于行车计划管理、调整，集中精力确保列车按图运行、安全正点高效运行，提高运输效益。

（二）新一代调度集中系统是分散自律系统

分散自律就是基于 TDCS 系统的现代计算机技术、网络技术、信息处理技术和智能化软件；实现以运行计划图、列车运行调整计划（阶段计划）为主轴、为框架，将阶段调整计划下传到各个车站的分散自律机中自主执行；新一代调度集中系统将没有中心控制权与车站控制权之分，只有指令不同来源之分，通过列车运行阶段调整计划进行来自多处指令的自律，科学合理地解决中心控制与车站控制（含调车作业）的矛盾；新一代调度集中异常情况处理只存在非常站控模式，正常情况下不存在控制权转换问题；车站参与的控制只能影响过路选择，而不能影响列车运行调整计划的执行。

（三）新一代调度集中系统不仅面向列车作业，同时解决沿线调车作业问题

新一代调度集中要面向我国路情，不仅要完成对列车作业的集中控制，还要解决沿线车站调车作业的集中控制。因此，新一代调度集中和传统调度集中不同，它不但要采集列车进路信息，还要采集调车进路信息。通过采用分散自律技术，在阶段计划的控制下，解决以往因调车作业带来的频繁交放权问题，实现中间站调车作业的集中控制。

（四）新一代调度集中系统不但适应有人车站，也可以适应无人车站

新一代调度集中依靠先进的计算机技术、网络技术和智能化技术，通过对现行运输过程的优化，实现调度指挥中心对列车运行的直接集中管理与调度指挥，实现以列车运行为主、沿线调车作业为辅的行车指挥自动化，强化干线运输能力的调控手段。在配套子系统到位的情况下，例如在无线通信系统、车次号验核子系统、无线调度命令传送系统、列车编组顺序电子信息化的基础上，增加取代车机联控的自动预告系统，则完全可以在没有客运业务的中间车站实现行车、调车作业控制无人化，使新一代调度集中真正成为既是行车指挥现代化技术装备，又是现代铁路运输组织模式，这样将大大促进我国铁路运力资源的调整和改革工作，将从技术措施上保证关停部分车站、实现减员增效。

（五）充分体现 TDCS 平台的基础作用

近几年来，TDCS 调度指挥信息管理系统的建设均已取得明显进展，实现了列车运行阶段计划自动调整、实绩运行图自动描绘、调度命令自动下达、行车日志电子信息化，许多区段已经通过 TDCS 系统实现甩图，行车调度工作在信息层次上基本实现了现代化。除此之外，随着 TDCS 的建设，铁路沿线初步具备了信息网络，这为新一代调度集中的研究和装备奠定了重要基础。经研究得出如下结论：在 TDCS 基础上建设新一代调度集中，原有的 TDCS 技术装备不但不废弃，还需进一步按照行车指挥控制的要求进一步加强，功能要进行进一步补充，在已有 TDCS 的基础上将大大加快新一代调度集中的建设步伐。

（六）新一代调度集中系统充分体现高可靠性的技术特点

高可靠就是采用冗余系统配置和高质量的软硬件产品，使系统的可用度达到先进水平，并通过故障弱化措施，突破以往的技术误区，将大大提高系统的可用度。新一代调度集中系统采用高性能、高质量、高可靠的计算机设备，服务器、工作站、数据库以及网络设备，从

中心到车站全部是双套冗余配置。广域网采用了迂回、环状、冗余设计，对于新建客运专线、高速铁路又特别提出了可使用独立的光纤以便对不同光缆敷设路径的更高要求。对电源和通道同步提出了高性能配置和雷电防护要求，应满足国家颁布的电磁兼容和防雷标准。在调度中心设置网管工作站，通过网络拓扑技术以及故障诊断技术，可以将网络上每一节点的状态进行实时监控。与此同时，专门设置了电务维护工作站，用于监视系统的运行状况，对中心控制工作站、车站自律分机的所有操作命令、设备运用状态、故障报警信息进行分类、记录和输出。采用远程维护服务器，用于远程紧急技术支持，在维护人员授权的情况下，可以进行异地远程修复及其他技术支持。新一代调度集中明确要求具有自我诊断、运行日志保存、查询和打印等功能，并实现维护专家系统功能，真正实现系统维护工作现代化。

（七）新一代调度集中系统充分体现了标准统一的原则

新一代调度集中系统尽管由多家公司同时开发，但基本实现了系统基本功能统一、网络结构统一、用户协议统一、系统软硬件平台统一、无线通信接口统一等，特别是面向车务操作的人机界面基本统一。

三、CTC 与 DMIS、TDCS 的关系及其效果

新一代 CTC 本着"以 TDCS 为平台，以 CTC 为核心"的原则来进行开发。CTC 系统包含了 TDCS 的所有功能，如列车运行监视、车次号自动跟踪、到发点自动采集、实绩运行图自动生成、阶段计划的自动调整、调度命令的网络下达、车站行车日志自动生成等，在此基础上进一步实现了车站信号设备的集中控制、列车进路的按图排路和调车控制。在软件、硬件设备及网络传输通道上，新一代 CTC 系统最大限度地利用了既有 TDCS 系统的资源。因此，CTC 所具备的功能很多是在 DMIS、TDCS 系统上已经实现的功能。

通过 CTC 系统的建设，可以产生以下积极效果：

（1）调度办公无纸化。延续多年的一张图、一支笔、一把尺、一块橡皮的工作模式已经被现代化的计算机系统所替代，调度员通过点击鼠标即可实现运行线的自动铺画，调整，下达阶段计划和调度命令等操作。列车运行的到发点由系统自动采集，实际运行线自动生成。每班的运行图可打印输出。以计算机替代重复、简单的作业环节，减少作业员的工作环节和劳动强度。

（2）流程管理程序化。通过详细描述列调、车站值班员工作中的设备、规则、方式、流程等条件，由程序智能控制作业流程，规范作业过程管理。

（3）安全检测智能化。强大的防火墙系统和入侵检测系统保证了 CTC 系统作为行车设备的高度安全性，防止黑客的非法入侵和病毒的侵入。

（4）信息交换网络化。调度员和车站值班员、司机的信息交换全部采用网络传输，替代了原有的电话交流的模式，包括计划的下达，到发点的上报，调度命令的下达等信息，采用电话下达的方式一方面工作强度大，另一方面容易造成误报、错报的情况。网络下达高速，准确。以信息和网络技术替代既有的信息采集、交换方式，提高了信息交换的效率和质量以及工作效率。

（5）计划调整自动化。针对 3 小时阶段计划的自动调整，由计算机的自动调整替代调度员的人工调整，特别是单线调度区段，极大地减轻了调度员的工作强度，调度员只要把握住几个重点会让策略，进行人工干预，其他工作交给计算机来做就可以了。通过系统自动调整列车会让计划、智能判别列车运行必须满足的逻辑关系，以一定的方式与车站的信号联锁设备联结，实现对车站设备的直接自动控制，满足调度集中或半集中的需要。

（6）调度指挥无声化。调度员通过计算机网络来下达和获取相关的信息，实现信息的共享，不再依靠电话的联系，调度所将会变得十分安静，改善了调度人员的工作环境。

（7）调度控制集中化。CTC 系统可以做到几百千米之外的车站全部由调度所来集中控制，调度员在调度台上便可直接控制车站的联锁设备，进行远程作业，可做到车站无人值守，配以计算机辅助调度，可以实现按图排路，使整个运输调度工作跨上一个新台阶。

四、CTC 的构成及基本功能

（一）CTC 的构成

CTC 系统由调度中心设备、车站 CTC 子系统、调度所与各车站之间的网络子系统三部分构成。

1. 调度中心设备

调度中心设备主要提供调度所有关人员的操作界面和培训功能。主要包括：列车调度员工作站、助理调度员工作站（兼控制工作站）、综合维修工作站、值班主任工作站、计划员工作站、统计员工作站、培训工作站和绘图仪等。

（1）列车调度员工作站：主要用于实时监控管辖范围内的列车运行状态，制定、调整和下达列车运行阶段计划，生成列车实绩运行图，下达调度命令，与相邻区段列车调度员进行信息交换。

（2）助理调度员工作站（兼控制工作站）：主要用于助理调度员根据列车调度员安排的运行调整计划和调度员的口头指令，进行车站的列车进路自动排路的监督和必要的人工干预；提供车站的按钮操作界面，可直接遥控车站的进路和其他信号设备；必要时，用于无人车站的零星调车作业计划的编制与调整工作。

（3）综合维修工作站：主要用于综合维修调度员办理车站设备日常维护、天窗修、施工以及故障处理方面的登、销记手续，并具有设置临时限速、区间、股道封锁等功能。

（4）值班主任工作站：供值班主任（值班副主任）了解调度集中区段的列车实绩运行图、车站接发车作业情况和调车作业情况，并可发布调度命令及其他管理信息。

（5）计划员工作站：供计划调度员了解调度集中区段的列车实绩运行图、车站接发车作业情况和调车作业情况，并可发布日计划及其他管理信息。

（6）培训工作站：主要用于调度所各级调度指挥人员提供系统岗位技术培训。

2. 车站 CTC 子系统

车站 CTC 子系统主要包括车站自律机、采集板和输出板、车务终端、车站值班员工作站、电务维护终端、综合维修终端、网络设备、电源防雷设备等。

1）车站自律机

它是分散自律型调度集中系统的车站核心设备，主要用于：

（1）接收存储调度中心的列车运行计划、调车作业计划等，并可以自动按计划进行进路排列，驱动联锁系统执行，接收调度中心和车站值班员的直接控制操作指令，经与列车计划以及联锁关系检查后，确认无冲突后驱动联锁系统执行。

（2）对信号设备的表示信息进行分析，确认进路的完整性和信号的正确性，并能对不正常情况进行处理。

（3）对车次号进行安全级管理，实时接收车站信号设备状态表示信息，列车及调车作业的跟踪，收集行车运行实际数据，并上传至调度中心。

（4）接收邻站的实际和计划运行图以及设备状态信息，接收调度中心和本站值班员的进路人工干预，并调整内部处理流程。

2）采集板和输出板

它用来进行开关量的采集和控制命令的输出。

3）车站值班员工作站

车站值班员工作站主要用于：

（1）调阅与签收基本图、日计划、阶段计划、车站调车计划、调度命令。

（2）显示本站及邻站站场和区间列车运行状态。

（3）直接控制进路、道岔、人工解锁、设备封锁等按钮。

（4）输入修改确认本站车次号。

（5）行车日志的自动记录、存储、打印，列车编组和站存车的输入上报，调车计划的编制和打印。

（6）监视和控制本站自律机的计划执行和进路办理、本站非正常情况的报警等。

4）电务维护终端

它主要用于监视车站 CTC 系统的运行状况，对所有操作控制命令、设备运用情况、故障报警信息和车站网络运行状态等进行分类存储、查询和打印，供电务维修人员参考使用。

此外，还有网络设备和电源防雷设备等。

3. 网络子系统

网络子系统是由网络通信设备和传输通道构成的双环自愈网络，应采用迂回、环状、冗余等方式提高其可靠性。网络子系统包括：调度所和车站网络设备、双环 2M 网络通道。

（二）CTC 的基本功能

1. 控制模式

调度集中有分散自律控制模式和非常站控模式两种。在分散自律控制模式下，调度中心以自动控制为基本模式，同时在分散自律条件下，调度中心具备人工办理列车、调车进路，车站具备人工办理调车进路的功能；非常站控模式是指当调度集中设备故障、发生危及行车安全的情况或设备天窗维修、施工需要时，车站脱离调度中心控制转为传统人工控制的模式。在分散自律控制模式下，原车站联锁控制台不起作用；在非常站控模式下，系统车务终端不起作用。

分散自律控制模式下又设三种控制方式，即分散自律中心控制方式、分散自律车站控制方式及分散自律车站调车控制方式。

（1）分散自律中心控制方式：调度所对列车及调车进路均有控制权，车站对列车、调车进路均无控制权。

（2）分散自律车站调车控制方式：调度所对列车进路有控制权，对调车进路无控制权，而车站对调车进路有控制权，对列车进路无控制权。

（3）分散自律车站控制方式：车站对列车及调车进路均有控制权，调度所对列车、调车进路均无控制权。

控制模式的转换由车站值班员（或应急值守人员）在车站根据调度中心的调度命令进行控制操作，系统自动对控制模式转换操作做出明确记录。非常站控按钮（或开关）采用带计数器的非自复式铅封按钮或开关。正常状态为分散自律控制模式，破封按下（或转换）为非常站控模式。系统在模式转换时不应影响已办理的列车进路和调车进路并防止形成预排进路。分散自律控制模式转向非常站控模式不检查任何条件，但要向调度员进行提示报警；非常站控模式转回分散自律控制模式，则系统检查以下条件：

（1）分散自律系统设备正常。

（2）非常站控模式下没有正在执行的按钮操作。

在上述条件满足时，系统应给出"允许转回分散自律控制模式"的表示，方允许转回分散自律控制模式，否则操作无效。调度集中的控制模式状态有明确的表示，在非常站控按钮（或开关）处以及车务终端上设置有状态表示灯：红灯为非常站控模式，绿灯为分散自律控制模式，黄灯为允许转回分散自律控制模式。

2. 系统功能

（1）调度集中具备列车运行计划人工、自动调整、实绩运行图自动描绘，行车日志自动生成、储存、打印，调度命令传送，车次号校核等功能。

（2）在 TDCS 基础上，调度中心具备向车站、动车调度、乘务室、客服调度等部门发布调度命令以及经调度命令无线传送系统向司机下达调度命令（含许可证、调车作业通知单等）的功能。

（3）CTC 系统依据列车运行调整计划，《技规》《行细》《站细》等规定以及相关联锁技术条件，对列车、调车作业进行分散自律安全控制（含分散自律控制模式下的中心、车站人工直接操作）。对违反分散自律安全条件的人工操作，系统自动进行安全提示。

（4）CTC 系统对于影响正常运用的故障，如信号故障关闭（或灭灯及灯丝断丝）时具有报警、提示、记录等功能。

（5）与调度命令无线传送系统配合具有接车进路信息自动预告功能。

（6）进行调车作业时不需要控制权转换。

（7）不影响既有的平面调车区集中联锁功能。
（8）具有部分非正常条件下接发列车功能以及降级处理措施。
（9）具有本站及相邻各两个车站的列车运行调整计划显示功能。
（10）具有本站及相邻各两个车站的站间透明功能。
（11）具有人工办理排进路功能。
（12）具有自我诊断、运行日志保存、查询和打印等功能。
（13）对所有的人工操作具有完整的记录、查询、回放和打印功能。
（14）实时监控电源状态，停电时应自动保存列车、调车作业等重要信息。
（15）在保证网络安全的条件下可与其他相关系统联网，实现数据资源共享。

3. 列车作业相关功能

调度集中控制范围内的列车作业，以列车运行调整计划自动控制为基本方式，以调度中心人工控制为辅助方式。

1）列车计划管理

（1）运行计划编制及下达功能：接收运行计划或者单独制定运行计划，可按要求时间将运行计划以运行图或车次时刻表的方式提供给调度员，同时以调度命令的方式下达到有关站段。

（2）运行计划调整功能：以运行计划为依据，自动或人工调整列车运行计划以及中间站甩挂调车作业计划的功能，经批准后实施下达到车站自律机执行。调整列车运行计划遵循单一指挥、按图行车、确保重点等原则，正确合理地使用车站正线、到发线，组织和完成列车在车站的到发、会让、越行、通过等行车作业。调整应根据运行图，通过压缩停站时间、调整列车区间运行时分、变更越行站和会让站等方法完成。

（3）特殊要求列车标记功能：对于有特殊要求的列车，由调度员依照相关管理规定特别设置（超限列车、专列等特殊列车应有明显的标记），并产生相应的列车运行调整计划。

（4）查询及人工干预功能：调度员可随时查询、调整列车运行调整计划的内容（含计划使用股道信息）；车站值班员可随时查询计划和进路内容。

（5）校验功能：系统在列车调整计划下达前通过合法性、时效性、完整性和无冲突性检查。

（6）运行图界面区域划分功能：调度集中列车运行图的操作界面根据当前时刻线划分为四个区域：实际运行区、临近计划区、调整计划区、运行计划区。实际运行区是当前时刻之间已经完成的列车运行记录区域，不可进行修改；临近计划区是当前时刻之后特定的时间段内已经下达车站将要执行的列车运行调整计划区域，计划调整受到一定限制；调整计划区是临近计划区以外的列车运行调整计划区域，可以进行人工或自动调整；运行计划区是调整计划区以远的列车运行计划区域，可以进行人工或自动调整。四种区域以明显的标记区分显示，并且随着列车运行调整计划的执行以及调度员的人工操作而动态变化。

2）列车进路办理

（1）车站自律机依据调度中心下达的列车运行调整计划生成列车进路指令，通过合法性、时效性、完整性和无冲突性检查后转变为命令，适时下传给本站联锁设备执行。

（2）自动排列列车进路时检查的条件主要包括：车次号（列车性质和等级）、超限级别、列车长度、机车类型、股道用途、股道有效长、道岔弯股进路的最大允许速度等。

（3）车站自律机因故无法排列基本进路时，系统自动报警。调度中心可以对某一次列车进路进行人工干预（但须受分散自律安全条件控制）。

（4）进站信号机外制动距离内，进站方向为超过 6‰ 下坡道的车站，自律机自动办理相关延续进路的排列与锁闭。

（5）对于多方向车站，系统按照列车运行调整计划或调度员指定的列车优先权选择相应方向的列车进路。

（6）排列进路的时机，原则上依据列车运行调整计划并提前若干时分。实际执行中必须考虑列车类型、区间闭塞类型、邻站发车时刻、区间运行时分和完整到达停稳以及前行列车发车进入区间的条件等因素，同时考虑信息处理、进路办理的时间以及列车的速度等因素，科学合理进行确定。

（7）调度中心具备列车进路的人工控制功能，且优先级高于列车运行调整计划自动控制的列车进路。调度中心人工办理列车进路无车次号时，调度员必须输入列车车次号方可执行。

3）接车进路预告信息

（1）调度集中自动通过调度命令无线传送系统，以文字方式向司机提供接车进路预告信息。

（2）自动闭塞区段自动预告时机确定为接车站接车进路或通过进路已经排列，系统在出发站的以下位置发送列车接车进路预告信息：

① 出站信号机；

② 一离去信号机；

③ 二离去信号机。

在上述任一位置系统收到自动确认信息后，在后续位置不再发送接车进路预告信息。列车越过二离去信号机后，系统未收到自动确认信息时，改由接车站发送接车进路预告信息，采取在每个闭塞分区自动向列车发送。系统收到自动确认信息或该次列车越过接车进站信号机后，不再发送列车接车进路预告信息。

（3）自动站间闭塞区段自动预告时机确定为接车站接车进路或通过进路已经排列，系统在出发站选择列车在以下位置发送列车接车进路预告信息：

① 出站信号机；

② 反向进站信号机；

③ 反向进站预告信号机。

在上述任一位置系统收到自动确认信息后，在后续位置不再发送接车进路预告信息。列车越过反向进站预告信号机后，系统未收到自动确认信息时，改由接车站发送接车进路预告信息，采取每隔一定时间自动向列车发送。系统收到自动确认信息或该次车越过进站信号机后，不再发送列车接车进路预告信息。

（4）当调度集中系统发送接车进路预告信息未成功时，立即向电务维修中心报警。

4）列车车次号

（1）列车车次号是调度集中列车调整计划的合法性、时效性、完整性和无冲突性检查，以及调度指挥、列车追踪、自动排列进路的重要基础信息，应保证及时、准确无误。在 TDCS 的基础上，CTC 系统具备列车车次号自动、人工输入，自动校核以及人工校正等功能。

（2）列车自动追踪、列车运行调整计划、无线车次号校核三方面的列车车次号应完全一致。如不一致时，系统将立即报警，由调度员或车站值班员进行人工校正。

5）列车停稳信息

列车停稳信息是停站列车出发信号开放时机的重要条件，可通过调度集中车次号校核系统实现。在不具备列车停稳信息条件时，可采用列车整列进入股道并延时后自动开放出站信号。

4. 非正常作业条件下的作业办理

1）接车作业

（1）进路锁闭状态下，进站信号机因故不能开放时，系统将及时报警（语音和文字提示），由调度员人工办理接车作业。

（2）由于轨道区段故障导致进路无法建立，由调度员在判明轨道电路故障条件下，人工开放引导信号。

（3）道岔无表示时，必须由现场人工确认并采取相关安全措施，由调度员办理引导总锁闭，开放引导信号；经现场人工确认列车整列到达后，取消引导总锁闭或转为非常站控模式后由车站办理引导接车。

（4）如果进站信号机内方第一区段故障，由调度员办理引导接车，引导信号应保持开放，列车头部越过故障区段后自动关闭引导信号。在进路正常的情况下，系统在列车整列进入股道后，在分散自律控制模式下由人工实施引导进路解锁；在区段故障的情况下，经调度员和司机确认列车整列到达后，由调度员人工实施引导进路解锁。

2）发车作业

发车进路因故无法排列时，系统将自动报警，由调度员人工办理非正常发车作业。

3）非正常解锁

（1）由于轨道电路故障导致进路中的轨道区段不能正常解锁，接车进路由调度员和司机确认列车整列到达或通过后，由调度员人工解锁遗留接车进路；发车进路由调度员和司机确认列车整列出站后，由调度员人工解锁遗留发车进路；调车进路原则上由办理调车进路方的人员负责人工解锁该调车进路的遗留进路。调度中心、车站均应具备在分散自律控制模式下的调车进路人工解锁手段。

（2）轨道电路停电恢复时，在人工确认机车停稳后，由调度员（或车站值班员）按压轨道电路停电恢复按钮分咽喉一次性解锁。

（3）系统在分散自律控制模式下，车站操作不能解锁调度中心办理的列车进路或关闭列车信号，调度中心的操作不能解锁车站办理的调车进路或关闭调车信号。

4）非正常办理

（1）当区间为自动站间闭塞且区间故障不能正常复原时，需调度员人工确认区间空闲后，由调度中心人工办理事故复原操作。

（2）当自动站间闭塞区间检查设备为计轴设备，出现轴数不符且计轴设备处于区间占用状态，或者计轴设备检修及停电复原时，需调度员人工确认区间空闲后，由调度中心人工办理计轴复零操作。

（3）在自动站间闭塞区段的区间空闲检查设备故障停用时，调度员通过列车运行调整计划以及实绩运行图，并与列车司机无线通信联系，人工确认列车整列到达、区间空闲后，人工办理闭塞行车。

5）系统故障降级处理措施

（1）当车站自律机与中心子系统网络通信中断后（以下简称通信中断），系统将立即自动报警。

（2）对于双线自动闭塞区段无人车站，在通信中断时且未转为非常站控模式前，调度员不得改变该站来车方向列车运行调整计划设定的车序，由车站自律机按原已收到的列车运行调整计划和列车实际运行情况继续自动执行；列车运行调整计划执行完毕后，通信仍未恢复正常时，系统应将该站设置为自动通过状态。

（3）对于自动站间闭塞区段无人车站，在自动站间闭塞正常工作的情况下，通信中断且未转为非常站控模式前，调度员不得改变该站来车方向列车运行调整计划设定的车序，由车站自律机按原已收到的列车运行调整计划和列车实际运行情况继续自动执行，直到列车运行调整计划执行完毕。

（4）对于有人车站，在通信中断后可参照上述条款执行，也可及时转为非常站控模式组织接发列车。

5. 调车作业办理

（1）调度集中控制范围内的调车作业，原则上均应纳入分散自律安全条件控制。在有人车站，由车站人员直接办理或由系统自动进行控制；在无人车站，由调度中心助理调度员直接办理或由系统自动进行控制。

（2）为保证调车作业不干扰列车运行调整计划的执行，分散自律控制模式的调车作业，在办理与列车运行调整计划相关的调车进路时，均应人工输入钩作业预计时分，否则不能办理。在办理与列车运行调整计划无关的调车进路时，可不输入钩作业预计时分（由设备判断）。调度集中系统应能根据调车进路、车列长度、《站细》规定等提出钩作业参考时分。

（3）调车作业，分为人工直接操作与计划自动执行两种方式；人工直接操作方式的调车进路采用一钩（一条进路）一办；计划自动执行方式是系统根据调车作业计划自动办理调车进路。原则上无人车站的调车作业由调度中心办理，有人车站的调车作业由车站办理。

（4）办理调车进路，必须由车站自律机依据列车运行调整计划在时间与空间上（进路预计占用时间、避让车次、相关联锁条件等）对调车进路检查运算，无冲突后方可排列。

6. 故障处理与设备维护

（1）无人车站所在区段设电务应急抢修中心，配备应急值班员（经过行车培训考核的电务人员或行车人员）和电务维修人员，完成无人车站故障（指必须派工作人员赶赴现场处理的、常见的故障，事故救援、灾害抢险由铁路局另行规定）情况下的行车组织和故障处理。

（2）发生设备故障时，应急值班员担当无人车站车务终端的临时值岗工作（具有与车站值班员同等的职责），行车组织须在调度员的集中领导下，负责非常站控模式的转换（需要时）、车站行车工作的统一指挥以及设备检修登销记、试验、开通等工作。

（3）有关抢修、作业人员应遵从故障处理安全制度，经应急值班员同意并签认后，积极查明原因，排除故障，尽快恢复使用。故障处理完毕后，应将确认的故障现象以及故障原因、处理情况登记在《行车设备检查登记簿》内并及时上报有关站段调度。

（4）调度所每一调度区段增设综合维修台和综合维修调度员。综合维修调度员应在列车调度员的直接领导下，负责所有行车设备的现场维修调度指挥工作。具体负责开窗修计划的制定、下达，无人车站设备维修的联系、要点、登记，设备停用封锁的处理，施工、限速等调度命令的下达，超速防护区段设置临时限速等工作。

（5）无人车站设有综合维修终端，用于电务、工务、电力等部门进行设备维修、施工时使用。综合维修终端具备《行车设备检查登记簿》的所有内容，经调度中心综合维修调度员同意，可完成天窗修、施工计划的接收、签订，维修、施工的联系、要点、登记和销记等。

（6）无人车站需在非常站控模式下进行维修、施工时（例如垂直天窗施工），车务终端应有应急值班员值岗（具有与车站值班员同等的职责），在调度员的集中领导下，负责非常站控模式的转换、车站行车工作的统一指挥以及设备检修登销记、试验、开通等工作。

（7）进行设备维修、施工时，无人车站的车务终端前应有维修人员值守，负责现场与调度员之间的通信联系。有条件时应解决现场与调度中心的直接通信手段。

（8）各铁路局需重新制定无人车站电动转辙机手摇把的使用保管，以及设备检修登销记等办法，并同步制定调度集中条件下无人车站设备维护管理工作制度与实施办法。

第三节　列车运行控制系统

一、国外高速铁路列控系统

国外的列车运行控制系统应用比较普遍，许多国家根据各自的特点，开发适合本国国情的列车运行控制系统，如日本的数字 ATC 系统、法国的 TVM430 系统、德国的 LZB 系统、欧洲的 ETCS 系统等设备，均在高速铁路线上得到了很好的运用。

（一）日本 ATC 系统

日本于 1964 年开通的东海道新干线是世界上第一条高速铁路，在日本新干线上现有的 ATC 系统普遍采用超前阶梯式速度监控，即列控车载设备根据轨道电路传送来的速度信息，对列车进行减速或缓解控制，使列车出口速度达到本区段的要求。它没有滞后控制所需的保护区段，在线路能力上较滞后控制有所提高。1991 年日本铁路部门开始试验数字式 ATC，并在东海道新干线上开通运用了一段时间。数字式 ATC 采用了数字通信和控制技术，所以也称为 DS-ATC。数字式 ATC 使用有绝缘数字编码轨道电路发送列车位置、目标速度、进路条件和轨道电路状态等信息。车载设备采用数据库方式存储线路数据，并生成一次连续速度控制曲线。列车制动采用设备控制优先方式。

数字式 ATC 采用目标距离一次制动模式曲线方式，车载设备可根据列车性能给出不同的模式曲线，提高了运输效率。

数字式 DS-ATC 列控系统如图 6-1 所示。

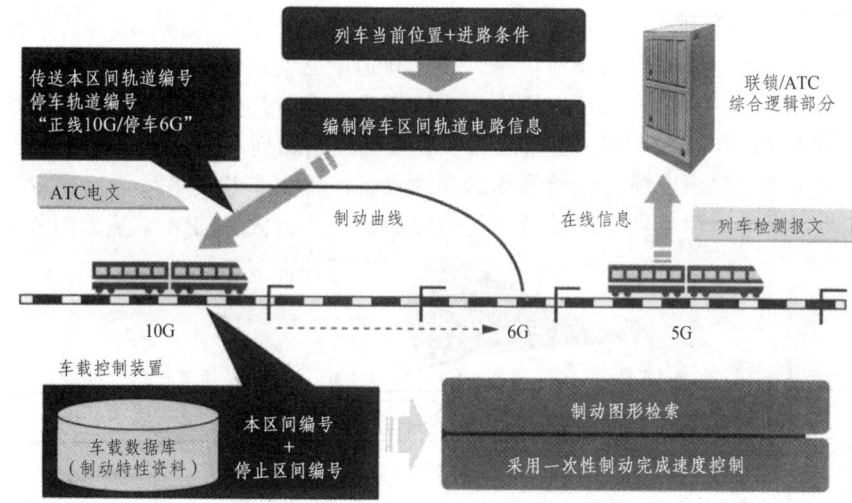

图 6-1 数字式 ATC 列控系统示意图

（二）法国 U/T 系统

法国高速铁路 TGV 区段的列控系统，车载信号设备采用 TVM300 或 TVM430，地对车的信息传输以无绝缘轨道电路 UM71 为基础，该列控系统简称 U/T 系统。之后又对 UM71 无绝缘轨道电路进行数字化改造，发展成为 UM2000 轨道电路。UM2000+TVM430 系统如图 6-2 所示。

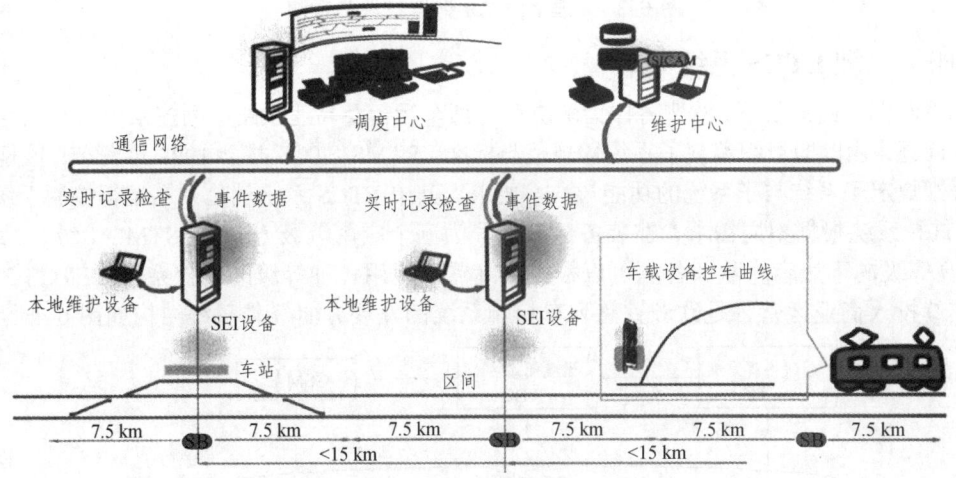

图 6-2 UM+TVM430 系统示意图

法国的 TVM430 列控系统使用 UM2000 无绝缘数字编码轨道电路，采用列控联锁一体化设备（SEI）生成行车许可并通过钢轨传送给列车。车载设备根据轨道电路报文产生分段连续速度控制曲线。列车制动采用司机控制优先的方式，列车停车采用双区段保护。

（三）德国 LZB 系统

德国 LZB 系统是基于轨道电缆传输的列控系统，是世界上首次实现连续速度控制模式的列控系统。

LZB 系统由地面控制中心、传输设备、轨道电路和机车装置组成,其工作原理是:采用轨道电缆(交叉环线)方式传输车地信息,使用轨道电路实现列车占用和完整性检查。在高速铁路上运行的列车,通过将轨道电缆作为传输媒介,向管理所在区段内的地面控制中心报告列车运行位置及列车有关数据,地面控制中心根据线路和列车数据,计算出列车运行目标-距离控制曲线,通过轨道电缆传送给列车的车载设备,再由车载设备生成对列车行驶的控制命令,监控列车安全运行。列车制动采用司机控制优先的方式。LZB 系统如图 6-3 所示。

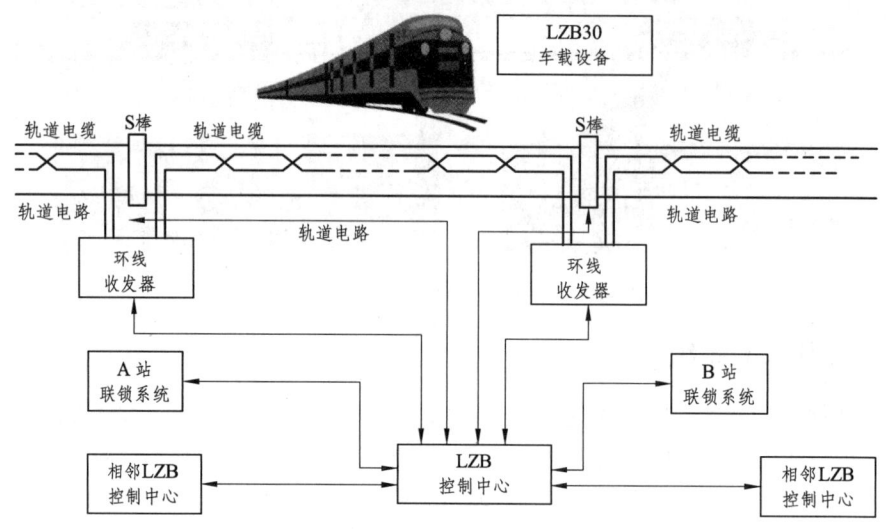

图 6-3 德国的 LZB 列控系统示意图

(四)欧洲 ETCS 系统

随着欧洲铁路的发展,欧盟各国为解决跨国列车运行及高速铁路中列控系统的互联互通和兼容性问题,由欧盟组织编制了系统性规范与标准 ERTMS/ETCS 并于 1999 年发布,该规范与标准详细规定了系统与子系统的功能与技术要求。其中 ETCS 系统就是列车运行控制系统。

ETCS 系统根据不同需求,在装备标准上分为五个应用等级(0 级、STM、1 级、2 级、3 级),高等级向下兼容,欧洲各国可以根据实际需要使用各种等级的列控系统。ETCS-2 级系统已陆续投入商业运营,是欧洲铁路列车控制系统的发展方向,其系统结构如图 6-4 所示。

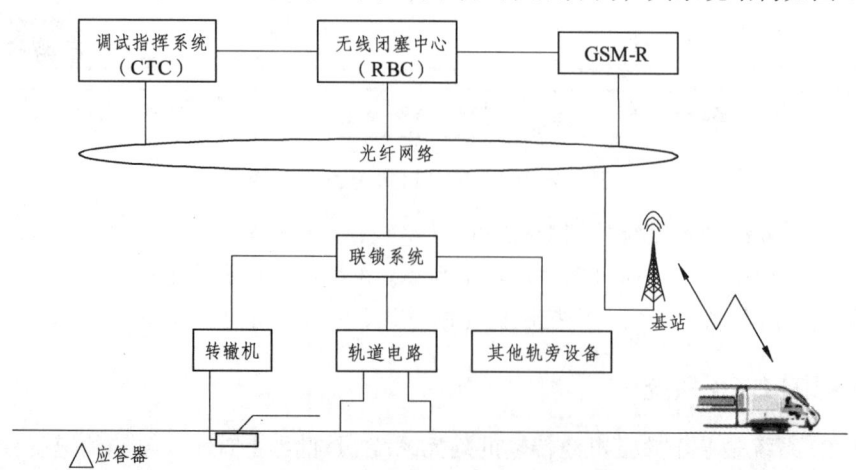

图 6-4 ETCS-2 级列控系统示意图

二、中国列车运行控制系统（CTCS）

在借鉴欧洲列控系统（ETCS）的成熟技术和国际先进经验，并结合我国铁路运输作业需求、技术政策及信号设备情况，在保证技术进步、可持续发展的前提下，我国铁路制定了《中国列车控制系统（CTCS）技术规范总则（暂行）》和相应的 CTCS 技术条件。

中国列车运行控制系统（CTCS）

中国列车运行控制系统（Chinese Train Control System），简称 CTCS，它以分级的形式满足不同线路的运输需求，在不干扰机车乘务员正常驾驶的前提下，有效地保证了列车运的安全。

（一）CTCS 的基本功能

CTCS 在满足 RAMS 条件下，完成设备运行状态诊断记录，向机车乘务员提供驾驶信息及数据输入/输出界面，对列车进行超速防护，保证列车安全运行。

1. 安全防护

（1）在任何情况下防止列车无行车许可运行。

（2）防止列车超速运行。防护内容包括：防止列车冒进停车信号；防止列车超过线路允许速度；防止列车超过机车车辆构造速度；防止列车超过临时限速或紧急限速；防止列车超过铁路有关运行设备的限速；防止列车运行速度超过自身允许速度。

当列车超过速度限制范围时，列车制动系统即自动实施制动，实现列车的超速防护。

（3）防止列车溜逸。

（4）测速环节能保证一定范围内的车轮滑行和空转不影响 ATP 的功能，并具有轮径修正能力。

2. 列车运行自动控制

列车运行控制系统的地面控制中心能根据调度计划、列车的实际位置、实时速度信息等条件，自动生成列车运行速度调整指令，并即时发送给列车。车载系统向司机提供指令显示，指挥司机驾驶列车，保证列车正点运行。

列车运行控制系统提供的运行指令主要有：加速指令，减速指令，常速运行指令。

3. 连续式双向信息传输

列车运行控制系统可以利用轨道电路实现连续式双向信息传输。

地对车的传输内容包括：超速防护的安全信息，列车运行控制信息及辅助信息等。

车对地的传输内容包括：用于超速防护计算的列车基本数据，列车实际运行状态信息等。

4. 列车的定位与测速

列车定位与测速系统能实时监测列车的走行距离和实际运行速度，其测量结果与列车的制动相关，因此列车定位与测速系统应保证足够的测量精度。

5. 列车的占用和出清检查

区间线路利用轨道电路式计轴设备实现列车的占用与出清检查，为信号联锁和列车控制提供安全输入信息。

6. 列车运行信息显示

车载设备能提供实时的列车运行显示，其内容包括：目标速度、目标距离、允许速度、实际速度。

速度控制命令显示包括：加速、减速、常速运行。

辅助显示内容包括：与电气牵引相关的信息、轴温检测信息、超速信息、制动信息、缓解信息、设备故障信息等。

7. 环境状况监测

CTCS 能对沿线环境实时监测，管理好各类环境状况检测器，生成车站控制中心和维护系统报警显示所需要的信息，报警时由列车控制系统自动生成限速命令。

8. 列车状态检测

列车状态检测包括轴温检测等，它产生车站控制中心和维护系统报警所需要的信号，并由列车控制中心产生相应的控制命令。

9. 人员和设备的防护

当线路施工或有事故发生时，列车控制系统允许车站值班员通过人机交互平台下达局部限速控制命令，对人员或设备进行防护。

10. 与相邻列车控制中心的信息交换

相邻列车控制中心应通过信息通道相互连接，交换必要的信息。所交换的信息分为两类：

（1）信号安全信息，即与行车安全有关的联锁信息和列车控制信息，以保证速度控制的连续性。

（2）非信号安全信息，即车站行车管理信息等，以保证调度指挥的一致性。

由于以上两类信息的安全级别不同，所以采用不同的信息传输通道。

11. 系统诊断

无论是车载系统还是地面控制系统，都具有硬件和软件的诊断功能，可以实现冗余设备的故障转换，提供维护信息，以便实现及时维护，提高系统的可用性。

12. 系统维护

维护中心负责 CTCS 地面设备的维护和管理，记录设备故障信息。各车站维护中心互相连接，形成维护网络，维护信息资源共享，可以实现异地维护与诊断。

13. 可靠性和安全性

（1）按照信号故障导向安全原则进行系统设计。
（2）采用冗余结构。
（3）满足电磁兼容性相关标准。

（二）CTCS 的体系结构

CTCS 体系的构建是以地面设备为基础，车载与地面设备相统一的原则进行设计，主要包括地面设备和车载设备，CTCS 的结构如图 6-5 所示。

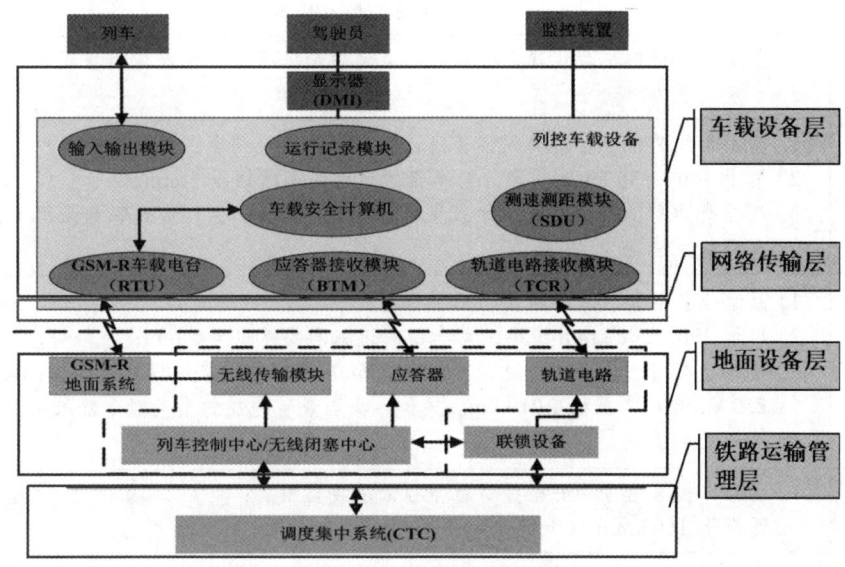

图 6-5 CTCS 的结构示意图

1. 铁路运输管理层

铁路运输管理系统是行车指挥中心，以 CTCS 为行车安全保障基础，通过通信网络实现对列车运行的控制和管理。

2. 网络传输层

CTCS 网络分布在系统的各个层面，通过有线和无线通信方式实现数据传输。

3. 地面设备层

地面设备层主要包括列控中心、轨道电路和点式设备、接口单元、无线通信模块等。列控中心是地面设备的核心，根据行车命令、列车进路、列车运行状况和设备状态，通过安全逻辑运算，产生控车命令，实现对列车运行的控制。

4. 车载设备层

车载设备层是对列车进行操纵和控制的主体，具有多种控制模式，并能够适应轨道电路、点式传输和无线传输方式。车载设备层主要包括车载安全计算机、连续信息接收模块、点式信息接收模块、无线通信模块、测速模块、人机界面和记录单元等。

（三）CTCS 的分级

针对我国铁路的不同线路、不同传输信息方式和闭塞技术，CTCS 划分为 5 个等级，依次为 CTCS-0 级、CTCS-1 级、CTCS-2 级、CTCS-3 级和 CTCS4 级，以满足我国铁路不同线路的速度需求。表 6-1 所示为 CTCS 的分级及其应用领域。

表 6-1　CTCS 的分级及其应用领域

系统类型	应用领域及组成
CTCS-4	1. 基于无线通信平台传输列控信息，取消轨道电路，实现虚拟闭塞或移动闭塞； 2. 未来发展方向。
CTCS-3	1. 基于无线通信平台传输列控信息，轨道电路实现列车占用检查； 2. 用于 300～350 km/h 线路，动车组的追踪间隔缩短至 3 min； 3. 适应新建高速客运专线，如京津城际、京沪高铁、京广高铁等都采用 CTCS-3 级列车控制系统。
CTCS-2	1. 基于应答器和轨道电路传输列控信息； 2. 用于 200～250 km/h 线路，动车组的追踪间隔缩短至 5 min； 3. 已成功应用于第六次提速，时速 200 km/h 及以上线路里程 6 227 km，其中时速 250 km/h 线路里程 1 019 km。例如，我国最早建成的秦沈客专就采用了 CTCS-2 级列车控制系统。
CTCS-1	1. 由主体机车信号和安全型运行监控记录装置组成； 2. 适用于 160 km/h 以下提速线路。
CTCS-0	1. 由通用机车信号和运行监控记录装置构成； 2. 既有线现状。

1. CTCS-0 级列控系统

我国铁路大部分既有线路为 160 km/h 以下线路，均以地面信号机作为指挥列车的行车凭证，利用联锁和自动闭塞设备，配合车载"机车信号+监控装置"构成 CTCS-0 级列控系统，加上司机的人工介入，CTCS-0 级列控系统可以满足当前的使用要求。

CTCS-0 级列控系统的控制模式是目标-距离式，它在既有地面信号设备的基础上，采取大存储的方式把线路数据全部存储在车载设备中，靠逻辑推断地址调取所需的线路数据，结合列车性能计算给出目标-距离式制动曲线。

因 CTCS-0 级列控系统尚未成为安全系统，所以仅适用于列车最高运行速度为 160 km/h 及以下的线路，一般自动闭塞设计仍按固定闭塞方式进行，采用四显示自动闭塞，信号显示具有分级速度控制的概念，其目标-距离式制动曲线可作为参考。

2. CTCS-1 级列控系统

在 CTCS-0 级列控系统的基础上，通过增加应答器替代司机人工介入的操作，基本形成 CTCS-1 级列控系统的框架模式："主体机车信号+安全型运行监控记录装置+应答器"。

CTCS-1 级列控系统面向 160 km/h 以下的区段，在既有设备基础上强化改造，达到机车信号主体化要求，增加点式设备，实现列车运行安全监控功能；利用轨道电路完成列车占用检测及完整性检查，连续向列车传送控制信息。点式信息作为连续信息的补充，可实现点连式超速防护功能。CTCS-1 级列控系统由地面设备与车载设备两大部分组成。

1）地面设备的组成

（1）轨道电路：完成列车占用检测及列车完整性检查，连续向列车传送控制信息。

（2）点式信息设备：设置在车站附近，主要用于向车载设备传输定位信息。

2) 车载设备的组成

（1）主体机车信号：能复示地面信号机的显示，改善司机的瞭望条件。

（2）点式信息接收模块：自动识别和接收各种自动闭塞信息，译码后使机车信号机显示，并提供给列车自动停车装置和列车运行超速防护系统。

（3）安全型运行监控记录装置：速度控制功能、显示和警告提示功能、列车运行记录功能、地面分析处理功能。

CTCS-1 级列控系统与 CTCS-0 级列控系统的差别在于，CTCS-1 级列控系统全面提高了系统的安全性，是对 CTCS-0 级列控系统的全面加强，可称为线路数据全部存储在车载设备上的列车运行控制系统。

3. CTCS-2 级列控系统

在我国既有线第六次大提速中，主要采用了 CTCS-2 级列控系统。目前我国铁路的动车组列车上都装备了 CTCS-2 级列控车载设备，在 200～250 km/h 的客运专线上也采用了 CTCS-2 级列控系统。

CTCS-2 级列控系统由轨道电路实现列车占用检测及完整性检查，并连续向列车传输控制信息，包括行车许可、空闲闭塞分区数量和道岔限速等；由应答器传输点式信息，包括线路长度、线路坡度、线路固定限速、列车定位、列车进路、临时限速信息等。

CTCS-2 级列车运行控制系统

CTCS-2 级列控系统采用目标-距离控制模式（又称为连续式一次速度控制）。目标-距离模式根据目标距离、目标速度及列车本身性能确定列车制动曲线，不设定每个分区速度等级，采用一次制动方式。

CTCS-2 级列控系统采用车-地一体化系统设计，可实现行车指挥-联锁-列控一体化、区间-车站一体化、通信-信号一体化和机电一体化。

CTCS-2 级列控系统适用于各种限速区段，地面可不设通过信号机，机车乘务员凭车载信号行车。

CTCS-2 级列控系统由地面设备与车载设备两大部分组成，其组成示意图如图 6-6 所示。

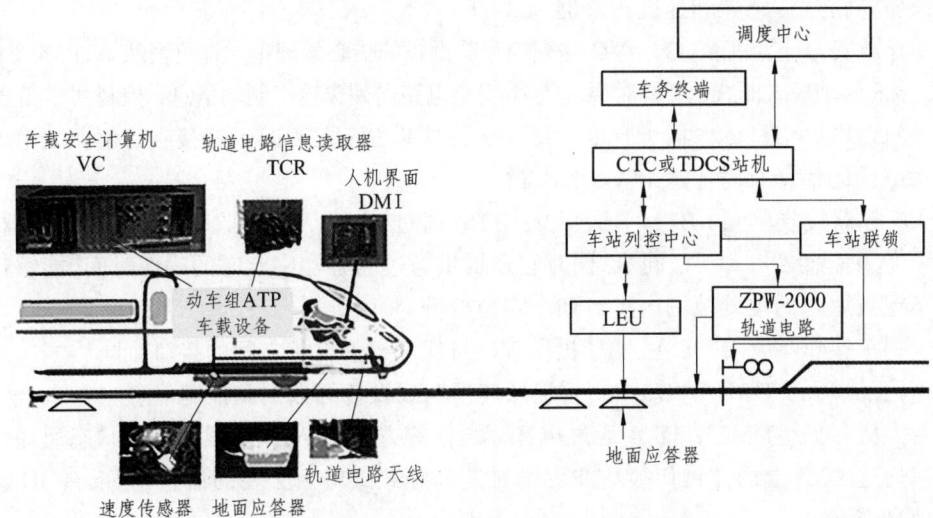

图 6-6　CTCS-2 级列控系统组成示意图

1）地面设备的组成

地面设备由车站列控中心（TCC）、地面电子单元（LEU）、应答器、ZPW-2000系列轨道电路、车站计算机联锁等组成。

（1）车站列控中心（TCC）：TCC作为地面设备的核心控制设备，分别与车站计算机联锁、CTC或TDCS、微机监测、地面电子单元（LEU）等设备进行信息交换，根据列车占用情况及进路状态，产生控制行车的许可信息及进路相关的线路静态速度曲线，通过轨道电路及应答器传给列车，控制列车的运行。

（2）地面电子单元（LEU）：LEU与有源应答器连接，周期性地接收来自TCC的报文，并独立地驱动4个有源应答器，向有源应答器发送进路股道、临时限速信息报文。当LEU与TCC、车站联锁等设备通信故障时，有源应答器可以自动切换到无源应答器工作模式，发送缺省报文；当LEU与有源应答器间的通信故障时，LEU可以向车站列控中心、车站联锁等发送故障信息，并给出报警信号。

（3）轨道电路：完成列车占用检测及列车完整性检查，并连续向列车车载设备传送空闲闭塞分区数量等控制信息。CTCS-2级列控系统采用的轨道电路有ZPW-2000A型和ZPW-2000K型两种。

（4）点式应答器：主要用于列车与地面之间的信息交换，在CTCS-2中用它来检测列车位置。应答器可存储1023位数据报文，利用应答器主要可以向车载设备传送定位信息、线路基本参数、线路速度信息、车站进路信息、道岔限速信息、临时限速和停车信息等。

2）车载设备的组成

车载设备同时配备列车自动防护设备（ATP）和加强型列车运行监控记录装置（LKJ2000）两套列控设备进行安全防护。在CTCS-2区段由ATP防护安全，当列车下线行驶在CTCS-0/1级区段，或在CTCS-2区段ATP故障时，由LKJ2000防护安全。

车载ATP设备包括车载安全计算机（VC）、轨道电路信息读取器（TCR）及天线、应答器接收单元（BTM）及天线、列车接口单元（TIU）、记录单元（DRU）、人机界面（DMI）和测速设备（雷达传感器和速度传感器）。

（1）车载安全计算机（VC）：VC是列控车载设备的核心处理单元，负责从ATP各个模块获取信息，生成制动模式曲线，必要时通过故障-安全电路向列车输出制动信息，控制列车安全运行。

（2）轨道电路信息读取器（TCR）及天线：TCR通过TCR天线接收、解调轨道电路信息，并将解调的信息及时传送给VC和LKJ。

（3）应答器接收单元（BTM）及天线：BTM通过BTM天线接收、解调地面应答器信号，通过一个专用信息接口和VC同步。同时它还提供通过应答器中点时的确切时间，能够让ATP车载设备在几厘米的准确范围内进行列车定位校准。

（4）列车接口单元（TIU）：TIU提供VC与列车相关设备之间的接口。

（5）记录单元（DRU）：DRU用于记录列控车载设备的数据和控制信息。

（6）人机界面（DMI）：DMI通过声音、图像等方式将ATP车载装置的状态通知司机，司机可以通过DMI上的按键切换ATP装置的运行模式或输入必要的信息，以实现司机与VC之间的信息交互。

（7）测试设备（速度传感器和雷达传感器）：速度传感器根据测量到的列车走行距离，测算出列车运行速度并累计列车走行距离；低速时测量精度高。雷达传感器通过测量发射波和反射波之间的频差，计算出列车的运行速度，并累计求出走行距离；高速时测量精度高，且不受列车空转打滑的影响。

4. CTCS-3 级列控系统

CTCS-3 级列车运行控制系统

CTCS-3 级列控系统是基于无线通信系统（GSM-R）实现车—地信息双向传输，轨道电路实现列车占用检查，应答器实现列车定位，无线闭塞中心（RBC）生成行车许可，并将行车许可、临时限速及线路描述信息等，通过连续的无线通信传送给车载设备，CTCS-3 级列控系统具备 CTCS-2 级列控系统的全部功能。

CTCS-3 级列控系统面向提速干线、高速新线或特殊线路，适用于各种限速区段，地面可不设通过信号机，司机凭车载信号行车，可满足客运专线和高速运输的需求；采取目标-距离控制模式和准移动闭塞方式。

CTCS-3 级列控系统包括地面设备和车载设备两大部分，其组成示意图如图 6-7 所示。

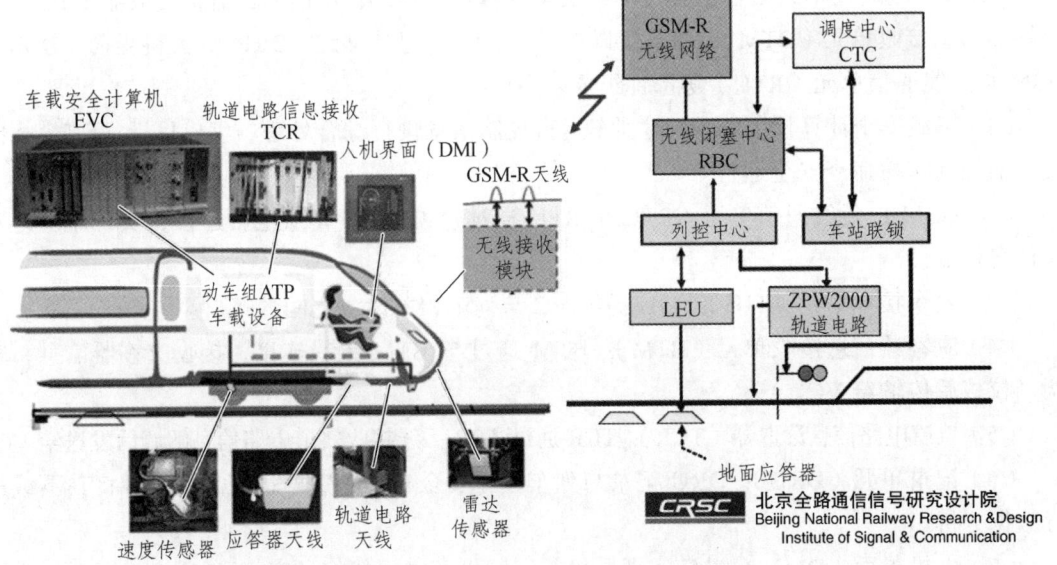

图 6-7 CTCS-3 级列控系统组成示意图

1）地面设备的组成

CTCS-3 级列控系统地面设备由车站列控中心（TCC）、临时限速服务器、ZPW-2000 系列轨道电路、应答器、无线闭塞中心（RBC）、GSM-R 接口设备等组成。

（1）无线闭塞中心（RBC）：RBC 是使用无线通信手段的地面列车间隔控制系统。它根据轨道电路、联锁进路等信息生成行车许可；通过 GSM-R 无线通信系统将行车许可、线路参数、临时限速等列车控制信息传输给 CTCS-3 级车载设备；通过 GSM-R 无线通信系统接收车载设备发送的位置和列车数据等信息。RBC 可集中设置，也可以分散设置。

（2）车站列控中心（TCC）：接收轨道电路的信息，并通过联锁系统传送给 RBC；同时，

TCC 还具有轨道电路编码、应答器报文存储和调用、站间安全信息传输、临时限速等功能；能通过地面电子单元（LEU）及有源应答器向 CTCS-3 级后备系统（CTCS-2 级）传送临时限速信息和进路信息。

（3）临时限速服务器（TSRS）：TSRS 集中管理列控系统的临时限速命令，分别向 RBC、TCC 传递临时限速信息，并将 TCC 和 RBC 的执行结果反馈给 CTC。

（4）无线通信（GSM-R）地面设备：GSM-R 接口设备用来连接 RBC 和 GSM-R 网络，用于实现车载设备与地面设备之间的连续、双向、大容量信息传输。

（5）ZPW-2000A 轨道电路：主要用于列车占用检测及列车完整性检查，并发送闭塞分区空闲信息，以满足后备系统的需要。

（6）应答器（含 LEU）：向 CTCS-3 级控制单元传输定位、级间转换和 RBC 切换、建立无线通信等信息，同时向 CTCS-2 级控制单元传送线路数据、线路允许速度、临时限速、过分相等信息，满足后备系统的需要。应答器的设置满足 CTCS-3 系统、兼容 CTCS-2 系统的要求。

2）车载设备的组成

CTCS-3 级列控车载设备主要由车载安全计算机（VC）、轨道电路信息读取器（TCR）、应答器信息接收单元（BTM）、列车接口单元（TIU）、记录单元（DRU）、人机界面（DMI）、GSM-R 无线通信单元（RTU）等部件组成。

（1）车载安全计算机（VC）：对列车运行控制信息进行综合处理，生成目标-距离模式曲线，监控列车按命令安全运行。

（2）GSM-R 无线通信单元（RTU）：RTU 通过与 GSM-R 车载电台连接，实现车—地双向信息传输。

（3）列车接口单元（TIU）：TIU 提供 VC 与列车相关设备之间的接口。

（4）应答器信息接收单元（BTM）：BTM 通过与 BTM 天线连接，接收应答器信息，解调、校核后传输给 VC。

（5）轨道电路信息读取器（TCR）：TCR 通过 TCR 天线接收轨道电路信息解调后发送给 VC。

（6）记录单元（DRU）：DRU 记录与列车运行安全有关的数据，在需要时可将其下载进行数据分析。

（7）人机界面（DMI）：DMI 实现司机与车载设备之间的信息交互。

5. CTCS-3 级列控系统的基本工作原理

1）目标距离-速度控制模式曲线

CTCS-3 级列控系统的控车模式与 CTCS-2 级列控系统一样，采用的是目标距离-速度控制模式。目标距离-速度控制模式是指根据目标距离、目标速度及列车本身的性能，确定列车制动曲线。CTCS-3 级列控系统采取连续式一次制动模式控制列车运行。如图 6.8 所示，实线为目标距离-速度监控曲线，从最高速至零的列车速度监控曲线为一条连续光滑的曲线，列车实际减速运动只要在监控曲线之下就可以了。如果超速碰撞了速度监控曲线，列控车载设备将自动触发常用制动或紧急制动，防止列车超速运行。

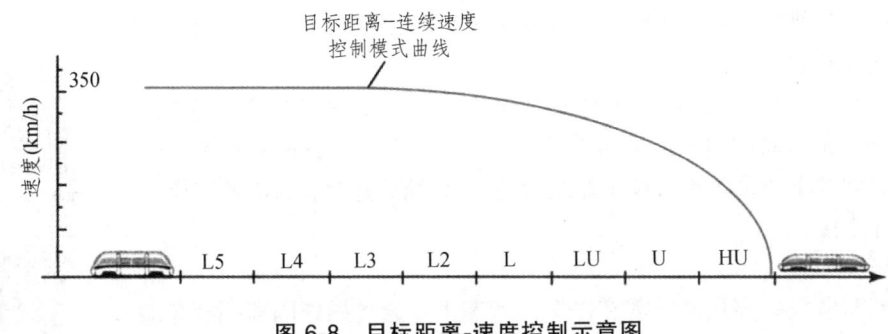

图 6-8　目标距离-速度控制示意图

对于 CTCS-3 级列控系统，由于地对车传输的信息量大，而且车-地信息需要双向传输，因而，选用了 GSM-R 无线通信传输方式。

为了提高车-地通信的可靠性，GSM-R 网络采用了冗余交叉覆盖的方式进行布置，沿铁路客运专线线路，每隔 2~3 km 设置一个 GSM-R 无线通信基站，只要不是相邻的基站同时发生故障，就不会影响 GSM-R 网络场强覆盖。

在 CTCS-3 级列控系统中，RBC 作为列控系统的核心设备，负责对进入 CTCS-3 级列控区段的列车实行监控管理。RBC 通过信号安全数据网分别与车站联锁设备和临时限速服务器连接，根据轨道电路、联锁进路等信息生成行车许可，并通过 GSM-R 无线通信系统将行车许可、线路参数、临时限速等信息传输给 CTCS-3 级车载设备，列控车载设备接收到上述信息后，根据监测到的列车实际运行速度和列车的制动性能等参数，实时计算得到速度监控曲线，并监控实际驾驶曲线处于速度监控曲线下方，保证列车安全运行。

2）列控车载设备的主要工作模式

CTCS-3 级列控车载设备（含 CTCS-2 级功能）有 9 种主要工作模式，其中通用的模式有完全监控模式（FS）、目视行车模式（SR）、引导模式（OS）、调车模式（SH）、隔离模式（IS）、待机模式（SB）和休眠模式（SL）等 7 种；仅适用于 CTCS-2 级的模式有部分监控模式（PS）和机车信号模式（CS）。

（1）完全监控模式（FS）。

当车载设备具备列控所需的全部基本数据（包括列车数据、行车许可和线路数据等）时，列控车载设备生成目标距离-连续速度控制模式曲线，监控列车的安全运行，并通过人机界面（DMI）显示列车运行速度、允许速度、目标速度和目标距离等信息。

完全监控模式(FS)

（2）目视行车模式（SR）。

当地面设备故障时，列控车载设备显示禁止信号。列车停车后又需继续运行时，根据行车处理办法，经司机操作，列控车载设备按固定限制速度 40 km/h 监控列车运行，列车每运行一定距离（300 m）或一定时间（60 s），司机需确认一次。

目视行车模式(SR)

（3）引导模式（OS）。

当站内轨道电路故障时，可开放引导信号，列控车载设备根据引导进路生成目标距离-连续速度控制模式曲线，并通过人机界面显示列车运行速度、允许速度、目标速度和目标距离等，车载设备按固定限制速

引导模式(OS)

度 40 km/h 监控列车运行，司机负责在列车运行时检查轨道占用情况。

（4）调车模式（SH）。

当进行调车作业时，司机按压调车按钮，列控车载设备按固定限制（顶棚）速度 40 km/h 监控列车前进和折返运行。当工作在 CTCS-3 级时，经 RBC 同意，列控车载设备转入调车模式后与 RBC 断开连接，退出调车模式后重新进行连接。

调车模式(SH)

（5）隔离模式（IS）。

当列控车载设备停用时，需在停车的状态下，通过操作隔离列控车载设备的制动功能。在该模式下，车载设备不具备安全监控功能。当列控车载设备正常工作时，应能够监测隔离开关状态。

隔离模式(IS)

（6）待机模式（SB）。

当列控车载设备上电时，执行自检和外部设备测试正确后自动处于待机模式，车载设备监控列车不允许移动。当司机开启驾驶台时，列控车载设备中的 DMI 投入正常工作。

待机模式(SB)

（7）休眠模式（SL）。

该模式仅适用于非本务端列控车载设备。在该模式下，列控车载设备仍执行列车定位、测速测距、记录级间转换及 RBC 切换信息等功能。

列车列控升为本务端后，车载设备可自动进入正常工作状态。

休眠模式(SL)

（8）部分监控模式（PS）。

该模式仅适用于 CTCS-2 级系统。在 CTCS-2 级，当车载设备接收到轨道电路允许行车信息，而缺少应答器提供的线路数据时，列控车载设备产生一定范围内的固定限制速度，监控列车的安全运行。

部分监控模式(PS)

（9）机车信号模式（CCS）。

当列车运行到地面设备配置不具备 CTCS-2 级列控系统条件的区段时，根据行车管理办法，经司机操作后，列控车载设备按固定限制速度 80 km/h 监控列车运行，并显示机车信号。

机车信号模式(CS)

当列车越过禁止信号时触发紧急制动。

6. CTCS-3 级列控系统与 CTCS-2 级列控系统的比较

CTCS-3 级列控系统与 CTCS-2 级列控系统有相同之处，也有不同之处，具体如表 6-2 和表 6-3 所示。

表 6-2　CTCS-3 级列控系统与 CTCS-2 级列控系统的相同点

项目	相同点
运行方式	正线双向运行，正向按准移动闭塞追踪运行，反向按自动站间闭塞运行的要求
监控列车方式	以目标-距离连续速度控制模式、设备制动优先的方式监控列车安全运行
配套系统	CTC、车站联锁、信号集中监测
车载设备	除 CTCS-3 级还配有 GSM-R 车载电台、RTU 外，其他设备都相同
列车定位	车载设备依据地面应答器收到的信息，并以此为基准点 通过测速设备测量列车运行距离，以此来获得列车位置
轨道电路	均由轨道电路实现列车占用检查

表 6-3 CTCS-3 级列控系统与 CTCS-2 级列控系统的不同点

项目	CTCS-3 级列控系统	CTCS-2 级列控系统
适用范围	300 km/h 以上客运专线，250 km/h 铁路	200～250 km/h 提速干线及客运专线
车地信息通道	连续、双向、大容量 GSM-R 及部分应答器	轨道电路及应答器
地面主要控制设备	RBC	TCC
备用系统	CTCS-2 级	LKJ
临时限速服务器	必须设	可由 CTC 完成
临时限速	通过 GSM-R 传给车载设备	由应答器传送给车载设备
区间地面信号机	不设，只设停车标志	设，常态灭灯
车站地面信号机	设，常态灭灯；或不设，只设停车标志	设，常态点灯
发送分相区信息	RBC	应答器
工作模式	7 种	另外有 PS 和 CS 模式

7. CTCS-4 级列控系统

CTCS-4 级列控系统是完全基于无线传输信息的列车运行控制系统，地面可取消轨道电路，由 RBC 和车载验证系统共同完成列车定位和完整性检查，实现虚拟闭塞或移动闭塞。

CTCS-4 级列车运行控制系统面向高速新线或特殊线路，地面不设通过信号机，机车乘务员凭车载信号行车。点式信息设备提供列车用于测距修正的定位基准信息。

CTCS-4 级采取目标-距离控制模式，列车按移动闭塞或虚拟闭塞方式运行。

虚拟闭塞是准移动闭塞的一种特殊方式，它不设轨道占用检查设备，采取无线定位方式来实现列车定位和占用轨道的检查功能，闭塞分区是以计算机技术虚拟设定的。

移动闭塞的追踪目标点是前行列车的尾部，留有一定的安全距离，后行列车从最高速开始制动的计算点是根据目标距离、目标速度及列车本身的性能计算决定的。目标点是前行列车的尾部，与前行列车的走行和速度有关，是随时变化的，而制动的起始点是随线路参数和列车本身性能不同而变化的。空间间隔的长度是不固定的，所以称为移动闭塞。其追踪运行间隔要比准移动闭塞更小一些。

第四节 车站计算机联锁系统

高速铁路联锁系统一般采用计算机联锁系统(CBI)，其通信接口及处理能力都大大提高，系统硬件采用多重冗余结构，安全完善度等级必须满足 SIL4 级的标准。

计算机联锁是一种运用微型计算机对车站值班员的操作命令及现场表示信息进行逻辑运算，从而实现对信号机及道岔进行集中控制的车站联锁设备。

一、计算机联锁系统的工作原理

计算机联锁是由联锁控制用计算机、各种接口、输入/输出通道及外部设备，通过系统总线连接在一起的实时控制系统。由于涉及行车安全,系统的软、硬件设计必须遵循闭环工作原理。硬件实现模块的闭环沟通,软件使整个系统闭环运转。每一个安全控制信息输出、信息输入的局部环节,系统内部的逻辑处理过程,控制监视机与联锁逻辑处理机之间的联系等,均按闭环原理工作。例如,执行表示机在输出控制命令时,一是要通过驱动板去驱动信号、道岔、转辙机等现场设备;二是要对现场设备执行情况进行监视,通过输入口采集回读信息。闭环控制中,系统中任何一部分发生故障,系统即可诊断出来并采取措施,进行记录和报警,直至切断输出控制电源以确保安全。

由于高速铁路运行间隔小、运行速度高,为了提高系统对各种运行信息的响应速度,计算机联锁系统具有进路自动排列和进路存储功能。随着计算机技术的发展,强化了人机工程的研究,提供了现代化的声、像、图文显示,改善了操作人员的工作环境并提高了工作效率,控制方式已由传统的控制盘改为键盘、数字化仪、鼠标等。

计算机联锁系统必须与 CTC 系统接口,以实现对进路的自动控制;另外,为了满足列车控制系统的控制要求,计算机联锁系统需要提供列车进路开通状况等信息,甚至还要配合列车控制系统的限速需要,接受其信号降级显示命令等。

二、计算机联锁系统的基本结构

根据高速铁路计算机联锁系统的应用情况,本节分别以 E132-JD 型计算机联锁系统及 DS6-K5B 型计算机联锁系统为例,介绍计算机联锁系统的组成及功能。

根据各部分功能和设置的不同,计算机联锁系统结构可划分为人机对话层、联锁层、执行层和室外设备层,具体层次如图 6-9 所示。

(1)人机会话层设备的功能是接收车站值班员或维修人员的操作指令,向联锁层输入操作信息,接收联锁层输出的反映设备工作状态和行车作业情况的表示信息。

(2)联锁层是车站计算机系统的核心,它的功能是实现联锁运算。联锁层除了接收来自人机对话层的操作信息外,还接收来自执行层的反映转辙机、信号机和轨道电路状态的信息,根据联锁条件,对输入的操作信息和状态信息以及联锁机当前的内部信息进行处理,产生相应的输出信息,即信号控制命令,并交付执行层控制电路予以执行,最终实现动作室外设备的目的。

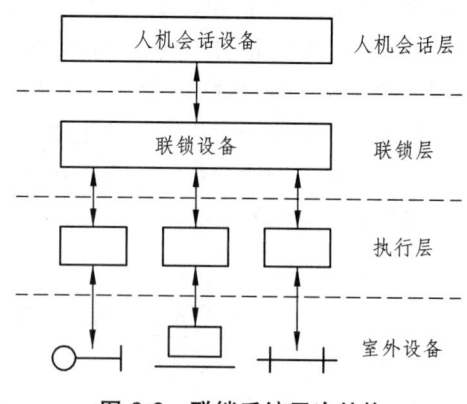

图 6-9 联锁系统层次结构

(3)执行层指联锁层与各个监控对象之间的控制电路这一层,其主要功能是:① 接收来自联锁层的道岔控制命令,驱动道岔转换;② 接收来自联锁层的控制命令,改变信号显示;③ 向联锁层传输信号状态信息、道岔状态信息以及轨道电路状态信息。以上功能通过信号控制电路和道岔电路实现,所以这些电路必须是符合故障-安全原则的。

三、计算机联锁系统的安全性和可靠性结构

对于计算机联锁系统,即要求其具有比较高的可靠性,又要求其具有比较高的安全性。这是因为计算机联锁系统不仅需要昼夜不停地连续运转,而且一旦出现故障,就有可能导致重大事故或灾难。

为了实现计算机联锁系统所要求的高可靠性及高安全性,多重冗余的结构是必不可少的,目前,计算机联锁系统的多重冗余结构主要以 2×2 取 2 以及 3 取 2 结构为主。

(一) 2×2 取 2 计算机联锁系统

2×2 取 2 系统结构如图 6-10 所示,利用 4 个 CPU 同时进行联锁运算,每两个 CPU 组成一个系统,一个系统主用,另一个系统处于热备状态。2×2 取 2 系统结构采用冗余技术,两个 CPU 各执行一套编码相同的联锁程序,并在码元(bit)一级对两个 CPU 的操作进行比较以检测故障。

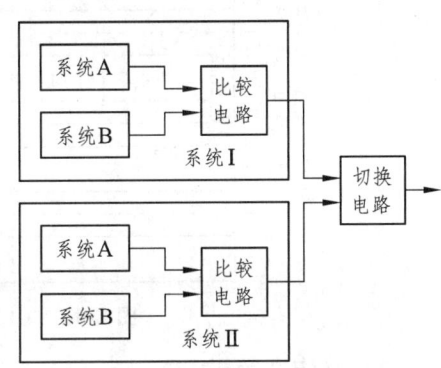

图 6-10　2×2 取 2 系统结构

(二) 3 取 2 计算机联锁系统

3 取 2 系统中运用 3 台计算机同时进行联锁运算,3 个 CPU 运算的结果两两进行比较,只有当两个 CPU 的运算结果一致时,才认为联锁系统处在安全可靠的运用状态。从功能角度看,相当于有一个 CPU 系统的故障被屏蔽了。对于 3 取 2 系统来说,只有两个 CPU 同时发生相同的故障,才有可能产生危险侧输出,但这种可能性极小,这类似于 2×2 取 2 系统,将危险可能降到最低,3 取 2 系统结构如图 6-11 所示。

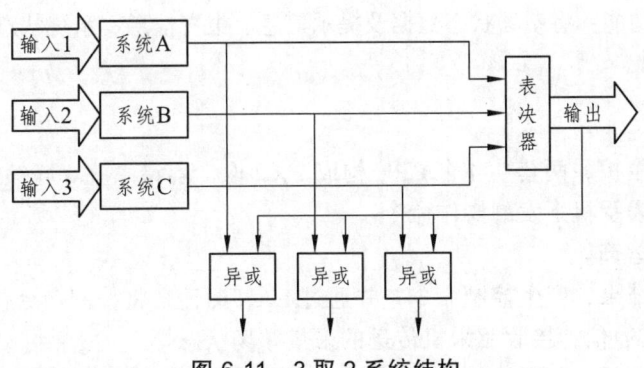

图 6-11　3 取 2 系统结构

四、计算机联锁系统的功能及组成

(一) E132-JD 型计算机联锁系统

E132-JD 型计算机联锁系统属于分布式计算机控制系统,其特点是分散控制、集中信息管理。系统包括人机对话层(也称操作表示层)、联锁运算层及执行层。另外,与既有线车站所使用的 E312-JD 型计算机联锁系统最大的不同之处是 CTCS-3 级车站的 E132-JD 型计算机联锁系统增加了通信前置机,系统结构如图 6-12 所示。

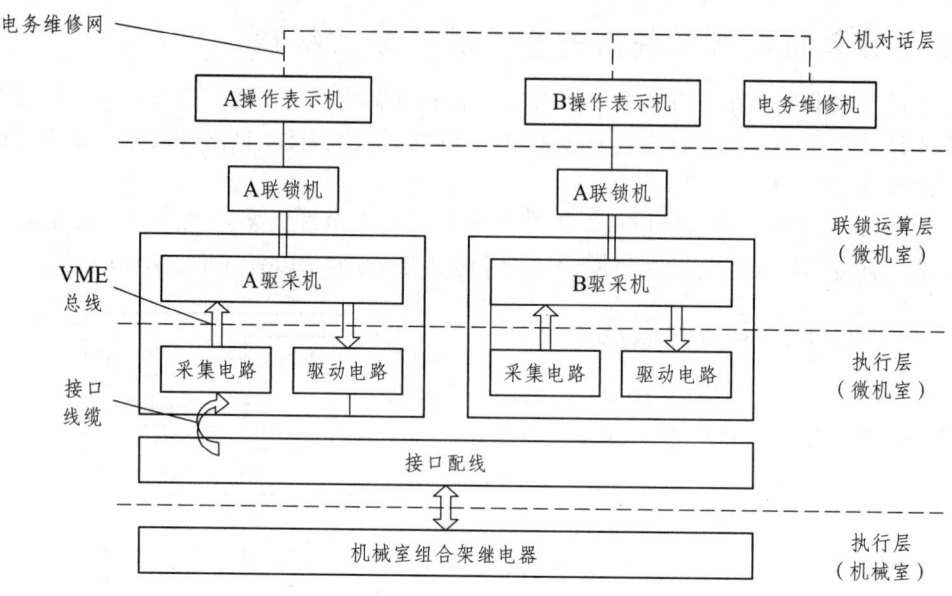

图 6-12 E132-JD 型计算机联锁系统的结构

1. 操作表示机

操作表示机简称上位机,和联锁机构成上、下分层结构,操作表示机有以下功能:

(1)办理进路等操作功能:接收车站值班员的操作按钮信息,将按钮信息通过网络传送给联锁机。

(2)站场及信息显示功能:接收来自联锁机的站场状态数据和提示信息等,在显示器或控制台上显示站场情况、系统工作状况、提示信息、报警信息等,对主要的错误或故障提供相应的语音报警。

(3)信息转发功能:将站场状态数据及提示信息、报警信息、系统状态信息转发给电务维修机。

2. 联锁机

联锁机也称下位机,两套共 4 个 CPU 构成 2×2 取 2 容错系统。联锁机的功能如下:

(1)接收操作表示机下发的操作命令。
(2)进行联锁运算。
(3)根据运算结果,产生控制命令,并通过 LAN 通信,将控制命令传送到驱采机。
(4)通过 LAN 通信,接收驱采机传送的采集站场状态。
(5)将站场状态信息、提示信息、故障信息等传送给操作表示机。

3. 驱采机

驱采机即驱动采集计算机,为 2×2 取 2 容错结构,驱采机有以下功能:

(1)控制采集电路工作;通过 LAN 通信,将采集到的站场状态传送给联锁机。
(2)通过 LAN 通信,接收联锁机传送的控制命令,并根据控制命令控制相应驱动电路。

4. 通信机

通信机为 2×2 取 2 容错结构,接收联锁主机的通信信息,通过不同的通信信道和主用

RBC 进行通信。

5. 电务维修机

电务维修机的功能如下：
（1）接收操作表示机传来的站场状态信息、操作信息、提示信息、故障信息等。
（2）提示站场运行状况、车站值班员操作信息、故障信息、系统运行状况等。
（3）记录一个月的历史信息，可查看一个月内站场运行状况、车站值班员操作信息、故障信息等。
（4）为信号集中监测等提供接口。

6. 动态无缝切换的双系热备系统

系统的联锁机采用双系热备的动态冗余结构，两套联锁机互为主备，没有主次之分，系统运行期间，一套联锁机作为主机运行，另一套则作为备用并机运行。

（二）DS6-K5B 型计算机联锁系统

DS6-K5B 型计算机联锁系统的体系结构如图 6-13 所示。

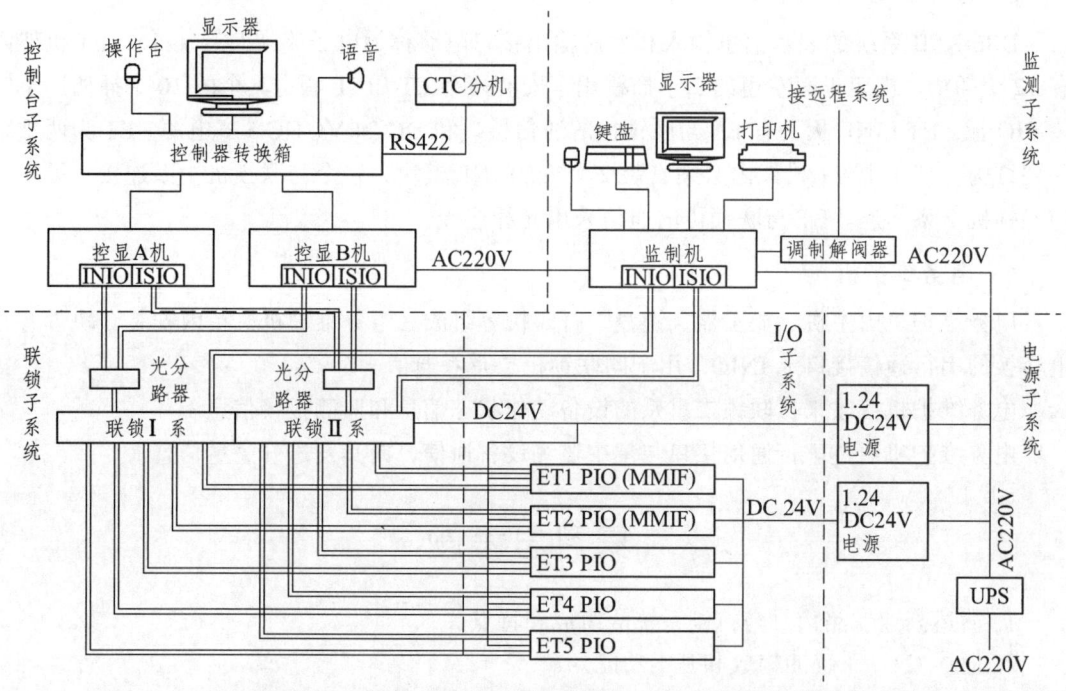

图 6-13 DS6-K5B 型计算机联锁系统的体系结构

1. 联锁机

联锁机包括联锁逻辑部和前置通信机两部分硬件设备，两部分之间通过光纤连接进行数据交换。

（1）联锁逻辑部：DS6-K5B 系统的联锁两系（Ⅰ系和Ⅱ系）的组成完全相同，每一系由 F486-4 联锁 CPU 板、FSIO1 电子终端及上位机接口板、FSIO2 电子终端通信扩展接口板和 VHSC26 125M LAN 通信扩展板组成。

（2）前置通信机：DS6-K5B 系统采用 DS6-K5B 逻辑部硬件作为前置通信机，实现与外部接口（无线闭塞中心、列控中心系统及邻站联锁）的通信功能。前置通信机两系的硬件组成完全相同。每一系由 IPU6 电源板、F486-4 联锁 CPU 板、FSIO 电子终端、125MLAN 通信板和 Z2ETH 以太网板等电路板组成。各电路板之间通过机架底板的 VME 总线互连。

2. 控制台显示和操作设备

DS6-K5B 系统的控制台显示机（简称"控显机"）安装了连接操作显示设备的接口板及两块带有光电转换的串行通信接口卡 INIO，用于同联锁机通信。

控显机采用双机互为备用。控显机双机与联锁机的两重系，通过光分路器构成交叉互连的冗余关系。每一台控显双机内安装了两块 INIO 通信卡，即 INIO1 和 INIO2，分别用于同联锁机 I 系和 II 系通信。联锁机的每一系有两个与控显机通信的接口。为了实现联锁的每一系都能够与控显双机同时或与其中的任意一台单独通信，在联锁机与控显机之间的通信线路上增设了光分路器（OBU，Optical Branch Unit）。光分路器的作用是将一侧的输入信号分成两路输出。同时将另一侧两路输入的信号合并成一路输出。

3. 电子终端

DS6-K5B 系统的表示信息输入和控制输出接口电路称为电子终端（ET）。1 个 ET 机架内有 12 个插槽。机架正面左边的 2 个插槽用于安装两个 ET-LINE 板，其余的 10 个插槽用于安装 PIO 板。ET LINE 板上有 ET 与联锁机的通信接口和 DC 24 V、DC 5 V 电源。ET 为两重系并列结构。在 1 个 ET 机架内必须安装 2 个 ET LINE 模块，一个与联锁机 1 系连接，另一个与联锁机 2 系相连。ET 与联锁机的通信采用光纤连接。

4. 电务维护机

电务维护机由主机、显示器、键盘、打印机等组成。电务维护机机箱内安装 2 块带有光电转换的串行通信接口卡 INIO，用于同联锁机二重系通信。

电务维护机接收来自联锁二重系的设备动作状态信息和监测报警信息。

电务维护机通过串行通信接口与集中监测设备通信，向其发送开关量信息。

复习思考题

1. 简述高速铁路信号与控制系统的组成和特点。
2. 简述 CTC 系统的构成和基本功能。
3. CTC 系统的有哪些操作方式？各适用哪些车站？
4. 什么是列车运行控制系统？
5. 我国铁路列控系统 CTCS 是如何分级的？简述其应用场合。
6. 简述 CTCS 的基本结构和基本功能。
7. CTCS-3 级列车运行控制系统的主要特点是什么？
8. 计算机联锁系统有哪些功能？

第七章　高速铁路通信系统

高速铁路是庞大的系统工程，高铁运输生产必须在分散的基础上实现高度的集中统一指挥，因而必须设置性能完善的现代化通信系统，把各个车站和部门联系起来，实现集中统一领导，有效地指挥列车运行，发布有关命令，实现运输企业内各业务部门、各工种之间的协同配合与作业，从而保证行车安全，提高运输能力和工作效率。

高速铁路通信系统是高速铁路的神经系统，是高速铁路重要的关键技术，是高速铁路发展的重要推动力。高速铁路通信系统有三个方面的功能：第一，为高速铁路列车控制系统、安全保障系统、客票及旅客服务系统、办公自动化系统、防灾及安防系统等提供业务传送及组网通道；第二，为高速铁路提供有线、无线一体化的移动调度指挥通信平台及运营维护公务联络通信手段；第三，为高速铁路企业提供高质量会议图像传输业务，实现统一的实时办公。

第一节　高速铁路通信系统的组成

铁路专用通信是铁路通信中的重要组成部分，是铁路内部运行组织的通信网络，是最主要的业务通信网。它是直接用于指挥列车运行，为铁路运输生产第一线服务。

铁路专用通信由区段通信、站场通信及电话会议通信三部分组成。

区段通信主要包括调度电话和其他专用电话。站场通信用于铁路某一站场内部各行车部门之间的通信联系。

为了满足高速铁路通信的要求，将铁路专用通信系统与现代通信技术、计算机及网络技术结合在一起，就构成了一个基于普通铁路专用通信系统、适应高速铁路运营特性的综合性高速铁路通信系统。

高速铁道通信系统包括传输系统、电话交换及接入系统、无线通信系统、数据通信系统、专用移动通信系统、调度通信系统、会议电视系统、应急通信系统、综合网管系统、时钟及时间同步系统、通信电源、电源及环境监控系统、综合视频监控系统、通信防雷等。

一、铁路数字专用通信系统

铁路数字专用通信系统是针对铁路通信传输系统数字化后，用一种接入设备利用数字信道把沿线各站的各种专用通信业务综合起来，提供全面的数据、文字、语音等服务，简化了专用通信系统的结构，改善了专用通信的话音质量，提高了数字信道的利用率，从根本上解决了沿线小站的通信问题，形成以自控为主的、智能化的、全程全网的网络化综合调度指挥平台。

铁路数字专用通信系统分为枢纽主系统和车站分系统。主系统一般位于各个调度中心，分系统一般位于所管辖的各个车站，两者之间通过数字传输通道组成网络。在网络内部实现语音、数据等业务。同时保留与模拟传输接入的方式，使数字和模拟方式互为备份。网管系统可根据维护管理的实际需要，由设置在调度所的主系统或沿线各车站的分系统侧的网管终端构成。

铁路数字专用通信系统主要实现数字调度业务、专用电话、数字站间闭塞及各种模拟接入业务，同时能够替代站场集中机、区转机等设备。

（一）调度电话系统

铁路数字专用通信系统可以实现铁路局所有方向、所有区间的调度电话业务，可以实现局调、干线调度的多级联网。一个调度电话系统由后台交换网、调度台、调度分机、录音设备及数字传输通道构成。同时可以实现铁路局所有方向的所有专用电话业务。

1. 列车调度电话

列车调度电话作为调度员指挥列车运行的通信工具，是最重要的铁路行车通信系统。它用于列车调度员与其管辖范围内的所有分机进行有关列车运行的通话联系。在列车调度回线上，只允许接入与列车运行直接有关的车站值班员、车站调度员、机车调度员等的电话。列车调度电话的显著特点是调度员可以对个别车站呼叫，也可以对成组车站呼叫或者对全部车站集中呼叫。调度员可以与车站通话，任何车站也可以方便地对列车调度员进行呼叫并通话。列车调度电话的主要用户包括列车调度员、车站（场）值班员、机车司机、运转车长、助理值班员、机务段（折返段）调度员、列车段（车务段、客运段）值班员、机车调度员、电力牵引变电所值班员、救援列车主任以及其他相关人员。

2. 货运调度电话

货运调度电话是为铁路局货运调度员指挥各主要车站装卸货物作业而设置的。总机设在铁路局调度机械室，选叫通话设备设在铁路局调度所货运调度员处，分机设在中间站货运员及大站货运调度员处。

3. 电力调度电话网

电力调度电话网是为铁路局电力调度员指挥电力牵引的基层单位检修供电设备而设置的，区段划分须与电力调度员管辖范围一致。总机与选叫通话设备设在铁路局，分机设在牵引变电所值班员室、开闭所、接触网工区、分区亭、电力机务段及折返段值班室、供电段调度室等。

（二）区间电话

区间电话是供工务、电务、电力工作人员在区间工作时，与车站值班员或有关人员进行紧急防护及业务通话用。因此区间电话应能与邻近车站值班员联系，还能与该区段列车调度回线、电力调度回线、工务、电务等回线接通。一般电缆区段设一对区间电话回线。在电气化区段，因电力牵引供电直接影响列车运行，因此需加设一对电力维修专用的区间电话回线。在每隔 1.5 km 设区间自动电话机一台，装在铸铁箱内加锁，车站分系统具有区间电话转接机功能，通过区间电话机拨号可分别与列车调度员、邻近车站值班员等直接联系。

（三）无线调度电话系统

1. 列车无线调度电话

列车无线调度电话简称无线列调，是有线列车调度电话的延伸，它为列车调度员、机车调度员、车站值班员等行车指挥人员直接和正在运行中的列车机车司机互相通话而设置。这不仅便于及时掌握与调整列车的运行状态，提高运输效率，而且当列车在运行过程中发生临时故障，或者区间线路、桥梁等出现异常现象时，司机可以及时地反映给调度员或邻近的车站值班员，以便采取紧急措施，更好地确保行车安全。

无线列调系统由车站电台、机车电台、调度总机及传输线路等组成。无线列调采用无线和有线相结合的方式，调度总机与车站台间采用有线方式连接，在传输线路上传送呼叫信号及话音信号，在车站台和机车台之间则采用无线方式联络。

车站值班员和司机通话时，车站值班员的语音电流经车站固定电台调制后，通过无线变换为电磁波向周围区间辐射，一旦该电磁波在此区间内被机车上的电台所接收，就能进行通话联络。铁路局调度员呼叫司机时，要通过车站的有线/无线转接设备把调度控制台和车站无线连接起来，发出电磁波，进行通话。司机呼叫铁路局调度员时，一种方式是自动转接，另一种方式是在征得车站值班员的同意后，由车站值班员按下专门的按钮，将车站的固定电台与调度所的通信线路接通，然后司机才能和调度员通话。

需要注意的是，机车电台只能在某区间呼叫邻近的车站，若机车在第二站与第三站间运行，只能和第二站或第三站的车站电台通话，而不能和第一站、第四站或调度所直接通话。

2. 站内无线调度电话

站内无线调度电话是为车站值班员、驼峰值班员等站内编组和解体作业的指挥人员和车站调车机车司机相互通信而设置的。采用站内无线调度电话通信时，在车站调度员室和驼峰值班员室有固定无线电台，在调车机车和驼峰机车司机室内装有机车电台。

通过站内无线调度电话，车站调度员可以直接和调车司机取得联系，及时了解现场作业情况及存在的问题，并向有关人员提出解决问题的措施，特别是在天气不良、辨认信号比较困难的条件下，依靠无线调度电话可以更好地防止事故的发生，确保调车安全。因此，采用站内无线调度电话后，站内的调车工作和其他工作会变得更加方便、灵活，能够更充分地提高调车机车的效率，缩短车辆停留时间，加速车辆周转。

二、高速铁路专用电话系统

高速铁路专用电话系统主要包括区段数字通信、区间通信及无线数据通信系统。

（一）区段数字通信

高速铁路设有综合调度中心，在车站信号室内有调度集中分机，在电务、工务、机务、水电维修部门也设有分机或控制终端，它们之间通过主干传输系统提供数字通信互联，形成专用通信。

综合调度系统专用的数据通信加上传统的调度电话业务以及图像业务综合成区段数据通信，可采用现代数据通信技术（如 IP 技术、VPN 技术等）来实现多媒体业务。

（二）区间通信

区间通信是为区间作业人员提供对外联系的通信设施。

高速铁路站间距可达 20～70 km，区间通信非常必要，区间通信主要包括以下内容：

（1）车站信号室之间、车站信号室与区间信号室之间、区间信号室之间的列控安全数据传输。

（2）区间联锁系统主站与相邻从站或区间渡线控制点之间的安全数据传输。

（3）天气、地震、线路安全检测站与站终端的数据传输。

（4）列车轴温检测站的数据传输。

（5）电力遥控终端数据传输。

（6）区间工务人员及应急抢线通信。

（7）常设线路监视系统及救灾监视用图像传输。

（8）通信、信号维护用通信通道等。

（三）高速列车无线数据通信

高速列车无线数据通信用来进行高速列车与地面的无线数据传输，以实现高速铁路的行车安全、运输管理、旅客服务。高速列车无线数据通信具体包括如下内容：

（1）文本方式的调度命令。

（2）车次号、列车速度、列车位置核查。

（3）列车运行时的安全状态。

（4）车辆维修信息。

（5）旅客服务信息等。

（四）其他专用电话系统

1. 地区电话

地区电话是供同一城市各铁路单位相互之间进行公务联系使用的电话，是铁路企业的"市内电话"。

2. 局线和干线长途电话

局线长途电话是供铁路局范围内各单位相互之间进行公务联系使用的通信设备。干线长途电话是供国铁集团与铁路局以及铁路局与铁路局之间相互进行公务联系使用的通信设备。

3. 列车确报电报、电话

列车确报电报、电话是供相邻编组站与区段站之间及时传递有关列车编组顺序的资料，以便对方站能准确、及时地掌握车流情况而使用的通信设备。

4. 应急抢险专用电话

利用沿线各站通信机械室的光纤用户接入网，向车站的下行区间放一专用号 117，每个区间开放一个自动电话。区间抢险电话只能呼叫"117"立接台，不能呼叫其他电话。"117"立接台直接呼叫区间抢险电话，确保随时接通现场电话。

三、专用基础网络

专用基础网络是指信号专用光纤网，把联锁和列控系统、列控系统各信号室设备之间，联锁系统主站与分站之间以及 CTC 各系统之间用网络联系起来，称为 CTC-LAN、E1-LAN 和 ATC-LVN。采用先进的网络技术可以简化信号系统设计，便于系统升级，减少配线和电缆，从而提高了信号系统的安全性、可靠性和可维修性。

四、铁路站场通信系统

铁路站场通信系统也是铁路专用通信的一部分，它主要是解决站场工作人员相互通信的设备。包括站场电话系统、站场扩音对讲系统、站场无线电话系统和客运广播系统。

（1）站场电话：供站内运输人员指挥站内行车和调车作业以及联系车站日常运输组织工作使用。

（2）站场扩音对讲系统：包括行车作业使用的对讲设备和供调车作业使用的对讲设备，并且可向室外扩音。

（3）站场无线电话：供站场流动作业人员之间和流动人员与固定作业人员之间互相联系，以保证作业安全和提高作业效率而使用的设备。

（4）客运广播系统：供客运作业人员使用。为了便于客运服务，客运扩音设备常采用分路输出，分别向候车室、各站台、站前广场等处进行广播。它已成为客运站不可缺少的设备之一。

第二节 高速铁路综合数字移动通信系统（GSM-R）

GSM-R（GSM for Railway）中文全称为铁路移动通信系统标准，是中国首次从欧洲引进的移动通信铁路专用系统。铁路综合数字移动通信系统（GSM-R）是在数字蜂窝移动通信系统（GSM）上增加了调度通信功能和适合高速环境下使用的要素，能满足国际铁路联盟提出的铁路专用调度通信的要求。

GSM-R 是一种基于 GSM 系统技术平台，针对铁路通信列车调度、列车控制、支持高速列车等特点，为铁路运营提供定制的附加功能的一种经济高效的综合无线数字通信系统，并将铁路移动通信所具有的特色（群呼、组呼、优先级别、强插、强拆等功能）加进去，构成 GSM-R 用于铁路的全球移动通信系统。从集群通信的角度来看，GSM-R 是一种数字式的集群系统，能提供无线列调、编组调车通信、应急通信、养护维修组通信等语音通信功能。

一、GSM-R 系统的组成

GSM-R 系统由六个子系统组成：移动交换子系统（SSS）、基站子系统（BSS）、运行与维护子系统（OMC）、通用分组无线业务子系统（GPRS）、终端子系统及移动智能网子系统

(IN），并通过交换子系统（SSS）中的网关移动交换中心（GMSC）实现与其他通信网络的电路域业务的互联互通，通过通用分组无线业务系统（GPRS）中的网关 GPRS 业务支持节点（GGSN）实现与其他数据信息网络的分组域业务的互联互通。

GSM-R 系统采用冗余交叉覆盖的方式进行布置，沿铁路线路每隔 2～3 km 设置一个 GSM-R 无线通信基站，只要不是相邻的基站同时发生故障，就不会影响 GSM-R 网络场强覆盖，提高了车地通信的可靠性。GSM-R 系统交织冗余覆盖如图 7-1 所示。

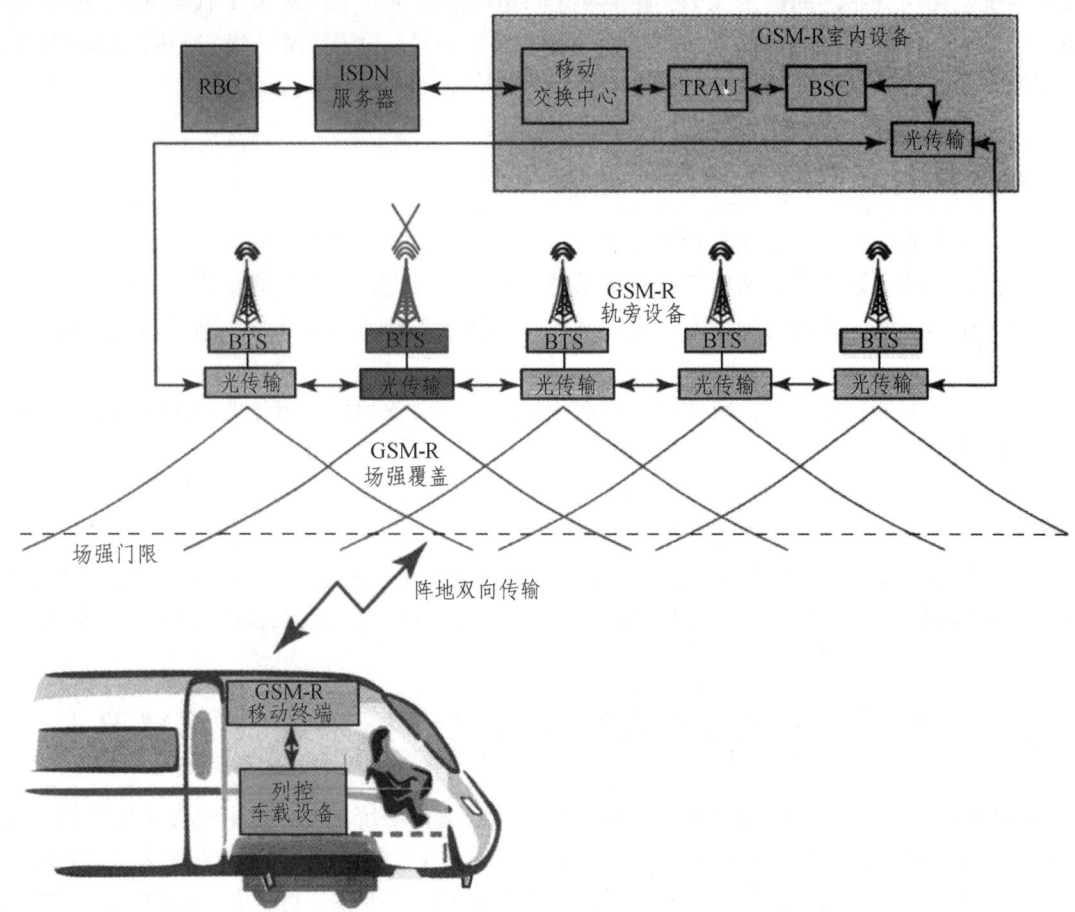

图 7-1　GSM-R 交织冗余覆盖示意图

二、GSM-R 系统的功能特点

GSM-R 以 GSM 平台为基础，因此除了 GSM 所具有的越区切换、漫游等特性外，GSM-R 还具有以下专有的功能特点：

（1）功能寻址（Functional Addressing，FA）：便于固定（移动）用户拨号呼叫列车上移动用户的一种方式。

（2）基于位置的寻址（Location Dependent Addressing，LDA）：便于列车上移动用户（如火车司机）呼叫固定用户（调度员）的一种方式。例如，当火车司机呼叫固定用户（调度员）时，系统依据移动用户（火车司机）的当前位置（所在控制区/小区）对固定用户（调度员）

进行寻址，自动地将呼叫转接到列车当前所在控制区的调度员。

（3）语音广播服务（Voice Broadcast Service，VBS）：VBS 可用来在指定区域（可跨多个小区）内广播消息或发布紧急呼叫（一点对多点的呼叫，主呼者讲话而众多的被呼方只能收听）。区域的定义和选择可动态设定，从而具有极大的灵活性。

（4）语音组呼服务（Voice Group Call Service，VGCS）：移动或固定用户拨打组呼 ID 号，可与指定区域内的小组成员建立呼叫。该组内所有成员均可通过同一业务信道进行接听；该小组的成员也可通过按键讲话（PTT）方式发出通话请求，系统依据"先请求先服务"的原则建立一个上行链路来提供通话服务。

（5）增强的多级优先与强占权（Enhanced Multi-Level Precedence and Pre-emption，eMLPP）：铁路紧急呼叫或列车自动控制等许多通信应用，都要求网络无论处于何种负载状况下均能迅速建立呼叫。如果在一个无线电小区发生拥塞（所有无线电频率和业务信道均被占用），eMLPP 可立即切断低优先权的呼叫而优先建立高优先权的呼叫。

三、GSM-R 系统在高速铁路通信中的应用

GSM-R 系统除了上述的功能特点外，还表现在以下的铁路业务应用之中：

（1）列车控制系统（Train Control System，TCS）：是以 GSM-R 作为传输手段的列车自动防护/列车自动控制系统，甚至可以实现列车自动操作（驾驶）。

（2）铁路维护通信：利用 GSM-R 建立铁路沿线维护人员的业务联络通信（新的路边电话和隧道电话），并能够根据维护人员的职能和所在的场所很快地确定他们的位置。

（3）列车诊断：如果列车发生故障，诊断数据将通过 GSM-R 传输到下一个维修中心，使维修站能够及时为维修做好相关准备，因而大大缩短维修时间。

（4）旅客服务：包括列车时刻信息、在线售票（订座）服务。基于列车自动控制和 GSM-R 的列车时刻信息服务，能够随时为旅客和乘客提供列车的动态位置和时刻信息；基于 GSM-R 连接的售票机可提供在线售票（订座）服务。

（5）货运跟踪服务：利用一个带有 GPS 接收器的简单 GSM 模块，可指示该货车（集装箱）的精确位置，可实时掌握所运货物的确切位置，并可将这一数据发送给客户。

四、GSM-R 的技术优势

GSM-R 系统是我国从欧洲引进的铁路专用移动通信系统，能够满足列车运行速度为 500 km/h 时的无线通信要求，且安全性好。GSM-R 系统用于实现铁路移动通信，其优势主要体现在以下几点：

1. 以公众移动通信产业链为支撑，基础技术较完善，发展有保障

GSM-R 技术基于 GSM 技术。GSM 技术先进、成熟，在世界范围内得到成功运行，为 GSM-R 奠定了良好的技术基础。铁路调度通信用户和其他普通用户均可采用 GSM 终端，降低了设备和系统的投入成本，有利于网络的规模发展和效益。

2. 具有良好的接续性能

GSM-R 系统的集群模式的快速呼叫建立时间能够满足铁路调度用户的需求。GSM-R 系

统能够提供数字集群功能，能提供无线列调、编组站调车通信、应急通信、养护维修组通信等语音通信功能。此外，GSM-R 系统还可以作为信号及列控系统的信息平台。

3. 可改进网络的服务质量和可靠性

GSM-R 技术可为高速列车提供清晰的语言和数据服务，形成综合业务的移动通信系统，最大限度地为铁路运输生产提供服务；满足铁路调度指挥现代化、运输管理信息化的需要，提高铁路技术装备水平。

4. 基于强大的智能技术平台，可提供各类铁路特色业务

GSM-R 移动智能网的功能为：可以管理移动用户功能号码的注册、注销和查询过程；管理具有不同功能角色的移动用户之间的呼叫过程或固定用户与移动用户之间的呼叫过程，在功能号码与 MSIDN 号码之间进行翻译，实现功能寻址和位置寻址。

5. 可作为 CTCS-3 级和 CTCS-4 级列控业务的通信平台

采用 GSM-R 实现车-地间双向无线数据传递，代替目前的用轨道电路传输色灯信号指令，是实现基于通信技术的列车控制系统的关键技术，它具有明显的优势。

（1）基于 GSM-R 传输平台，提供车-地间双向安全数据传输通道。

（2）无盲区、设备冗余、实现加密。

（3）满足列车控制响应时间的要求。

6. 具有后向兼容性

GSM-R 技术在我国发展迅速，且可与先进的网络技术（软交换、智能网、全光技术）同步发展，与 3G、4G 以及 5G 移动通信有着良好的向后兼容性。

五、高速铁路 GSM-R 的系统需求和方案设计

（一）高速铁路 GSM-R 的系统需求

高速铁路 GSM-R 网络在服务质量、可用性、冗余可靠、容灾等方面，比公众移动通信网络要求严格得多，在带宽有限及现有话务模型不准确的情况下，也要满足高速条件通话要求及列控需求。

高速铁路 GSM-R 网络的主要 QoS 参数及其取值见表 7-1。

表 7-1　QoS 参数及其取值

Qos 参数	高速线的取值
连接建立时延	<8.5 s（95%），≤10 s（100%）
连接建立失败率	$<10^{-2}$
端到端的最大传输时延（每个数据块 30 个字节）	≤0.5 s（99%）
连接掉话率	$\leq 10^{-2}/h$
传输干扰周期	<0.8 s（95%），<1 s（99%）
传输无干扰周期	>20 s（95%），>7 s（99%）
网络注册时延	≤30 s（95%），≤35 s（99%），≤40 s（100%）

设计高速铁路 GSM-R 网络时，应首先考虑满足一般 GSM-R 系统需求：

（1）网络覆盖要求：

① 98dBm，95% 时间区域（列调）。

② 95dBm，95% 时间区域（列控，速度<220 km/h）。

③ 92dBm，95% 时间区域（列控，速度>280 km/h）。

（2）通话建立时间（95% 的情况）：① 紧急组呼小于 2 s；② 普通组呼小于 5 s；③ 低优先级呼叫小于 10 s。

（3）高的越区切换成功率。

（4）保证下列区域的高质量无线覆盖：① 车站；隧道；③ 站场。

（5）高抗干扰能力。

（二）高速铁路 GSM-R 网络设计方案

根据高速铁路的具体特点（线路长度、沿线地貌、桥梁、隧道、干扰、投资等），可以有针对性地对其 GSM-R 系统组成环节进行特殊设计，以满足具体线路的具体要求。根据国内外 GSM-R 系统建设情况，主要有以下几种方案：

（1）单 MSC，单层无线覆盖。全线配置单套核心网设备（包括 MSC，IN，SGSN 等）和单套无线网络设备（包括 BSC，BTS 等），基站覆盖重叠区域较少，基站采用环形连接，如图 7-2 所示。

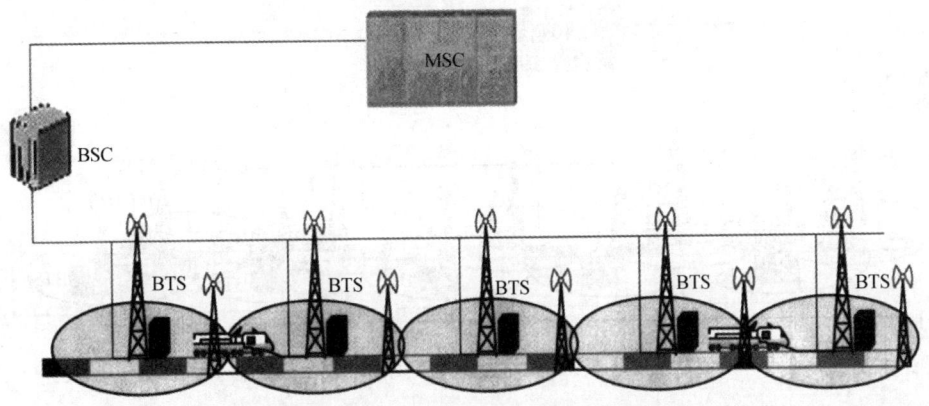

图 7-2　单 MSC，单层无线覆盖

（2）单 MSC，交织站址单层无线覆盖。全线配置单套核心网设备（包括 MSC，IN，SG-SN 等）和单套无线网络设备（包括 BSC，BTS 等），基站覆盖重叠区域较深，有一定 BTS 冗余，基站采用环形连接，如图 7-3 所示。

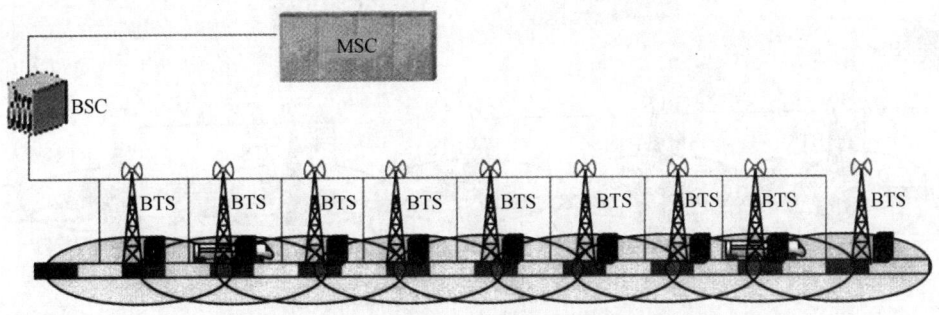

图 7-3　单 MSC，交织站址单层无线覆盖

（3）单 MSC，同站址双层无线覆盖。全线配置单套核心网设备（包括 MSC，IN，SGSN 等）和双套无线网络设备（包括 BSC，BTS 等），两层无线网络的基站按同站址设置，基站采用环形连接，如图 7-4 所示。

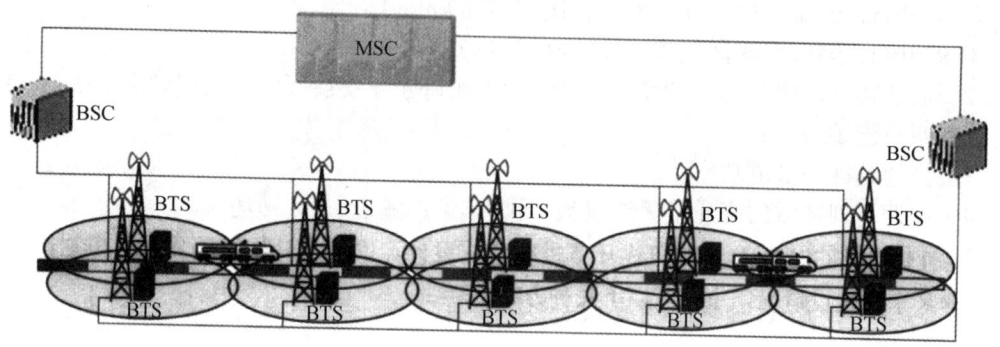

图 7-4　单 MSC，同站址双层无线覆盖

（4）单 MSC，异站址交织双层无线覆盖。全线配置单套核心网设备（包括 MSC，IN，SGSN 等）和双套无线网络设备（包括 BSC，BTS 等），两套无线网络基站按异站址交织设置，基站采用环形连接，如图 7-5 所示。

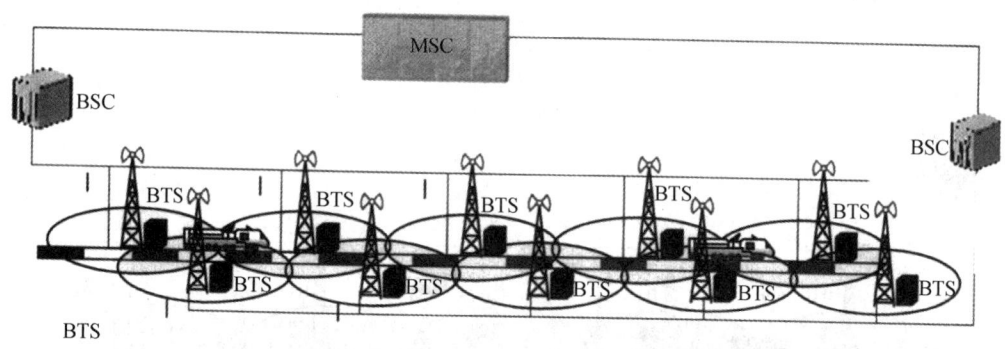

图 7-5　单 MSC，异站址交织双层无线覆盖

（5）双 MSC，同站址双层无线覆盖。全线配置双套核心网设备（包括 MSC，IN，SGSN 等）和双套无线网络设备（包括 BSC，BTS 等），两套基站采用同站址双层网络覆盖，基站采用环形连接，如图 7-6 所示。

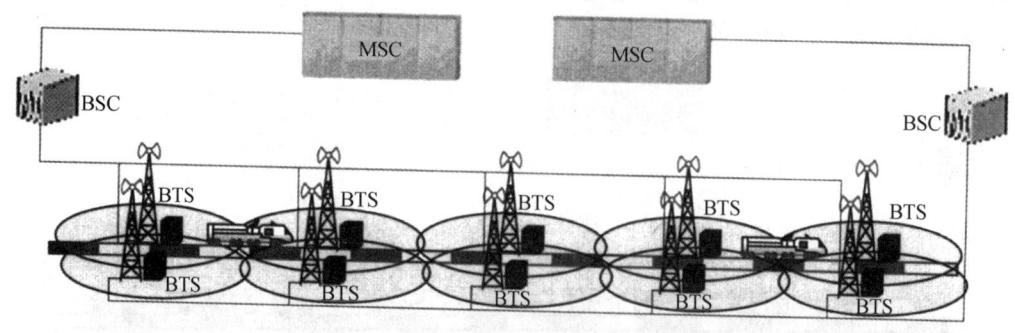

图 7-6　双 MSC，同站址双层无线覆盖

（6）双 MSC，异站址交织双层无线覆盖。全线配套双套核心网设备（包括 MSC，IN，SGSN 等）和双套无线网络设备（包括 BSC，BTS 等），两套基站采用异站址交织双层网络覆盖，基站采用环形连接，如图 7-7 所示。

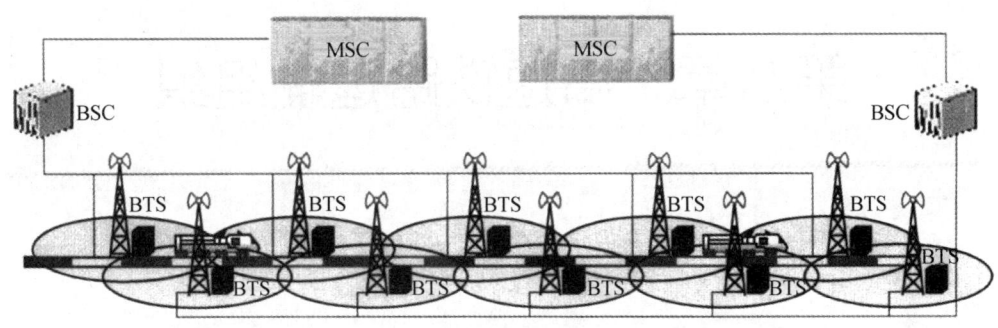

图 7-7 双 MSC，异站址交织双层无线覆盖

以上 6 种方案，在不同的用户需求下都有其适应性和应用特点，根据高速铁路对 GSM-R 网络设计的要求，在线路较短的高速铁路线上，建议采用方案（3）的"单 MSC，同站址双层无线覆盖"或方案（4）的"单 MSC，异站址交织双层无线覆盖"，在有条件时，可升级为方案（5）或（6）；在线路较长的高速铁路线上，建议采用方案（5）的"双 MSC，同站址双层无线覆盖"或方案（6）的"双 MSC，异站址交织双层无线覆盖"。

复习思考题

1. 什么是铁路专用通信？其作用和种类有哪些？
2. 什么是高速铁路调度通信系统？其系统由哪些部分组成？
3. GSM-R 是什么？它具有哪些功能？在实际工作中如何使用？
4. GSM-R 系统由哪些部分组成？其技术优势主要表现在哪些方面？
5. 目前，高速铁路 GSM-R 网络的无线覆盖方案都有哪些？其优缺点各是什么？

第八章 高速铁路运输组织

第一节 概 述

一、高速铁路运输组织的特点

高速铁路运输组织工作的基本特点如下:

(1) 高速铁路旅客运输组织工作覆盖旅客旅行服务的全过程,最大限度地满足不同层次的旅客的出行需求。从客票预订、售票服务、站车信息服务到旅客换乘服务以及各种形式的旅客自助服务等,实现了运输组织管理和运输服务管理的一体化。

(2) 充分满足旅客出行需求、适应客流变化的运输计划和旅客列车开行方案。列车开行的等级、数量、运程、经停、服务、时刻、票制等形式多样,保证旅客有充分的选择空间。

(3) 运输基础设施和运载工具运用的效率化、精细化,运输计划的科学化、合理化,运输过程管理和控制的规律性和节奏性,在高速铁路运输组织中得到充分体现。

(4) 建立以高新技术为基础的安全保障体系和以调度中心为中枢的运营管理系统,在保证高速铁路运输的高度安全性和可靠性的基础上,形成了以设备运用、整备、检修一体化的系统运营管理特色和信息、机制、决策、运作、评估之间的高度协调统一,实现了运营组织管理的高水平和高效益。

为了适应客流特点,最大限度地方便旅客,各国高速铁路在其运营实践中形成了各具特色的客流组织方式。

(一) 日本

日本高速铁路独立成体系,跨线客流需在高速站换乘。为此,日本高铁建设了先进的快速换乘系统。例如,东京—博多全长 1 069.1 km,设站 33 个,为了更多地吸引客流,安排了三种高速列车共 61 种停站方式;专为通勤旅客服务的"回声号",运行距离短,站站停车;为满足旅客便捷、快速开行的"希望号"列车停站少,最多只停 6 站;"光号"列车的停站次数则介于上述二者之间,一般为 8~12 个。日本高速铁路全程不开行途中不停站的直达列车,主要原因是日本的旅客在里程超过 1 000 km 时更愿意选择飞机。高密度、长编组、多定员、停站时间短、停站方案多、车站站线利用率高、列车服务频率高是日本高速铁路列车组织的主要特点,充分适应并满足了高铁沿线城市带和都市圈的高密度交通需求。

（二）法国

法国高速铁路采用"多车次、少中转"的运营系统，列车速度单一，线路能力可得到最佳利用，列车采用小编组，在高峰时段则通过采用"多列联运"的方式增加载客量。法国高速列车大多可以下高速线运行，在高速铁路还只有 1 280 km 时，TGV 高速列车的运行范围就达到了 5 800 km 以上。

（三）德国

德国高速铁路客货混行且客货列车分时运行。6:00~22:00 开行高速列车，由于客流较少，列车密度较低，ICE 列车每小时只开一列，其他为上高速线的 IC 列车，运行图繁忙区段每日开行各类客车 100 列，夜间开行货车 80 列。客车停站时间为 1~4 min。当德国高速铁路只有 427 km 时，ICE 高速列车就可在 4 000 km 左右的线路上运行，有效延伸了高速列车的服务范围。

（四）中国

中国的国情和客运专线网络的特点，决定了中国客运专线的列车开行方案必然是列车服务兼容性强、本线列车和跨线旅客列车共线运行的方案。

处理跨线客流组织应遵守的三个基本原则是：

（1）既有线与高速线的合理分工。高速线为客运专线，有足够的输送能力，应尽可能把旅客组织到高速铁路上。既有线以货运为主，应逐步减少客车运行，以不断释放该线的货运能力。

（2）以人为本，方便、快速和安全地组织旅客运输。

（3）创造条件，使高速铁路尽可能多地吸引客流，保证高速铁路建成后具有良好的经济效益和社会效益。

跨线旅客运输方案主要有四种，分别是：

（1）高速线全部运行高速列车，且高速列车可以跨线（在不同速度等级的高速线间以及高速线与普速既有线间）运行，也称不同速度等级列车混行方案，此方案有利于不同速度等级的高速线间的列车互联互通，对旅客最为有利，跨线旅客可乘坐高速列车直达终点，高速列车在本线以高速运行，驶离本线后以所经线路的允许速度运行。但这种方式不仅要求高速动车组需配备其他线路运行的列控设备，造成运转速度的下降，在列车终到站还会面临整备和检修困难。在我国，CTCS-2 和 CTCS-3 列控设备是兼容的，高速列车完全具备在时速 300 km 和时速 200 km 线路之间的相互跨线运行。至于高速列车下到速度等级更低的既有普速线运行，由于速度损失太大，即使具备技术条件也很少采用。

（2）高速线全部运行单一速度等级的高速列车，不实行列车跨线运行。列车旅行时间差异仅为停站方案不同所致。由于这种线路高速列车密度大、停站多、时间短，且为方便旅客已经设置成不同的停站方案，再开行较低速度等级的列车跨线，对线路通过能力影响较大。

（3）普速列车可以上高速线，与高速列车共线运行。跨线旅客可以乘坐普速列车跨高速线运行后直达终点站。这种方案仅局限于速度等级较低、兼设普速列车机车信号的高速线（如新建客货混行的高速线和对既有线改造后达到最高时速的线路）。因为普速列车开行对高速线通过能力影响较大，其开行等级和数量要受到一定的限制。所以这种方案一般是以高速列车为主，兼顾开行部分速度等级较高的快速列车（如特快、直达列车）。

（4）跨线旅客换乘方案。在高速线上乘坐高速列车，到达换乘站后换乘普通列车到达终点，是不具备列车跨线运行条件限制下的开行方案，一般发生在高速线与既有线衔接车站。当高速站与既有站合设时，只要列车时刻设计合理，旅客换乘一般还是比较方便的。高速站与既有站分设的情况下，这种同城不同站的换乘方案对旅客来说显然不便，需要市政部门配合，在两站通过间开行摆渡车予以解决。

结合我国高速铁路设备和客运需求的情况，目前我国高速铁路采用的方案为在大多数长途高速线上采用第（1）种方案，即时速 300 km 和时速 200 km 列车混跑的方案；在设计为客货混行的高速线上采用第（3）种方案；在城际线上则主要采用第（2）种方案，即高速线仅运行高速列车模式。第（4）种方案在不具备列车跨线运行条件的线路和地区依旧存在。在高速铁路建成后的较长时间内，上述模式总体上能提高高速铁路的经济效益和大幅度提高既有运力，基本上实现客、货分线运行，是符合我国国情、路情的较为现实可行的方案，也是我国铁路发展高速铁路不可逾越的阶段。

二、高速铁路运输组织的流程

高速铁路运输组织必须达到信息、机制、决策、运作、评估之间的高度协调统一，从而实现高效率。为此，高速铁路运输组织的一般流程如下：

（1）首先通过客流调查，正确分析、预测旅客运输市场需求。

（2）其次综合考虑铁路线路、车站、信号、动车组等技术设备条件，计算、确定列车运行的各种参数。

（3）根据运输系统自身的实际情况和市场需求情况确定经营方针、经营策略。

（4）基于客流预测、设备条件、经营策略具体编制旅客输送的框架计划，即列车开行方案，对列车开行的起讫点、种类、数量、途经车站的停车方案等做出具体的规定。

具体的运输组织工作通过综合运输计划进行安排。高速铁路的综合运输计划主要包括列车运行图、动车组运用计划、乘务员运用计划。列车运行图详细规定了所有列车在各站的到达、通过、出发时刻和途中运行时分，动车组运用计划规定了动车组交路，乘务员运用计划规定了司机值乘安排。因此，高速铁路列车运行质量主要由综合运输计划决定。

三、高速铁路旅客运输计划

（一）高速铁路旅客运输计划的种类

高速铁路旅客运输计划（见图 8-1）分为长期计划、年度计划和日常计划。其中前两项计划由高铁计划部门负责编制，日常计划由客运部门编制。长期计划包括五年或更长时期，是纲领性的战略计划，它以国民经济和社会发展长期计划为依据，主要内容有：远期的高铁客运输量和旅客周转量，重大的技术政策和战略措施，新线建设、旧线改造，动车组购置等重大基本建设项目，投资规模，人才培养，劳动生产率、经济效益的增长速度等。

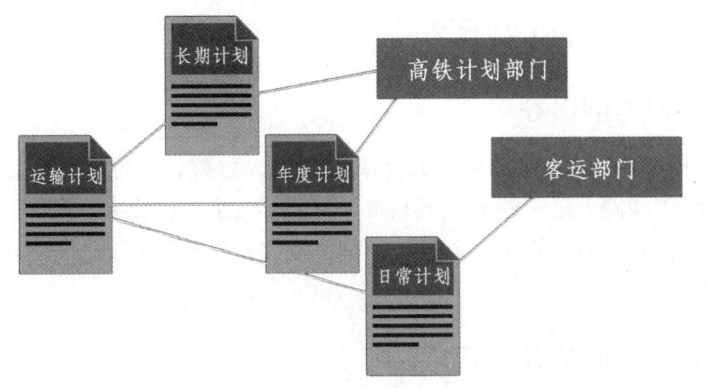

高速铁路旅客
运输计划的种类

图 8-1　高速铁路旅客运输计划的种类

年度计划是根据长期计划的要求和当年的具体情况制定的执行计划,是任务计划。日常计划是在年度计划指导下,进行高铁旅客运输作业的月、旬、日、班计划,是作业计划。高速铁路旅客运输计划要正确反映客观经济规律的要求,切忌主观随意性。

(二) 高速铁路旅客运输计划的编制

1. 编制步骤

编制旅客运输计划的目的是为了充分挖掘运输潜力,组织旅客均衡运输,提高客运服务质量,保证旅客安全、迅速、准确、便利地旅行,更好地满足人民群众旅行的需要。

在编制新的高速列车运行图、确定高速列车开行方案之前,首先要在国铁集团的集中统一领导下,根据客流资料,采取上下结合集中编制的方法进行。编制步骤为:

(1) 下达任务,准备资料。客流计划约一年编制一次,一般由国铁集团指定用某月份(称客流月)的客流统计资料,于客流月前下达编制客流计划和客流图的任务,同时公布客流区段。要求按规定客流区段编制客流计划,合理确定动车组列车对数和开行区段。

(2) 编制高速铁路客流图。为了对高速铁路旅客运输量与运输能力进行平衡,进而确定计划动车组列车工作量,应编制高速铁路客流图。一般先做高速铁路客流斜线表,再画高速铁路客流图。

(3) 国铁集团汇总直通客流图。各铁路局编好高速铁路客流图后提交国铁集团备案,并汇总在按局别的全国高速铁路客流图上。

2. 旅客运输计划的内容

旅客运输计划有以下三个重要指标:

(1) 客运量(旅客运输量的简称),是运输企业在一定时期内发送的全部旅客人数。
(2) 旅客周转量,是指在一定时期内,运输企业所完成的旅客人千米数总和。
(3) 旅客平均运程,是指运送的每一位旅客的平均运输距离。

第二节　高速铁路列车开行方案

高速铁路旅客列车开行方案是列车运行计划的重要组成部分,其内容包括:列车车次(等级)、起点/终点站名、开行对(列)数、途中停站站名、编组辆数(定员)和车底运用等。它是编制列车运行图和动车组运用计划、进行调度指挥的基础,是旅客运输和行车组织的核心。

一、高速列车开行方案的内容和特点

（一）高速列车开行方案的内容

（1）列车运行特性（核心内容）：包括列车的性质、等级、对数、开行频率；运行区段，列车的始发站、终到站，经由线路，途中停站方案；旅行时间，线路通过能力，列车开行费用。

（2）设备利用情况：列车编组内容、列车定员、座席配比；车底运用情况、客座能力利用；客运、车辆担当部门。

（二）高速列车开行方案的特点

高速列车开行方案与传统列车开行方案的不同点是：

（1）传统列车开行方案的编制方法强调均衡，高速铁路列车开行方案的编制更强调高峰期。

（2）传统旅客列车开行方案不存在本线和跨线列车开行方案的协调问题，高速铁路跨线列车较多，需要综合考虑跨线车与本线车之间的协调。

高速铁路动车组列车开行方案的基本思想是：在"以流定线"的基础上，尽可能多的"引流上线"，即在满足基本预测客流的基础上，优化列车开行方案，使之符合旅客运输需求，进一步吸引更多的客流。

高速列车开行方案的设计目标是：

（1）符合旅客出行规律，最大限度地方便旅客，提高服务频率，减少等待时间，尽可能地减少换乘，提高列车上座率。

（2）充分利用运输能力，合理利用车底、动车组，控制列车超员。

（3）保证旅客安全和列车运行安全。

二、高速列车开行方案的确定原则

高速列车开行方案的确定总原则是：要符合旅客出行规律，最大限度地方便旅客，尽可能减少旅客换乘次数，缩短旅行时间，提高服务质量，吸引更多客流，提高列车上座率；充分利用通过能力，合理确定各种列车开行的对（列）数和编组辆数（定员数），合理使用动车组，提高铁路经济效益和社会效益。

（一）按流开车

按流开车是确定高速列车开行方案的首要和基本原则。客流量及客流性质反映了旅客的出行需求，是制定旅客列车开行方案的基本原则。列车开行对数应根据客流需求、车辆定员、载客能力下限确定，并根据车站到发列车的能力限制和区段上各区间的通过能力限制进行调整；列车等级根据客流量中不同类型旅客数量确定，并根据列车运行区段及停靠站的类型对列车等级进行修正。

客流构成的三要素（性质、流量、流向）是确定列车开行的基本条件。方便旅客旅行，尽可能减少旅客的换乘次数与在途时间城市的性质、规模和作用是编制和调整列车开行方案的基本点。

(二)综合考虑设备能力

经济合理地使用车底,充分发挥运载工具的运输能力,充分发挥铁路运输固定设备的利用率,提高列车开行的经济效益和社会效益。实践中,可以利用长途车车底套跑短途车次的情况,充分发挥车底的效能。

(三)安全正点原则

创造良好的行车组织条件,加大列车运行调整空间,尤其是在多种速度等级列车混行的线路上,应尽量减小低速度等级列车晚点对较高速度等级列车造成的影响;同时,开行方案的编制要严格遵循各种标准,保证列车运行安全。

(四)快捷方便原则

(1)旅客总是希望能够最迅速、最方便地到达目的地,在尽可能多地开行直达列车的同时,方便的换乘方式(以先进、完善的换乘设施为基础)也能吸引大量客流。因此,在枢纽站要有便于旅客快捷换乘的完善的换乘方案。方案编制时应考虑换乘客流的换乘接续时间,方便这部分客流的出行需要。

(2)合理的始发、终到时刻。合理计算,确定旅客列车始发、终到时间范围是提高旅客列车服务质量和吸引客流、提高旅客列车上座率的重要措施之一,也是编制旅客列车运行图时要重点考虑的主要问题之一。

(3)适当提高服务频率,增加供旅客选择的乘车方案,减少候车时间,方便旅客出行,吸引更多的客流。

(4)合理制定停站方案。停站方案既要保证为中间站的旅客提供方便的乘车条件,又不能过多地降低高速列车的旅行速度,制定时要考虑列车等级、车站等级和旅客类型,建立车站等级与列车分类充分结合的停站模式,提高高速铁路列车停站方案的规律性。

(五)舒适有序原则

合理确定列车客座利用率。列车客座利用率是反映列车利用程度的指标,与列车运行径路、运行距离、旅客速度、开行时间、定员和停站次数等密切相关,一般而言,在考虑列车开行时应考虑保证较高的列车客座利用率,避免出现列车座位虚糜的现象发生。列车的编组类型也要依据不同层次的旅客需求,以提高服务水平。座席和卧铺车的编入与否及数量、是否编入餐车等,要根据列车起讫点城市的客流密度、旅客经济水平、需求层次、列车在途时间长短等因素来确定。

(六)经济效益最大化原则

(1)客座利用率高,座位虚糜少,则客票收入高,因此,制定列车开行方案时要尽可能提高客座利用率,以取得较好的经济效益。

(2)合理制定旅客列车的编组内容。列车编组内容的确定,一方面要满足客流需求,另一方面也要考虑经济因素,即根据在途时间长短和客流量的变化调整编组数量,以节约资源。

(3) 合理运用动车组,可使高速铁路实现高技术、高质量、高安全和高效益的运输服务;同时,合理运用动车组、优化动车组的周转,能达到节约高速铁路运输成本的目的。

三、高速列车开行方案的编制步骤

编制列车开行方案就是以客运量为基础,以客流性质、特点和规律为依据,科学合理地安排旅客列车开行等级、种类、起讫点、数量、经由线路、编组内容、停站方案、列车客座能力利用、车底运用等内容,体现从客流到列车流的组织方案。

编制列车开行方案的步骤主要包括:客流调查与预测,客流图编制,确定列车起讫点,计算列车开行对(列)数,设计列车停站方案等。

(一)客流调查与预测

高速铁路客流调查方法

1. 客流调查

在高速铁路吸引范围内,详细调查公务、商务、旅游、探亲等旅客的出行要求,学生流、民工流的流向和流量。

高速铁路客流有以下分类:

1) 从客流组成上分

从客流组成上分,高速铁路的客流可分为基本客流、诱发客流及转移客流三类。

(1) 基本客流:由既有线上符合高速条件的客流转移而来,它是高速铁路承担的主要客流,也是修建高速铁路的主要依据。

(2) 诱发客流:是由于通道运能的扩大、运输质量的提高以及运输环境的改善,促使人们增加出行次数而产生的客流。

(3) 转移客流:是指由于运输通道内各种运输方式之间的竞争,使得旅客由一种运输方式转移到另一种运输方式,从而产生的客流。高速铁路在其有利的运距范围内,会将原来属于其他运输方式的客流吸引过来,体现了高速铁路在客运市场中的竞争力。

2) 根据客流的始发、终到情况来分

(1) 根据客流始发、终到是否在同一通道上,高速铁路客流又分为本线客流和跨线客流。

本线客流:起点和终点均在该线上的客流,又可细分为大站间到发的客流和沿线小站间到发的沿线客流。本线客流涉及线路情况较为单一,多为中途直通客流,沿线客流多为短途客流,具有客流量大、组织简单等特点。

(2) 跨线客流:经过该线,但起点、终点或起终点不在该线上的客流,即全程涉及多条运输通道,主要为长途客流,具有客流方向分散、组织难度大等特点。

3) 根据跨线客流的输送方式来分

如果单独分析跨线客流的输送方式,可将高速铁路客流分为直达客流和换乘客流两类。

(1) 直达客流:由跨线运行的高速列车承担的下高速线客流(高速直达客流),无须中途换乘。

(2) 换乘客流:在高速线与既有线的接轨站换乘后到达目的地的客流。根据换乘方向的不同,分为换乘高速列车客流和高速列车换乘普速列车客流。

4）其他分类方式

（1）从客流流动的数量（流量）上分，高速铁路客流可分为大客流、中客流、小客流。

（2）从客流流动的方向（流向）上分，高速铁路客流可分为上行客流、下行客流。

（3）从客流流动的时间（流时）上分，高速铁路客流可分为高峰客流、平峰客流、低峰客流。

（4）从客流流动的距离（流程）上分，高速铁路客流可分为长途客流、中途客流、短途客流。

2. 客流预测

客流预测是指：采用历年统计资料和问卷调查等手段，预测未来年度高铁客流总量，包括平常、周末和节假日客流变化规律和各次列车上座率情况，为编制高速铁路列车开行方案提供比较准确的客流资料。

客流调查与预测非常重要，要由专门的机构人员负责。国外铁路有人主张委托路外调查公司负责，认为他们调查与预测的结果比较客观真实，精确度较高。我国高速铁路发展迅速，随着国民收入水平逐年提高，年假强制执行，旅游、探亲客流将逐年增加，2020年前，城镇化进程加快，农村劳动力转移的民工流将逐年减少；正在大力推进的"一带一路"建设，国外旅游、商务客流也会逐年增加。这些客流的变化，究竟对高铁客流有多少影响？都需要认真调查分析高铁客流特点后，才能得出比较准确的预测数据。目前，我国不同地区经济发展不平衡，国民收入存在较大差距，对高铁票价承受能力各不相同。北、上、广、深、杭、宁等沿海经济发达地区，国民收入较高，高铁客流较多，高铁线路和开行动车组列车较多，上座率也较高；西北、西南、东北地区，国民收入偏低，高铁客流和高铁线路相对较少，开行动车组列车较少，上座率也较低。此外，随着我国高速铁路逐步建设成网，高铁吸引的客流范围也将发生变化。例如，在徐兰高速铁路宝鸡至兰州段未建成前，西郑高铁西安北站始发与终到的客流，只有西安地区和陕西省境内始发与终到北京、广州、上海方向的客流。宝鸡至兰州段建成并投入运营后，将增加甘肃、青海、新疆、西藏等省的中转客流。这些不断变化的情况，在客流调查与预测过程中，都需要认真调查，深入分析，力求预测准确。

（二）编制客流图

为了对高速铁路旅客运输量与运输能力进行平衡，进而确定计划动车组列车的工作量，应编制高速铁路客流图。

高速铁路客流图的编制一般是先作高速铁路客流斜线表（见表8-1），后编制高速铁路客流图。

表中左边一列站名为发站，上边一行站名为到站。将发站发送的客流量按到站分列入同行的相应栏内，表示出管内客流的流量和流向。表中斜线以上为上行，斜线以下为下行。

为了使高速铁路客流斜线表所表示的客流计划更为明显、清晰，而且便于计算高速铁路旅客运输指标和确定动车组列车行驶区段与行车量，可将斜线表上的各项数字按一定的格式，用图案的形式绘制出管内高速铁路客流图，如图8-2所示（仅为上行部分）。

表 8-1　高速铁路客流斜线表

到站 发站	距离 （km）	甲	乙	丙	丁	戊	上行	下行	总计
甲			3 545	2 050	938	856	7 389	—	7 389
	250								
乙		2 823		1 436	770	501	2 707	3 826	6 530
	263								
丙		1 823	830		2 622	865	3 487	2 653	6 140
	350								
丁		920	900	1 430		2 493	2 493	3 250	5 743
	450								
戊		780	1 300	1 170	1 460		—	4 710	4 710
上行		—	3 545	3 486	4 330	4 715			16 076
下行		7 346	3 030	2 600	1 460	—			14 436
总计		7 346	6 575	6 086	5 790	4 715	16 076	14 436	30 512

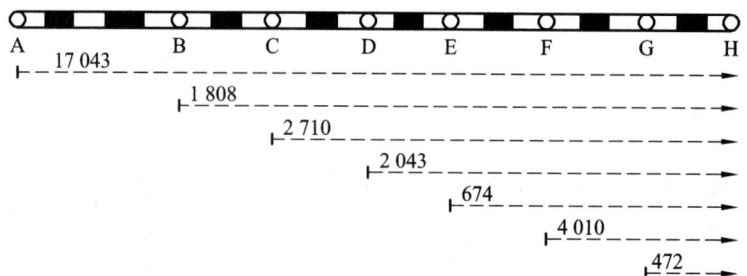

图 8-2　高速铁路客流图

各铁路局编制好高速铁路客流图后，应提交"国铁集团"备案，并汇总在按局别的全国高速铁路客流图上。各铁路局结合高速铁路客流调查和统计资料，利用各种预测方法推算出计划期内高速铁路客流可能的增长率或绝对数，据以编制高速铁路客流计划。最后把计划客流密度与现行运行图规定的动车组列车能力进行比较，即可提出编制新的高速客车运行图所需的资料。

（三）确定列车始发与终到站

编制高速旅客列车开行方案，确定列车起讫点时，应考虑以下条件：

（1）应具备动车组维修与养护条件。动车组列车起讫点应具备必要的检修条件，以保证动车组的日常维修与养护检查，确保动车组运行安全；减少动车组进出检修基地的走行时间，提高动车组的运用效率。

（2）应选择客流量大、设施完善的大型客运站。大型客运站站场设备、旅客服务设施和动车组维护设备齐全，最符合长途直达动车组列车始发、终到站条件。

（3）始发客流量（上座率）应满足列车开行条件。按流开车是确定列车开行的基本原则。划定起讫点客流量时，不仅要考虑起讫点本身的直达客流，而且要考虑归并后的客流。

（4）应符合最优径路条件。高速铁路网上，起讫站间可能有若干条径路，应选择输送能力大、运输距离或旅行时间短、中转换乘次数少、运输费用低的最优径路，方便旅客快捷出行，吸引更多客流，提高上座率，以获得更好的经济与社会效益。

（5）应结合既有线列车起讫点。我国高速铁路列车起讫点可以选择一部分既有线列车的起讫站。这些车站具有完善的客运设施可供利用，并与城市公共交通衔接紧密，既便利旅客出行，又能节省新建高铁站一大笔投资。

（6）起讫点间旅行时间应不超过 8 h。据调查了解，旅客乘坐无卧铺动车组列车超过 4 h，就会感觉不舒服；超过 6 h，就会觉得很疲倦，公务、商务旅客会选择乘坐民航飞机出行；超过 8 h，就会感觉受不了，旅游、探亲的旅客会选择飞机、卧铺出行。

（四）确定旅客列车开行对数

确定旅客列车开行对数是编制列车开行方案的重要环节。对于满足旅客出行需求、有效利用铁路运力、降低运输成本、保证客运服务质量、提高经济与社会效益等方面，都具有重要的作用。

旅客列车开行对数是在确定客流总量和列车起讫点以后，根据列车运行区段客流密度、列车定员、平均上座率和客流波动等因素，经过计算确定。根据按流开车的原则，首先确定大流量客流需要开行的列车对数，然后将零星客流和剩余客流合并，再计算这部分客流需要开行的列车对数。因此，各起讫点间开行的列车数量，要经过分析客流密度，计算大流，合并小流，考虑客流波动后再按编组辆数、客座定员数、平均上座率等因素计算，最终才能将客流转化为列车流。

列车起讫点不同，客流密度不同，各类动车组编组辆数、客座定员就有所不同，要根据具体情况分别计算。我国制造的动车组有 8 辆和 16 辆两种。8 辆的动车组一般单独开行，根据需要也可以重联开行。

我国客流波动性在日常（周一到周四）、周末（周五至周日）和节假日长假表现明显，尤其是春节期间，学生流、民工流、探亲流严重叠加。为了满足旅客出行要求，周末和节假日比日常要多开列车。高铁旅客列车开行对数，一般按节假日高峰期最大客流量确定，并据此编制基本运行图。周末、平常客流量较小时，采取抽减列车运行线方式，从而减少列车开行对数。

（五）确定合理的开车时间范围

我国高速铁路一般采取单向行车，夜间安排 4 h 天窗检修、禁止行车的方式，因此我国高速铁路的开行时间范围基本上在 7:00—23:30。夕发朝至的动卧列车应尽可能集中开车，方便旅客乘车，同时也便于安排施工天窗。

（六）确定动车组车型及编组

在高速列车开行方案的制定中，需要合理地选用动车组。一般需要考虑以下几点：

（1）列车运行速度。

（2）路局配属动车组情况。

（3）客流特点。长途客流多还是短途客流多。另外还需要考虑客流的层次安排卧铺和硬座的比例。

（4）地区气候温度的影响。东北地区冬季温度可低达 –30 ℃，因此动车组的选型上必须考虑此因素，以便在运营中适应冬季的低温严寒天气。

（5）停站方案。不同停站次数，对旅客出行需求和铁路效益会有不同的影响。

（七）确定列车停站方案

影响列车停站方案的因素较多，主要影响因素包括客流分布及类型、列车等级、车站属性、车站技术作业等。列车停站主要分为客运需要的停站和技术作业需要的停站，安排时应在考虑旅速的前提下尽量方便乘客需要。另外，技术作业停站时间应尽量与客运营业停站时间相结合，避免单纯的技术作业停站。

减少停站次数，能缩短旅行时间，加速动车组周转，对长途旅客和铁路部门都有好处。增加停站次数，对满足中短途旅客的出行需求，提高列车上座率有利，但会降低列车旅行速度，延长长途客流的旅行时间和动车组周转时间，使"高速"失效，对旅客和铁路都不利。因此，编制列车停站方案，既要保证旅客出行需求，又要兼顾铁路经济效益，尽可能做到旅客、地方政府、铁路部门都比较满意。

目前，我国高速铁路动车组列车停站方案有以下几种模式：

（1）一站直达，中途不停。这种模式适用于客流集中在列车起讫站，旅行时间不超过司机乘务时间的区段。例如，沪宁城际高速铁路，运营旅程301 km，2010年6月公布的列车开行方案，本线开行300 km/h "G"字头列车95对，其中南京—上海虹桥48对，南京—上海22对，属于一站直达。

（2）长途直达，省会城市停站。京沪、京广达客流虽然很大，但运营里程较长，旅行时间超过司机一次乘务时间，中途需要更换司机。例如，北京南—上海虹桥的长途直达列车，有2对只在南京南一站停车，有6对在省会城市济南西、南京南停站2次。北京西—广州南的长途直达列车，最少在武汉停站1次，一般安排在郑州、武汉、长沙3个省会城市停车。

（3）省际直达，地市级城市交错停站。目前，我国省会城市基本上都通高速铁路，省际间大量开行直达列车。例如，南宁—广州省际直达列车，在贵港、梧州、肇庆、佛山停站或交错停站；西安北—郑州的高铁列车，安排在渭南、三门峡、洛阳等地级市停站。

（4）中、短途区段列车，县级城市站站停或交错停站。例如，京广线可在北京—石家庄—郑州、郑州—武汉—长沙间开行为县级城市服务的中、短途区段列车，满足大多数旅客乘坐高铁列车出行的需求，对培育市场、提高效益都大有好处。但是，数量不宜太多，防止"高速"失效。

第三节　高速铁路列车运行图及通过能力

一、高速铁路列车运行图

高速铁路列车运行图是高速铁路行车组织工作的基础。所有与列车运行有关的铁路部门，必须按照列车运行图的要求组织本部门的工作，以保证列车按列车运行图运行。

高速铁路列车运行图主要有三种：一是节假日使用的列车对数最多的运行图，称为基本运行图或高峰运行图；二是周末（周五至周日）使用的运行图，它是从基本运行图中抽减一定数量运行线、列车对数较少的运行图；三是日常（周一至周四）使用对数最少的列车运行图。目前国铁集团不断优化内部资源，服务乘客需要，根据客流变化灵活调整运行图，推行一日一图。

国外高速列车运行图具有开行时刻规律（采用周期式列车运行图）、充分考虑客流波动等特点，主要表现如下：

（1）一体化设计思想，对经济效益有较好的预见性。

（2）根据运营质量要求与实际运营条件确定运行图参数，运营质量高。

（3）运行图的编制直接面对客户，市场效果好。

（一）高速铁路列车运行图的铺画

高速铁路列车运行图的编制原理和铺画运行线的方法与普速铁路基本相同，都是运用坐标原理对列车运行时间、空间关系的图解表示，以水平线表示车站（线路所）、垂直线表示时分、斜线表示列车运行线，如图 8-3 所示。

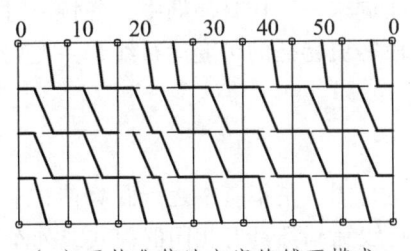

(a) 平均化停站方案的铺画模式　　(b) 差别化停站方案的铺画模式

图 8-3　高速列车周期运行图的铺画模式示意图

图 8-3 给出了包含 5 个车站 4 个区间的一个客流区段每一周期（1 h）的列车运行线铺画模式。其中以垂线方式铺画的是最高等级（速度最高、不停车通过区段内中间车站）的直达列车运行线，以折线方式铺画的是其他低速列车运行线，这些折线在区间的倾斜程度表示与最高等级列车的速度差别，折线水平线（与车站中心线重合）部分表示列车停站时间，折线与垂线或其他折线相交表示不同等级列车之间的越行关系。与传统运行图相同的是，列车运行线的铺画均遵守各种间隔时间的约束，不同的是，最高等级的列车运行线以垂线表示，因此，不同列车之间运行线的位置关系是一种相对的时空关系。

高速铁路在满足旅客出行需求、行车组织、列车运行速度、天窗设置等方面与普速铁路有较大区别，总的来说，高速铁路列车运行图的编制有以下特点。

1. 高速铁路列车运行线的铺画方式

（1）同类列车成组铺画。成组铺画的追踪列数越多，则每一列车占用运行图的时间越少，可铺画的总列数越多。

（2）按高速列车停站方式铺画。高速列车采取交替停站的方式，停站顺序应由远而近，即前行列车停远方站，后行列车停后方站，依次由远而近。

（3）减少越行与待避的次数。高等级高速列车不越行过多的低等级高速列车，以减少运行图的空费时间，且待避次数不宜过多，否则将严重影响高速列车的旅速。

（4）适应客流波动的运行线铺画方式。以出行需求特性为出发点和归宿，是高速铁路列车运行图编制，亦即列车服务网络规划的基本特点，按旅客出行规律铺画列车运行线，体现"线随流走"，对日间、周间以及月间客流波动具有良好的适应性。

① 考虑日期别的运行线铺画。例如，日本高速铁路运行图中考虑了不同日期的需求，编制了相当多的假日运行线，这些运行线在平日可作为备用线使用。这是日本高速铁路运行图的显著特点。

② 考虑周末和工作日差别的短周期运行线铺画。例如，日本东海道新干线的列车运行图是按照周末—工作日为短周期的运行组织方式铺画，并且考虑节假日的客流波动，以周一至周五为基准运行图，周六、周日为假日分号运行图。经统计，下行方向节假日停运9对、增开1对，周六停运8对，周日停运1对；上行方向节假日停运9对，周六停运16对，周日停运9对。

③ 综合考虑不同方向客流波动时段的运行线铺画。例如，日本新干线在周六、周日上下行的客流并不均衡，下行客流量明显大于上行，各时段间也存在客流高峰和低谷的差别。在编制基本图的过程中很好地考虑了客流波动时段的划分，并分别按各特征时段确定列车开行类别和对数，最后将工作日时段、周末时段以及公历假日等特征时段的列车运行图综合在一张列车运行图上。该列车运行图具有以下基本特征：在周末—工作日周期中，各特征时段具有相同的固定列车运行线；各特征时段具有满足本时段客流特征的可变运行线，并在列车运行图中标明。

2. 高铁铁路周期运行图

高铁铁路周期运行图，也称模式化运行图或节拍运行图，是指基本运行图除首、末小时段以外的其他各个小时段，如图8-3所示，其列车运行线铺画都具有相同的模式或列车开行规律，体现在：

（1）每小时各类列车都具有相同的开行数量。

（2）同类列车在同一车站都有相同的到发、停站或通过时间，以此形成一个相对固定的基本运行图模式；各站各车次列车及其到发停时刻长期保持不变，形成十分严格的规律性。

（3）每季度、每周或每日实行的计划运行图，都是对该基本运行图抽线后形成的。一年中不同季节、一周内不同日间以及一日内不同时段，基本图上的列车对数各不相同，有的是在指定日期开行，有的是由当日的运输计划确定。

因此，周期运行图是编制、确定每季度、每周或每日计划运行图的基础和依据，不仅极大地方便了旅客乘车，对于适应不同季度、日期客流变化而引起的运行图的调整和运行计划的编制也提供了极大的方便。

3. 综合维修天窗的设置

为了保证行车安全，高速铁路运行图一般在夜间设置4 h以上的综合维修天窗，对线路、通信信号和供电设备进行综合维修。高速铁路的综合维修天窗相比常规电气化铁道的日常维修天窗有以下不同：

（1）高铁利用夜间设置时长达4 h以上的天窗，统一制定施工计划，进行线路、供电和通信信号设备的综合养护维修，统一协调各工种施工作业，提高施工质量。

（2）高铁采用在规定时段统一停电维修的天窗设置方式，即所谓"垂直"形天窗，这种方式便于统一管理停、供电时间，保证施工安全。

（3）高铁将综合维修作业的时间保证和质量保证有机结合，由综合调度中心实施指令统一管理，统一发布停电和恢复时间，施工过程中通过遥控视频设备监控全过程，维修作业后次日首列列车始发前，还需开行确认列车，确认全线范围维修作业是否结束、线路限界内有无障碍物等，以确保行车安全。

（4）由于采用统一时间停电和恢复供电的"垂直"形天窗。高速铁路列车运行图是被天窗时间割断的不连续的一个时空平面，并在其左上、左下角和右上、右下角分别形成上下行两个特殊的三角区，这四个三角区不能铺画贯穿全程的列车运行线，从而使列车运行线铺画和能力利用有"长线"和"短线"之分。

（二）高速铁路列车运行图的计算机编制

计算机运行图编制是在一个特定的时空平面（区段）上，在满足不同列车运行线铺画的数量和质量要求的前提下，实现列流与运行线的结合以及运营和施工的配合，合理解决列车运行线对区间占用和车站到发线占用时间及顺序的冲突，在可行的基础上实现运行图编制的优化。

计算机编制运行图主要采用模拟、数学模型、人工智能或人机对话等不同方法，其主要功能模块包括：

（1）数据采集、编辑和管理子系统。该子系统提供人机界面，负责录入、保存、修改、删除运行图基础数据。运行图基础数据主要有：线路数据、站别与区间数据、路网描述数据、车站间隔时间、列车区间运行时分、列车追踪间隔时间、列车运行径路、列车种类与数量、动车组交路、动车组运用方式和动车组折返时间、车站技术作业和列车接续时间、车站平面图、车站作业进路和作业时间标准、各区间正线数、信联闭方式、定点列车数据、列车编组计划、列车运行图结构数据等。

（2）时刻表规划子系统。该子系统按照优化目标，合理、均衡地安排各次列车在各站的到发时间。

（3）指标统计分析子系统。该子系统提供计算、显示、比较各时刻表方案指标的功能。

（4）运行图显示和调整子系统。该子系统可对正在生成的或已经存在的时刻表方案，以图的方式显示，并提供实时修改功能及人工干预计算机运算过程的功能。

（5）数据接口子系统。该子系统处理各子系统间的数据交换，在单机系统中负责生成接口数据文件，或从接口数据文件中读取数据；在网络系统中负责网络通信，协调各个计算模块间基础数据的同步传输。

（6）数据输出子系统。该子系统包括运行图、时刻表和指标的输出功能。

二、高速铁路的通过能力

（一）高速铁路通过能力的特点

高速铁路通过能力不同于既有铁路，首先高速铁路大多夜间不开车，所以计算24小时通过能力没有实际价值，可以分时段计算、甚至分小时核算其通过能力。另外，高速铁路基本全部开行动车组列车，一般只有250 km/h和350 km/h两个系列，所以计算相对简单。

1. 昼夜能力利用不均衡

由于高速列车运行速度高,旅客的旅行活动一般可在昼间完成而无须夜间行车,造成昼夜之间能力利用极不均衡;此外,由于不同季节客流生成和变化规律有所不同,一周之内工作日与双休日的客流特点不同,一日之内旅客出行的频率也不同,往往形成客流高峰、平峰及低谷的不同时段,造成昼间能力利用也不均衡,使得昼夜能力利用的不均衡性进一步扩大,不能充分利用通过能力。这与普通铁路力求组织均衡运输、充分利用区间通过能力的运营要求有较大不同。

2. 理论计算能力与实际可利用能力差距较大

高速铁路运行图理论上可以铺画较多的列车运行线,但由于高速铁路的客流特点和昼间能力利用的极不均衡,各条运行线由于所处时段不同,所能吸引并完成的旅客输送量有很大不同。因此,高速铁路整体形成的实际输送能力与理论计算能力之间的差距较大。

3. 不同速度等级的高速列车均存在扣除系数

在高速铁路上开行运行速度较低的列车,停站次数较多,占用列车运行图时间较长,将对通过能力产生不利影响。因此,与既有铁路能力扣除不同,在高速铁路上较低速度等级列车的通过能力要对高等级列车的通过能力进行扣除,低等级高速列车的扣除系数值较大,在不同速度等级的高速列车混跑的情况下,对线路通过能力有较大影响。为完成相同的旅客运输量,高速铁路通常需要更大的后备能力。

4. 列车起停车附加时分和停站时间对通过能力的影响较大

普通铁路影响通过能力的主要因素是列车速差、各种追踪间隔时间,而停站时分、起停车附加时分对其通过能力的影响较小。高速铁路列车停站时间加上起停车附加时分所造成的影响已超过追踪间隔时间的影响,高速列车因停站而产生的能力扣除已经成为高速铁路通过能力计算中的一个组成部分。

5. 长线能力相对不足与短线能力相对富余并存

"垂直"形天窗使高速铁路的线路通过能力有"长线"和"短线"之分。长线能力可以分段使用,转化为短线能力,而短线能力却不能组合为长线能力,而且随着线路里程和天窗时间的延长,长线能力也越来越小。因此,在能力利用上,出现方向通过能力小于其各区段通过能力、长线能力相对不足与短线能力相对富余并存的特点。

(二)高速铁路通过能力的影响因素

高速铁路的通过能力主要受运输模式、列车种类、运行速度、停站次数及时间、运行图铺画方式、站间距离、天窗设置等设备和运营因素的影响。

1. 运输组织模式

计算高速铁路的通过能力首先需要确定高速铁路的运输组织模式,即确定高速线上不同速度等级高速列车的组合、是否运行跨线列车等相关因素。不同运输组织模式表现为在客运专线上有不同速度等级的列车开行,对通过能力产生极大影响。

在不同速度等级的高速列车混合运行的情况下,特别是在各种列车数量都不太大的运营初期,同种列车组织连发的几率降低,导致区间通过能力下降。当某种列车数量比例较大时,可以组织该种列车连发追踪运行,从而增加区间通过能力。因此,组织同等速度列车按追踪间隔时间追踪运行,增加连发列车数量,可有效提高区间通过能力。当列车种类单一时,可实现通过能力最大化。

2. 列车追踪间隔时间

列车追踪间隔时间是决定双线区段区间通过能力的重要技术参数。当两种列车混合运行的情况下,为了提高区间通过能力,对速度较高和速度较低的列车,可以根据信号显示制式不同,采用两种追踪间隔时间标准。

3. 不同种类列车及其速差

不同种类列车的速度(本质上是区间运行时分)差异会产生相互间的能力扣除。一般来说,速差越大,能力扣除也越大。列车区间运行时分之差是决定不同速度列车组合运行的区段区间通过能力的重要技术参数,有最大列车区间运行时分之差和平均列车区间运行时分之差两种,前者直接影响跨线列车与高速列车组合运行时的列车间隔,该时分值越大,通过能力越小。

4. 列车停站次数和时间

由于不同速度列车有不同的停站要求,即使同等速度的列车,其停站要求也不尽相同,不同列车因停站次数及其时间不同会产生相互间的能力扣除。在满足旅客乘车需要的同时,应使通过能力损失最少。因此,在铺画运行图时应合理安排停站地点,尽可能压缩停站次数和停站时间。

5. 站间距离及区间的不均等性

区段内中间站的站间距离与不同速度等级的高速列车区间运行时分之差,是决定区间通过能力的重要因素之一。如果高等级高速列车数量较少时,缩小站间距离有利于提高低等级高速列车的长线能力,而低等级高速列车长线能力的提高又会适当降低低等级高速列车的短线能力;而当高等级高速列车数量较多时,缩小站间距离只有利于提高低等级高速列车的短线能力而难以提高低等级高速列车的长线能力。

6. 天窗时间和类型

为了保证高速铁路的行车安全,需要保持良好的线路和设备状态,其维修作业时间要求较长,一般宜在夜间 0:00~6:00 间预留 3~6 h 的双向均停止行车的矩形天窗。值得注意的是,"垂直"形天窗时间行车中断除了产生直接的能力损失外,还因在运行图四个边角时空上产生特殊的三角区,使全线能力利用有了"长线"和"短线"之分。

7. 运行图铺画方式

在不同种类列车间存在速差的情况下,运行图铺画方式对通过能力有较大影响。

(1)同速集中铺画。相同速度的列车间集中地平行铺画,不同列车分区集中铺画,此时,不同速度列车占用区间能力的相互影响较小。

(2)异速分散铺画。不同速度列车分散均衡铺画,此时,不同速度列车占用区间能力的相互影响较大。

(3)阶段均衡铺画。按不同种类列车比例和速差,合理选择不同种类列车在图中的布局关系、列车时空分布以及运行线间的交错关系。这种方式能够适应高速铁路不同发展阶段的能力合理利用。

第四节　高速铁路行车组织

一、行车闭塞法

所谓行车闭塞法，其实是行车组织的方式方法。在正常情况下，列车运行一般采用空间间隔法。通过相邻车站、线路所、闭塞分区（含移动闭塞分区和虚拟分区）的设备或人为控制，使列车与列车之间相互保持一定的间隔，保证在同一时间内，同一个站间区间、所间区间或一个闭塞分区内只允许一列列车运行，以保证列车安全有序地运行，这种行车方法称为行车闭塞法，简称闭塞。

我国铁路行车采用的基本闭塞法有半自动闭塞、自动闭塞和自动站间闭塞。电话闭塞法是当基本闭塞设备不能使用时所采用的替代闭塞方法，又称代用闭塞法。

高速铁路车站均须装设基本闭塞设备，行车基本闭塞法采用下列两种：

（1）自动闭塞。

（2）自动站间闭塞。

在任意时刻，对于某个区间来说，同一时间内只能使用一种闭塞方式。目前，多数双线高速铁路正方向装设自动闭塞设备，反方向装设自动站间闭塞设备，当高速铁路基本闭塞法不能使用时，应改用电话闭塞法行车，此时，动车组列车司机应根据调度命令将列控车载设备转为 LKJ 方式运行，未装备 LKJ 的动车组列车转为隔离模式运行。

（一）自动站间闭塞

1. 自动站间闭塞的原理与特点

自动站间闭塞就是在有区间占用检查的条件下，自动办理闭塞手续，列车凭信号显示发车后，出站信号机自动关闭并能自动复原区间的闭塞方法。其特征为：有区间占用检查设备；站间或所间区间只准走行一列列车；办理发车进路时自动办理闭塞手续；自动确认列车到达和自动恢复闭塞。

自动站间闭塞是在半自动闭塞基础上发展起来的新型闭塞方法，区间两端车站的出站信号机和轨道检查装置构成联锁关系，采用轨道检查装置自动检查区间空闲，列车以站间区间为间隔运行，通过办理发车进路和检查列车出清区间的方式，自动实现区间闭塞和区间开通。目前我国高速铁路反方向行车主要采用这种闭塞方式。

自动站间闭塞采用以下两种设备实现。

1）计轴设备

计轴设备通过设置在区间两端站的计轴磁头，对进入区间和车站的列车轴数进行记录，并经过传输线路将两端站所记录的轴数进行核对，当两端站记录的轴数一致时，即确认列车整列到达，区间空闲，自动开通区间。发出由区间返回的列车时，由发车站自行检查。当计轴设备记录进出区间的列车轴数不一致时，即判定区间占用。当计轴设备发生故障不能正常计轴或判定区间占用时,不能自动解除闭塞。

2)区间长轨道电路

区间长轨道电路由三部分组成,包括上、下行接近区段轨道电路(双线时为接近和发车区段轨道电路)和中间区段轨道电路,通过这三段轨道电路对区间是否占用、线路是否良好进行检查。当这三段轨道电路都空闲时,排列发车进路,开放出站信号,自动完成闭塞;当列车到达前方站(返回发车站)、三段轨道电路都空闲后,自动开通区间。当区间任何一段轨道电路处于占用状态时,均不能开放出站信号机,列车虽已到达前方站(返回发车站),但不能解除闭塞、开通区间。出站信号机开放后,如果区间轨道电路因故障等原因处于占用状态时,便自动关闭。

2. 高速铁路采用自动站间闭塞时的行车凭证

(1)高速铁路使用自动站间闭塞法行车,动车组列车在完全监控、引导或部分监控模式下运行时,行车凭证为列控车载设备显示的允许运行的速度值。动车组列车按 LKJ 方式运行及动车组以外的列车,进入区间的行车凭证为出站信号机或线路所通过信号机显示的允许运行的信号(在信号机常态灭灯的区段,信号机应点灯)。

(2)自动站间闭塞须与集中联锁设备结合使用,自动检查区间空闲,发车站(线路所)办理发车进路后即自动构成站间闭塞。列车到达接车站(线路所)或返回发车站(线路所)并出清区间后,自动解除闭塞。

(3)人工办理发车进路前,须确认区间空闲、接车站(线路所)未办理同一区间的发车进路。

(4)一个调度区段内可不办理发车预告手续。两相邻调度集中的调度区段间或调度集中区段车站(线路所)向非调度集中区段车站(线路所)发车时,应由系统自动办理发车预告,遇设备故障无法自动办理时,由人工办理发车预告(两相邻调度区段的列车运行调整计划一致时可不办理发车预告)。非调度集中区段车站(线路所)向调度集中区段车站(线路所)发车时,车站值班员应向列车调度员(车站控制时为车站值班员)办理发车预告。

(5)在信号机常态点灯的 CTCS-2 级自动站间闭塞区段,特殊情况下办理发车的行车凭证规定见表 8-2。

信号机常态点灯的 CTCS-2 级自动站间闭塞区段
特殊情况下办理发车的行车凭证

(6)CTCS-3 级以及信号机常态灭灯的 CTCS-2 级自动站间闭塞区段,特殊情况下办理发车的行车凭证规定见表 8-3。

表 8-2 信号机常态点灯的 CTCS-2 级自动站间闭塞区段特殊情况下办理发车的行车凭证

序号	特殊情况	控车方式	行车凭证	发行车凭证的依据	附带条件
1	出站信号机(线路所通过信号机)故障时发出列车	LKJ(GYK)控车	调度命令	1. 确认区间空闲 2. 确认道岔位置正确及进路空闲	以不超过 40 km/h 的速度运行至前方站进站信号机（线路所通过信号机）
2		隔离模式运行			
3	发车进路信号机故障时发出列车	LKJ(GYK)控车	调度命令	1. 确认发车进路空闲 2. 确认道岔位置正确	以不超过 20 km/h（动车组列车不超过 40 km/h）的速度运行至次一架信号机
4		隔离模式运行			以不超过 40 km/h 的速度运行至次一架信号机
5	反方向发出列车	CTCS-2 级控车	列控车载设备显示的允许运行的速度值	1. 确认区间空闲 2. 反方向行车的调度命令	
6		LKJ(GYK)控车	出站信号机(线路所通过信号机)显示的允许运行的信号		

表 8-3 CTCS-3 级以及信号机常态灭灯的 CTCS-2 级自动站间闭塞区段特殊情况下办理发车的行车凭证

序号	特殊情况	控车方式	地面信号机状态	行车凭证	发行车凭证的依据	附带条件
1	开放引导信号发出列车	CTCS-3 级控车 CTCS-2 级控车	灭灯	列控车载设备显示的允许运行的速度值	1. 确认区间空闲（发车进路信号机开放引导信号时，为确认至次一架信号机间空闲） 2. 确认道岔位置正确及进路空闲	
2		LKJ(GYK)控车	点灯	出站信号机（发车进路信号机、线路所通过信号机）显示的允许运行的信号		
3	出站信号机（线路所通过信号机）故障且引导信号不能开放时发出列车	LKJ(GYK)控车	点灯	调度命令	1. 确认区间空闲 2. 确认道岔位置正确及进路空闲	以不超过 40 km/h 的速度运行至前方站进站信号机（线路所通过信号机）
		隔离模式运行	点灯			

续表

序号	特殊情况	控车方式	地面信号机状态	行车凭证	发行车凭证的依据	附带条件
5	发车进路信号机故障且引导信号不能开放时发出列车	LKJ(GYK)控车	点灯	调度命令	1. 确认发车进路空闲 2. 确认道岔位置正确	以不超过20 km/h（动车组列车不超过40 km/h）的速度运行至次一架信号机
6		隔离模式运行				以不超过40 km/h的速度运行至次一架信号机
7	反方向发出列车	CTCS-3级控车 CTCS-2级控车	灭灯	列控车载设备显示的允许运行的速度值	1. 确认区间空闲 2. 反方向行车的调度命令	
8		LKJ(GYK)控车	点灯	出站信号机(线路所通过信号机)显示的允许运行的信号		

（二）自动闭塞

1. 自动闭塞法的定义和特点

自动闭塞是把两站间区间划分为若干闭塞分区，每个闭塞分区在同一时间内只允许一列列车运行，因而不必等前行列车到达前方站，车站即可发出续行列车，这样使列车密度大大增加，提高了通过能力。由于区间线路上全部装设了区间空闲检查设备，当有机车、车辆占用或钢轨折断时，都可以自动地使通过信号机显示停车信号，使列车在区间的运行安全有了可靠保证。

在自动闭塞区段，正方向行车，列车按自动闭塞运行；反方向行车，列车按自动站间闭塞运行。

2. 行车凭证

（1）使用自动闭塞法行车，动车组列车在完全监控、引导或部分监控模式下运行时，行车凭证为列控车载设备显示的允许运行的速度值。动车组列车按 LKJ 方式运行及动车组以外的列车，在信号机常态点灯的区段，进入闭塞分区的行车凭证为出站或通过信号机显示的允许运行的信号；在信号机常态灭灯的区段，进入区间的行车凭证为出站信号机或线路所通过信号机显示的允许运行的信号，信号机应点灯。

（2）调度集中区段，一个调度区段内可不办理发车预告手续。两相邻调度集中的调度区段间或调度集中区段车站（线路所）向非调度集中区段车站（线路所）发车时，由系统自动办理发车预告，遇设备故障无法自动办理时，由人工办理发车预告（两相邻调度区段的列车运行调整计划一致时可不办理发车预告）。非调度集中区段车站（线路所）向调度集中区段车站（线路所）发车时，车站值班员应向列车调度员（车站控制时为车站值班员）办理发车预告。

（3）在信号机常态点灯的 CTCS-2 级自动闭塞区段，特殊情况下办理发车的行车凭证规定见表 8-4；CTCS-3 级以及信号机常态灭灯的 CTCS-2 级自动闭塞区段，特殊情况下办理发车的行车凭证规定见表 8-5。

表 8-4 信号机常态点灯的 CTCS-2 级自动闭塞区段特殊情况下办理发车的行车凭证

序号	特殊情况	控车方式	行车凭证	发行车凭证的依据	附带条件
1	出站信号机(线路所通过信号机)故障时发出列车	LKJ(GYK)控车	调度命令	1. 确认第一个闭塞分区空闲 2. 确认道岔位置正确及进路空闲	以不超过 20 km/h（动车组列车不超过 40 km/h）的速度运行至第一架通过信号机，按其显示的要求执行
2		隔离模式运行		1. 确认区间空闲 2. 确认道岔位置正确及进路空闲	以不超过 40 km/h 的速度运行至前方站进站信号机（线路所通过信号机）
3	发车进路信号机故障时发出列车	LKJ(GYK)控车	调度命令	1. 确认发车进路空闲 2. 确认道岔位置正确	以不超过 20 km/h（动车组列车不超过 40 km/h）的速度运行至次一架信号机
4	发车进路信号机故障时发出列车	隔离模式运行	调度命令	1. 确认发车进路空闲 2. 确认道岔位置正确	以不超过 40 km/h 的速度运行至次一架信号机
5	区间一架及以上通过信号机故障时发出列车	CTCS-2 级控车	列控车载设备显示的允许运行的速度值	确认区间空闲	
6		LKJ(GYK)控车	出站信号机（线路所通过信号机）显示的允许运行的信号		
7	反方向发出列车	CTCS-2 级控车	列控车载设备显示的允许运行的速度值	1. 确认区间空闲 2. 反方向行车的调度命令	
8		LKJ(GYK)控车	出站信号机（线路所通过信号机）显示的允许运行的信号		

表 8-5　CTCS-3 级以及信号机常态灭灯的 CTCS-2 级自动闭塞区段特殊情况下办理发车的行车凭证

序号	特殊情况	控车方式	地面信号机状态	行车凭证	发行车凭证的依据	附带条件
1	开放引导信号发出列车	CTCS-3 级控车 CTCS-2 级控车	灭灯	列控车载设备显示的允许运行的速度值	1. 确认第一个闭塞分区空闲（发车进路信号机开放引导信号时，为确认至次一架信号机间空闲） 2. 确认道岔位置正确及进路空闲	
2		LKJ(GYK)控车	点灯	出站信号机（发车进路信号机、线路所通过信号机）显示的允许运行的信号	1. 确认区间空闲（发车进路信号机开放引导信号时，为确认至次一架信号机间空闲） 2. 确认道岔位置正确及进路空闲	
3	出站信号机（线路所通过信号机）故障且引导信号不能开放时发出列车	LKJ(GYK)控车	点灯	调度命令	1. 确认区间空闲 2. 确认道岔位置正确及进路空闲	
4		隔离模式运行				以不超过 40 km/h 的速度运行至前方站进站信号机（线路所通过信号机）
5	发车进路信号机故障且引导信号不能开放时发出列车	LKJ(GYK)控车	点灯	调度命令	1. 确认发车进路空闲 2. 确认道岔位置正确	以不超过 20 km/h（动车组列车不超过 40 km/h）的速度运行至次一架信号机
6		隔离模式运行				以不超过 40 km/h 的速度运行至次一架信号机
7	区间一个及以上闭塞分区轨道电路红光带时发出列车	CTCS-3 级控车 CTCS-2 级控车	灭灯	列控车载设备显示的允许运行的速度值	确认区间空闲	
8		LKJ(GYK)控车	点灯	调度命令	1. 确认区间空闲 2. 确认道岔位置正确及进路空闲	
9	反方向发出列车	CTCS-3 级控车 CTCS-2 级控车	灭灯	列控车载设备显示的允许运行的速度值	1. 确认区间空闲 2. 反方向行车的调度命令	
10		LKJ(GYK)控车	点灯	出站信号机（线路所通过信号机）显示的允许运行的信号		

(三)移动闭塞

1. 移动闭塞的特点

移动闭塞是一种新型的闭塞制式,它是相对于固定闭塞来定义的。固定闭塞的追踪目标点为前行列车所占用闭塞分区的始端,后行列车从最高速开始制动的计算点为要求开始减速的闭塞分区的始端,这两个点都是固定的,空间间隔的长度也是固定的,所以称为固定闭塞。而移动闭塞不设固定闭塞区段,列车安全追踪间隔距离不预先设定,而是由列车在线路上的实际运行位置和运行状态确定,闭塞分区随着列车的行驶,不断地向前移动和调整,所以称为移动闭塞。

移动闭塞方式的列控系统采取目标距离-控制模式。目标距离-控制模式根据目标距离、目标速度及列车本身的性能确定列车制动曲线,采用一次制动方式。移动闭塞的追踪目标点是前行列车的尾部,并且留有一定的安全距离,后行列车从最高速开始制动的计算点是根据目标距离、目标速度及列车本身的性能计算决定的。移动闭塞的追踪目标点与前行列车的位置和速度有关,是随时变化的,而制动的起始点随线路参数和列车本身性能的不同而变化,空间间隔的长度是不固定的。

一般来说,移动闭塞系统均采用无线通信系统实现各子系统间的通信,构成基于无线通信技术的移动闭塞。在移动闭塞方式中,取消了轨道电路,区间不需要设置信号机,是未来高速铁路闭塞方式的发展方向。在 CTCS-4 级列控系统中,将采用移动闭塞方式。

2. 移动闭塞要素

移动闭塞技术在设计和实现上与固定闭塞有较大的区别。其中列车定位(Train Position)、安全距离(Safety Distance)和目标点(Target Point)是移动闭塞技术中最重要的三个概念,亦称为移动闭塞的三个基本要素。

1)列车定位

固定闭塞方式由轨道电路或计轴等设备检查闭塞分区的占用状态,配以测速测距及应答器等设备,能粗略地进行列车定位和坐标校对。在移动闭塞中,列车定位由地面设备和车载设备共同完成。列车定位信息的主要作用是:为保证列车间隔提供依据,计算距前行列车尾部的距离并实施有效的速度控制。

2)安全距离

安全距离是后续追踪列车的目标停车点与其前方障碍物之间的一个固定距离。障碍物可以是确认了的前行列车尾部位置或者无道岔表示(道岔故障)的道岔位置。该距离是计算机通过安全制动模型计算得到的一个附加制动距离,它保证追踪列车在最不利的条件下能够安全地停止在前行列车的后方而不发生追尾。所以,安全距离是移动闭塞系统设计的理论基础和安全依据。

移动闭塞的基本原理是:线路上的前行列车经车载设备将本车的实际位置,通过通信设备传送给轨旁的移动闭塞处理器,并将此信息处理生成后续列车的运行权限,传送给后续列车的车载设备,使后续列车与前行列车总是保持一个"安全距离"。该安全距离是介于后行列车的目标停车点和确认的前车尾部之间的一个距离,在选择该距离时,已充分考虑了在一系列最坏的情况下,列车仍能被安全地分隔开来。安全距离示意图如图 8-4 所示。

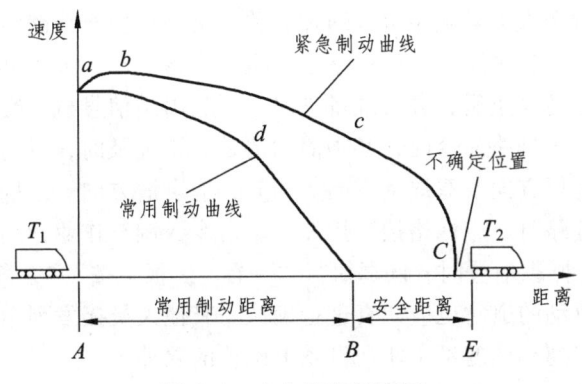

图 8-4 安全距离示意图

3）目标点

目标点是列车运行的行车凭证，如同传统固定闭塞系统中的允许信号，列车只有获得了目标点，才能被准许向前移动。目标点通常是设在列车前方一定距离的某个位置点，只要能够获得目标点，即表明列车可以安全运行至该点，但不能超过该点。移动闭塞系统就是通过不断前移列车的目标点，引导列车在线路上安全运行。

二、动车组列车接发

（一）基本要求

（1）车站应不间断地接发列车，严格按列车运行图行车。车站值班员办理接发列车（列车调度员人工办理接发列车）时，应亲自办理闭塞、布置进路（包括听取进路准备妥当的报告）、开闭信号、交接凭证。由于设备或业务量关系，车站值班员除了布置进路（包括听取进路准备妥当的报告）外，其他各项工作可指派信号员或其他人员办理；列车调度员人工办理接发列车时，除了办理闭塞、布置进路（包括听取进路准备妥当的报告）外，其他各项工作可指派车务应急值守人员或其他人员办理。

（2）车站接发动车组列车时，列车长确认旅客上下完毕后，通知司机关闭车门；列车进站停车时，司机按动车组停车位置标停车，确认列车停稳、对准停车位置后开启车门。按钮不在司机操作台上的，由列车长通知随车机械师关闭车门；列车到站停稳后，由随车机械师开启车门。如自动开关门装置故障或特殊情况需要单独开关车门时，由司机通知列车工作人员手动开关车门。

（3）动车组列车在车站出发，动车组列车司机在确认行车凭证和开车时间、车门关闭后，即可启动列车。

（4）动车组以外的其他列车在车站出发，司机确认行车凭证正确、发车条件完备后，直接启动列车；办理客运业务时，车站客运人员确认旅客乘降、上水、行包装卸完毕后，通过无线对讲设备通知司机，司机须得到车站客运人员的报告后，方可启动列车。

（二）进路办理与信号开放

（1）高速铁路车站在接发列车时，根据运行计划自动排列列车进路，当遇到特殊情况需要人工办理时,车站值守人员必须亲自或通过有关人员确认接车线路空闲、影响进路的调车作业已经停止后,方可准备进路、开放进站信号机,准备接车;人工办理进路发车前,确认影响进路的调车作业已经停止后,方可准备进路、开放出站信号机,交付行车凭证。

(2)下达准备接发车进路命令时,必须简明清楚、正确及时,讲清车次和占用线路(一端有两个及以上列车运行方向或双线反方向行车时,应讲清方向、线别),并要受令人复诵,核对无误。人工准备进路时,应严格按照接发列车命令、调车作业计划执行。

(3)在扳动道岔、操纵信号时,认真执行"一看、二扳(按)、三确认、四显示(呼唤)"制度;对进路上不该扳动的道岔也应认真进行确认。其他人员接发列车进路准备完成后,应及时报告车站值班员或列车调度员(能从设备上确认的除外)。

(4)高速铁路信号需要人工办理时,开放信号机的时机在各个铁路局的《高速铁路行车组织细则》中有规定。如出站信号机已开放或行车凭证已交付,而需取消发车进路时,列车调度员(车站控制时为车站值班员)应与司机联系,确认列车尚未启动,收回行车凭证后,再取消发车进路。

(三)接发列车线路安排

与既有线的接发列车一样,在接发动车组列车时,应在正线或到发线上办理,并应遵守下列原则:

(1)动车组列车应接入规定线路。

(2)动车组列车在车站办理客运业务时,须固定股道、固定站台、固定停车位置。动车组列车遇特殊情况需变更办理客运业务的固定股道时,须经调度所值班主任(值班副主任)准许。

(3)通过列车原则上应在正线办理。原规定为通过的旅客列车由正线变更为到发线接车及动车组列车、特快旅客列车遇特殊情况必须变更基本进路时,须经列车调度员准许,并预告司机;如来不及预告时,应使列车在站外停车后,开放信号机,再接入站内。

(4)动车组列车按列控车载设备方式行车时,禁止在未设置列控信息的股道及进路上接发。

(5)进站信号机外制动距离内,进站方向为超过6‰的下坡道,而接车线末端无隔开设备时,禁止办理相对方向同时接车和同方向同时发接列车(仅运行动车组列车的区段除外,因为动车组的制动性能足以保证列车运行安全)。

(6)在接发列车的同时,接入列控车载设备及列车运行监控装置均故障的动车组列车、制动力部分切除的动车组列车、列车运行监控装置或轨道车运行控制设备故障的其他列车,而接车线末端无隔开设备时,禁止办理相对方向同时接车和同方向同时发接列车。相对方向不能同时接车时,应先接不适于在站外停车的列车、停车后启动困难的列车或后面有续行列车的列车。

(7)遇两列车不能同时接发时,原则上应按列车运行计划顺序接发。

(四)集中控制站转站控接发车

(1)在非正常情况下,集控站转为车站控制时,车务应急值守人员应报告站段指派胜任人员赶赴现场,协助做好非正常行车工作。除了因危及行车安全必须立即转换为非常站控外,列车调度员提出需转为非常站控时，须经调度所值班主任（值班副主任）准许。

（2）转为非常站控时，车务应急值守人员和列车调度员须在《CTC控制模式转换登记簿》内登记，记明转换的原因；车务应急值守人员与列车调度员核对设备状况、站内停留车情况、列车运行计划、邻站（线路所）控制模式及与本站（线路所）有关的调度命令等情况。转为非常站控后，应通知司机车站（线路所）转为非常站控。转为非常站控的原因消除后，双方在《CTC控制模式转换登记簿》内登记，并及时转回。

三、动车组运行

（一）运行限速

列车（动车组列车按列控车载设备方式行车时除外）运行限制速度规定见表8-6。

表8-6 列车运行限制速度表

项目	速度/(km/h)
四显示自动闭塞区段通过显示绿黄色灯光的信号机	在前方第三架信号机前能停车的速度
通过显示黄色灯光的信号机	在次一架信号机前能停车的速度
通过显示一个黄色闪光灯光和一个黄色灯光的信号机	该信号机防护进路上道岔侧向的允许通过速度
通过减速地点标	标明的速度，未标明时为25
推进	30
退行	15
接入站内尽头线，自进入该线起	30

动车组列车按隔离模式运行时，运行速度不超过40 km/h。在越过接触网分相有困难的特殊情况下，列车调度员可根据司机请求发布调度命令，列车以不超过80 km/h的速度越过接触网分相。动车组一般情况下不得通过半径小于250 m的曲线，通过曲线半径为250 m曲线时，限速15 km/h；不得侧向通过小于9号的单开道岔和小于6号的对称双开道岔。

（二）跨线运行

（1）当未装备LKJ的动车组列车在CTCS-0/1级区段按机车信号模式运行时，列车按地面信号机显示运行，最高运行速度不超过80 km/h。低于80 km/h的限速按调度命令执行，线路允许速度低于80 km/h的区段由司机控制列车运行速度。

（2）动车组列车在CTCS-2级区段与CTCS-0/1级区段级间自动转换失败时，司机应立即报告列车调度员（车站值班员），并按下述规定办理：

① 由CTCS-2级区段向CTCS-0/1级区段运行时，停车后根据调度命令手动转换。

② 由CTCS-0/1级区段向CTCS-2级区段运行时，可维持按LKJ方式继续运行。

（3）动车组列车在CTCS-3级区段与CTCS-2级区段级间自动转换失败时，司机应立即报告列车调度员（车站值班员），并按下述规定办理：

① 由 CTCS-3 级区段向 CTCS-2 级区段运行时，停车后手动转换。
② 由 CTCS-2 级区段向 CTCS-3 级区段运行时，维持 CTCS-2 级方式继续运行。
（4）高速铁路车站（线路所）向衔接的其他线路车站（线路所）发出列车时，有关行车凭证按高速铁路规定执行；高速铁路衔接的其他线路车站（线路所）向高速铁路车站（线路所）发出列车时，有关行车凭证按其他线路规定执行。

（三）非正常情况运行

1. 双线反方向行车

（1）在双线区间，列车应按左侧单方向运行。仅限于整理列车运行时，方可使列车反方向运行；当旅客列车仅在正方向区间的线路封锁、发生自然灾害、因事故中断行车，以及正方向设备故障严重影响列车运行秩序而反方向自动站间闭塞设备良好等特殊情况下，经调度所值班主任（值班副主任）准许，方可反方向运行。

（2）列车反方向运行时，列车调度员应发布调度命令。列车调度员（车站控制时为车站值班员）确认反方向区间空闲。动车组列车反方向运行时，在 CTCS-3 级区段，CTCS-3 级列控系统的最高允许速度为 300 km/h，CTCS-2 级列控系统的最高允许速度为 250 km/h；在 CTCS-2 级区段，在 250 km/h 线路上最高允许速度为 200 km/h，在 200 km/h 线路上最高允许速度为 160 km/h。

2. 动车组列车在区间退行、返回

（1）在不得已情况下，列车必须在区间退行时，列车调度员须扣停后续列车，并确认退行距离内的闭塞分区空闲后方可通知司机允许退行。随车机械师（车辆乘务员）或指派的胜任人员应站在列车尾部注视运行前方，发现危及行车或人身安全时，应立即使用紧急制动装置（紧急制动阀）或通知司机，使列车停车。列车退行速度不得超过 15 km/h。

（2）列车若需退行至站内，列车调度员还应确认列车至后方站间已空闲。列车调度员（车站控制时为车站值班员）根据线路占用情况，可开放进站信号机或按引导办法将列车接入站内。动车组列车若需退行至站内，列车调度员应发布调度命令。

（3）动车组列车在区间被迫停车后须返回后方站时，列车调度员必须确认动车组列车至后方站间已空闲，方可发布调度命令。司机根据调度命令，在动车组列车运行方向（折返）前端操作，列车改按隔离模式返回，运行速度不得超过 40 km/h。

3. 列车运行晃车

运行途中列车司机发现晃车时，应立即减速运行并向列车调度员（车站值班员）报告晃车地点及晃车时列车运行速度，待本列车无异常状况后再恢复常速运行。

（1）晃车时列车运行速度为 160 km/h 以下时，列车调度员（车站值班员）立即通知已进入区间的后续列车停车，不再向该区间放行列车，并通知工务部门。列车调度员根据工务部门上道检查的申请，及时发布本线封锁、邻线限速 160 km/h 及以下的调度命令后，准许上道检查。工务检查设备后，根据现场具体情况，确定列车放行条件。

（2）晃车时列车运行速度为 160 km/h 及以上时，列车调度员应向后续首列列车发布限速 120 km/h 的调度命令，限速位置按司机汇报的晃车地点前后各 1 km 确定。列车通过晃车地点后，司机应立即向列车调度员报告运行情况。若仍晃车，列车调度员应立即通知已进入区

间的后续列车停车，不再向该区间放行列车，并通知工务部门，根据工务部门上道检查的申请，及时发布本线封锁、邻线限速 160 km/h 及以下的调度命令后，准许上道检查；工务检查设备后，根据现场具体情况，确定列车放行条件。若不再晃车，则按 160 km/h、250 km/h、常速逐级逐列提速。

（3）在逐级逐列提速的过程中，再次发生晃车时，列车调度员应立即通知已进入区间的后续列车停车，不再向该区间放行列车，通知工务部门，根据工务部门上道检查的申请，及时发布本线封锁、邻线限速 160 km/h 及以下的调度命令后，准许上道检查。工务检查设备后，根据现场具体情况，确定列车放行条件。

4. 列车被迫停车后的处理

（1）列车在区间被迫停车不能继续运行时，司机应立即使用列车无线调度通信设备通知列车调度员（两端站）及随车机械师（车辆乘务员），报告停车原因和停车位置，根据需要迅速请求救援。

（2）列车被迫停车可能妨碍邻线时，司机应立即使用列车无线调度通信设备通知邻线上运行的列车和列车调度员（两端站），与随车机械师（车辆乘务员）分别在列车头部或尾部附近对邻线来车方向短路轨道电路，配备列车防护报警装置的列车应首先使用列车防护报警装置进行防护。司机应亲自或指派人员沿邻线一侧对列车进行检查，发现妨碍邻线时，应立即报告列车调度员（两端站）。如发现邻线有列车开来时，应鸣示紧急停车信号。列车调度员（车站值班员）接到列车被迫停车可能妨碍邻线的通知后，应立即通知邻线有关列车停车，在原因消除前不得向邻线放行列车。

列车在区间被迫停车后，根据下列规定进行防护：

（1）已请求救援时，从救援列车开来方面（不明时，从列车前后两方面），距离列车不小于 300 m 处放置响墩防护；在仅运行动车组列车的线路上，列车在区间被迫停车后已请求救援时，由随车机械师在救援列车开来方面，距离列车不小于 300 m 处人工进行防护，不再放置响墩防护。

（2）列车分部运行，机车进入区间挂取遗留车辆时，应从车列前方距离不小于 300 m 处放置响墩防护。

（3）防护人员设置的响墩在停车原因消除后，由防护人员撤除。

四、恶劣气候条件下的行车组织

（一）灾害天气的危害

灾害天气对行车速度和行车安全有着严重的影响，灾害天气下如果处置不当，可能会造成行车事故。因此，行车部门要特别注意灾害天气下高速铁路的行车组织和行车安全。

灾害天气对行车安全的影响是多方面的，有些极端恶劣的天气，还可能带来其他方面的损伤和破坏，所以行车部门应加强与气象部门的沟通，并确保自然灾害及异物侵限监测系统状态良好，遇到灾害天气要立即妥当处理，避免影响行车安全，发生行车事故。常见的灾害天气主要可分为"风、雷、雨、雪、雾"这五种。

大风可能对列车运行的平稳性造成影响，使列车在高速运行时、通过弯道时的行驶平稳性下降，一旦风速过高还会增加列车倾覆的危险，甚至能直接将列车吹翻。另外，狂风还可能把线路两旁的树木吹断，砸落到线路上导致故障发生。

雷击时产生极大量的电荷，放电时的电压、电流都非常大，带电设备或所属建筑如果未做好接地保护，受到雷击时有可能被强电击穿。高速铁路线路信号、通信设备复杂精密，要求对列车运行全方位、不间断的监控，一旦受到雷击破坏，列车运行安全就失去可靠保障，稍有不慎就可能造成严重的事故。

大量降雨会降低路基、道床强度，列车高速通过时存在不安全因素。特别是强降雨可能导致水漫路肩甚至淹没道床、掏空路基而使道床悬空，列车通过会有翻车掉道的危险。而且降雨积水还可能破坏沿线的通信、信号电缆，导致通信、信号设备损坏。山区的暴雨还可能导致山洪甚至泥石流的发生，后果更为严重。

遇上冰雪天气，降雪量小时对列车运行影响不大，但降雪量大时会掩埋线路，使钢轨道岔覆盖冰雪，严重时会使道岔无法转换，或密贴不牢，转换不到位，构不成联锁条件，信号无法开放，导致行车中断。冰雪天气还可能造成接触网挂冰，影响受电弓取电，冰块掉落还会击打列车。接触网挂冰严重时，冰块有可能压断导线，造成接触网停电事故，严重影响高铁列车的运行安全。

降雾的影响主要是能见度低，大雾天气能见度可能只有几十米甚至十几米，这种条件下动车组司机根本无法瞭望前方线路状况，给行车带来不安全因素。

（二）灾害天气的确认与监测

高速铁路设有自然灾害及异物侵限监测系统，包括风速监测子系统、雨量监测子系统、异物侵限子系统、雪深监测子系统，预留有地震监测子系统接入条件。系统设有灾害天气报警条件，遇大风、降雨达到警戒值，系统即报警提示。

灾害天气的确认，需根据线路所在地区地形、气候、气象条件具体确定，且灾害天气的确认具有地域性、季节性特征，不同地区的防范重点有所不同。如南方多雨水，夏季应注意降雨监控，做好防洪预备，沿海地区和西北地区应重点做好大风监控和防风预案。北方地区应重点做好冬季降雪监测和扫雪准备，山区应重点做好降雨和山体监测，防止滑坡、泥石流灾害和山坡落石侵限等重点工作。所以工务部门根据当地气象记录确认警戒值，设置时应考虑天气变化的随机性，预留一定的安全裕量。灾害天气的确认和监测主要有三个信息来源。

1. 自然灾害及异物侵限监测系统

该系统是主要针对不良天气设计的，可随时监控线路区的风速、降雨、降雪量，还能对公、铁立交等危险处所异物侵限进行报警。

2. 工务部门

工务部门对线路重点地段进行日常巡视检查时，发现有异物侵限或路旁山石、树木有脱落倒塌侵限等危险时，应立即报告列车调度员（车站值班员），妥善处理。如遇雨雪天气，工务部门应加强线路巡视，对重点部位派人现场监控，出现险情应立即拦停列车，并向调度员汇报。

3. 动车组司机

动车组司机在运行途中，可能会发现一些系统无法监测到的情况，比如局部晃车，瞬时大风、异物击打列车。出现这些情况后,动车组司机应立即减速,同时汇报给列车调度员,以提醒后续列车注意运行,确保列车运行安全。

(三) 恶劣气候条件下的列车运行调整

为了适应不同气候条件的需要,高速铁路需制定各种气候条件下的运行调整预案,一旦发生某种异常气候,就要根据其地域及时域确定列车降速标准,选择相应的调整预案。高速铁路在恶劣气候条件下的列车运行调整主要包括:

(1) 在确定的气候恶劣区段和时域,高速列车降速运行或停止运行。

(2) 确定在气候恶劣区段和时域以外,受高速列车降速或停止运行影响的区段和时域,进行相应的运行调整。

(3) 进行动车组运用方案的调整。有些是由于列车在途中晚点或停运造成的,有些则是由于恶劣气候影响范围大、延续时间长,列车在始发站便被迫运休造成的。这可能造成动车组运用条件和接续关系变化,产生新的始发晚点、列车运休和交路变更。

(4) 综合维修"天窗"及其检修作业的调整。在恶劣气候时域临近"天窗"时间的情况下,会出现疏导运行和设备检修的矛盾,因此需提前计划出列车运休的调整方案,防止因疏导列车过多地侵占"天窗"时间。同时也要根据恶劣气候的实际情况调整检修作业内容,保证设备的完好状态。

(四) 恶劣天气下无法辨认信号的行车措施

对于以地面信号作为行车凭证的列车,遭遇恶劣天气时,地面信号达不到规定的显示距离,司机难以辨认地面信号,无法及时根据地面信号的显示要求执行,所以必须有安全、可行的应对办法。

(1) 遭遇恶劣天气,信号机显示距离不足 200 m 时,司机或车站值班员须立即报告列车调度员。列车按地面信号显示运行时,列车调度员应及时发布调度命令,改按天气恶劣难以辨认信号的办法行车。

(2) 列车按机车信号显示运行。当运行中的列车接近地面信号机时,司机应确认地面信号机的显示。二者显示一致时,按正常规定速度运行;当地面信号机显示与机车信号不一致时,列车司机应减速或停车,与列车调度员、前行列车或前方站进行联系,经确认后按有关行车条件运行。

(3) 如遇暴风雨雪或浓雾天气司机无法辨认出站(进路)信号机显示时,在列车具备发车条件后,司机凭机车信号机显示的允许信号起动列车,列车接近地面信号机并确认出站(进路)信号机显示正确后,再行加速。

(4) 人工办理进路时,必须再次确认进路准确无误,停止影响进路的调车作业及开放进、出站信号时机,均应较正常情况稍微提前。

(5) 进路准备及检查确认办法:

① 集中联锁设备正常时,使用联锁设备准备进路,通过控制台显示确认。车站值班员须认真核对阶段计划,合理确定接车顺序;接车时,必须保证有空闲线路方可同意邻站发车。

② 无联锁情况下,由现场人工准备确认。

(5) 天气转好时,司机、车站值班员应及时报告列车调度员。列车调度员接到报告后,发布调度命令,恢复正常行车。

第五节 高速铁路行车调度指挥系统

在日常运输组织过程中,高速铁路各部门严格按照综合运输计划规定的时间、内容进行工作。当列车运行偏离列车运行图时,由日常调度指挥部门制订调度调整方案并指挥相关部门和人员,尽可能使列车运行恢复到按列车运行图运行,以减少对旅客和运行秩序产生的影响。因此,建立一套设备先进、安全可靠、功能丰富、使用方便的高速铁路调度指挥系统,是保证高速铁路运输质量的关键。

高速铁路运营调度指挥系统是高速铁路运营管理和列车运行控制的中枢,是高速铁路高新技术的集中体现,是高速铁路运营管理现代化、自动化、安全高效的标志,对统一指挥列车运行和协调高速铁路运输各部门的工作作用重大,一个高效率、现代化的高速铁路运营调度指挥系统,能够充分发挥高速铁路本身所具有的强大的运输能力,确保高速铁路的行车安全和优质服务。

一、国外高速铁路运营调度指挥系统概况

目前国外高速铁路运营调度指挥系统基本分为三种类型:第一类是以日本为代表,通过构建各专业综合调度系统以适应高速铁路的特点和需求;第二类为德国模式,其调度系统是以地区为中心建立调度控制中心,而不是以高速线为中心;第三类是以法国和西班牙为代表,以线路为目标建立控制中心,基本沿袭既有铁路的传统模式。

(一)日本高速铁路运营调度指挥系统

日本新干线调度系统以运输计划为龙头,综合了与行车有关的各方面内容,使整个调度指挥系统全面协调地工作。日本新干线按线(东海道山阳)和区域(东日本公司)分别设置单独的调度指挥系统,无国家级统一调度指挥中心;东海道山阳新干线与既有线完全独立,调度系统完全独立,并设立了备用中心。日本 COSMOS 调度指挥系统如图 8-5 所示。

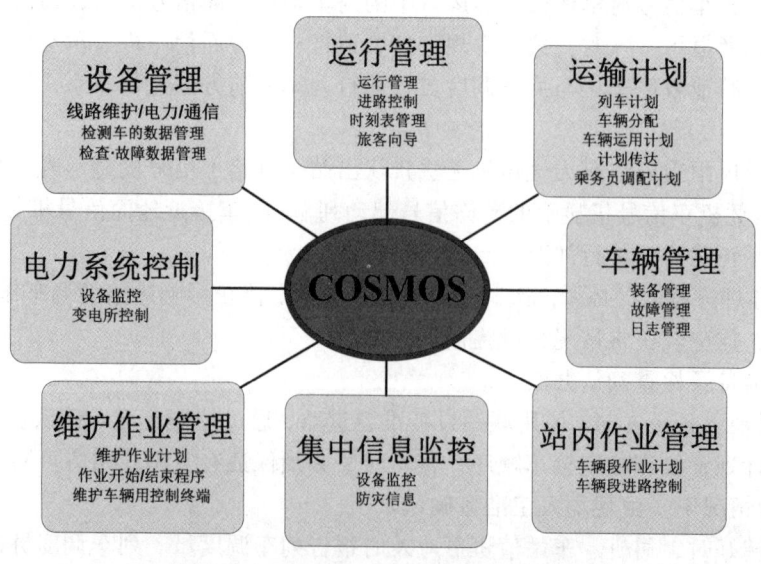

图 8-5 日本 COSMOS 调度指挥系统

（二）德国高速铁路运营调度指挥系统

德国由于高速线是既有线的一部分，主要特点为客货混运，同时采用新旧线混用，因此其调度指挥系统也与既有线调度指挥系统融为一体，从体系结构到管理模式完全与既有线相同，实行调度指挥中心—地区调度所—基层车站值班员的三级调度指挥模式。德国铁路调度系统的主要职责如下。

（1）国家监控中心（NLZ）：负责协调和监控整个路网调度指挥。主要监控客运和货运列车，同邻国铁路的国际列车连接其他任务；地区和中央路网问题的监控，为理事会做中央日程报告，进行流程分析，优化路网交通。

（2）路网管理中心（BZ）：区域内列车控制调度和协调，线路上及车站列车运行控制，运营以外的任务，运营规划和分析，维修列车控制系统，工程期和轨道作业时的运营计划。

（三）法国高速铁路运营调度指挥系统

法国高速铁路各调度工种的设置基本上是按三级管理设置，但具体模式不尽相同。各高速线的调度组织形式不一，有两级管理和三级管理两种。两级管理是指国家调度中心和CTC控制中心两级控制；三级管理是指国家调度中心、分局调度中心、CTC控制中心三级控制。在国家控制中心和分局调度中心设有营运基础调度、客运调度、电力调度、动车组运用调度、司机调度。法国高速铁路调度指挥系统的组织结构如图8-6所示。

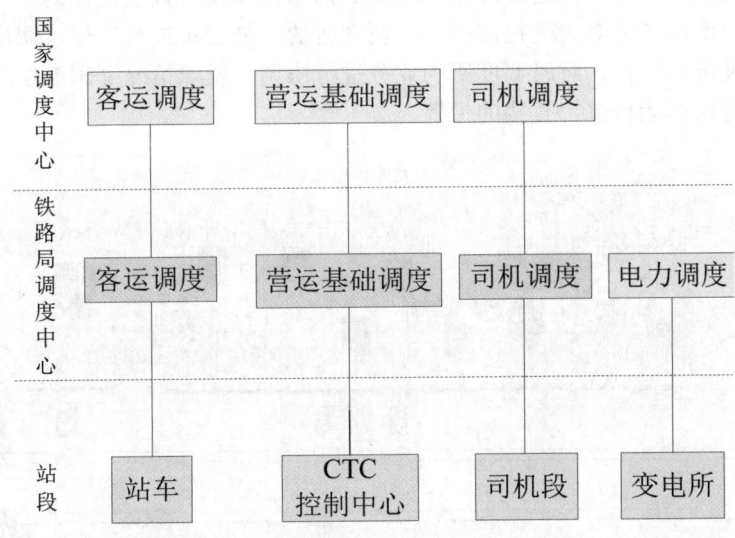

*营运基础调度包括：列调、工务、通信、信号、安全监控

图8-6 法国高速铁路调度指挥系统的组织结构示意图

二、我国高速铁路行车调度指挥模式

我国高速铁路采用综合调度指挥系统模式，调度系统的结构示意图如图8-7所示。

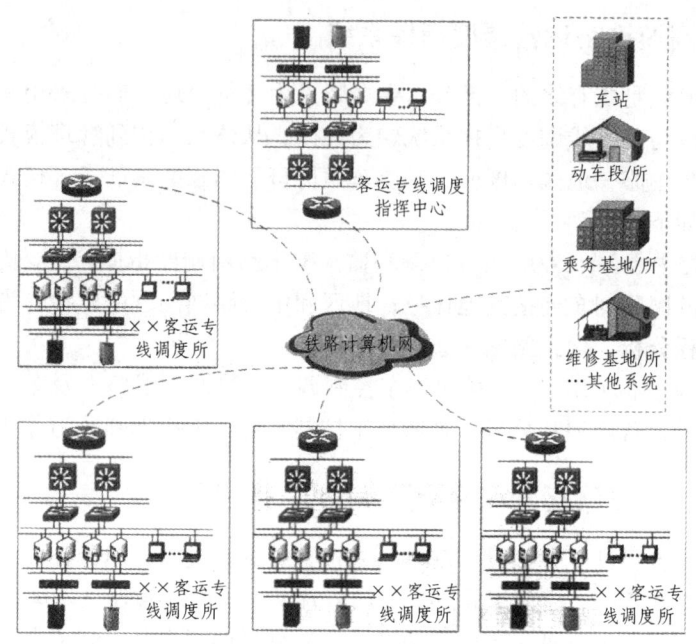

图 8-7 调度系统物理结构示意图

调度中心与调度所、动车基地、乘务基地、维修基地等之间的关系如图 8-8 所示。各部门之间通过专用网络连接,传递各种生产所需的信息。调度所直接指挥列车的运行,动车基地、乘务基地、维修基地等为受控部门,按调度所的计划安排进行工作。调度中心一般情况下只监视各调度所的工作,对跨调度所的业务进行协调;特殊情况下调度中心也可以接管调度所的工作,对列车运行进行直接的指挥。

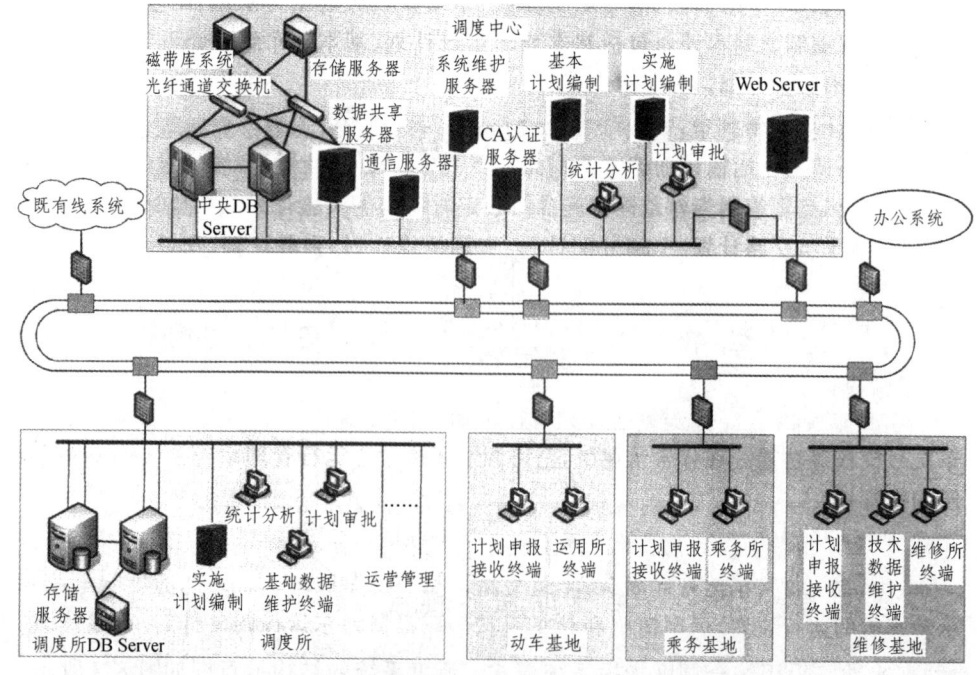

图 8-8 调度中心与调度所、动车基地、乘务基地等区域间的关系

(一)我国高速铁路行车调度指挥工作的原则

我国高铁《技规》规定：高速铁路行车工作必须坚持集中领导、统一指挥、逐级负责原则。

（1）高速铁路运输调度工作，实行分级管理、统一指挥的原则。局与局之间由"国铁集团"、局管内各区段间由铁路局、一个区段内由本区段列车调度员统一指挥。

（2）高速列车调度台原则上应独立设置。高速铁路与普速铁路之间的联络线一般设有列控设备，其行车指挥原则上纳入高铁调度指挥。

（3）高速铁路设有调度集中设备，正常情况下列车调度员可以利用该设备直接操纵集控站的道岔和信号，可以随时了解区段内各站接发列车进路、道岔、信号和列车运行情况。因此，正常情况下集控站的行车工作由该区段列车调度员直接指挥。集控站因故转为车站控制时，根据列车调度员指示，由该站值班员指挥。非集控站的行车工作由车站值班员统一指挥。

（4）列车和单机由司机负责指挥，列车或单机在车站时，所有乘务人员应按列车调度员（车站控制时为车站值班员）的指挥进行工作。司机等相关人员应直接向列车调度员报告有关行车工作；在非集控站及转为车站控制的集控站，应向车站值班员报告。

（5）"国铁集团"高铁调度设值班处长，行车、动车调度台，涉及高铁的其他工种调度工作由相关普速铁路调度台兼任。铁路局高铁调度设值班主任、值班副主任，计划、列车、动车、供电、施工调度台，涉及高铁的其他工种调度工作由普速铁路调度台兼任。

(二)我国高铁行车调度工作信息报告制度

为贯彻调度工作分级管理、统一指挥的原则，加强各级调度间的工作联系，加强调度与安全监察、业务部门的信息沟通，基层单位（人员）应及时报告工作信息。调度应准确掌握工作进度和安全信息，及时处理发生的问题。

1. 基层单位（人员）向路局高铁调度的信息报告

（1）集控站有关行车工作信息由列车调度员负责。相关人员直接向列车调度员报告有关行车工作。列车运行途中，司机应随时向列车调度员报告有关行车事项，随车机械师、列车长遇到影响列车运行的有关事项，应通过司机向列车调度员汇报。

（2）高铁发生铁路交通事故、设备故障及其他影响行车安全突发情况时，有关单位（人员）应立即报告列车调度员。

（3）当施工维修作业不能按计划结束时，作业负责人应提前 30 min 向列车调度员报告。

（4）发生影响旅客服务的突发情况，车站由站长、客运值班员或综控室值班员，列车由列车长向客运调度员报告。

（5）客运段调度员及时向客运调度员汇报客运乘务计划落实及变化情况。

（6）动车段（车辆段）调度员及时向动车调度员汇报车底运用、备用、检修、乘务计划落实及变化情况。机车牵引的旅客列车，机务段调度员及时向机车调度员汇报乘务计划落实及变化情况。

2. 铁路局调度所向"国铁集团"高铁调度的信息报告

（1）每日 9:00（21:00）前，向高铁值班副主任报告管内高铁运输情况及重点事项。

（2）动车组列车需临时停车上下人员，应立即报告。

（3）安全情况和重要事项应随时报告。

3. 下级调度向上级调度的信息报告

当上级调度向下级调度和运输生产单位了解有关运输情况时，有关人员应及时认真汇报。

4. 交通事故、行车设备故障等安全信息的报告

铁路局调度接到铁路交通事故、行车设备故障等安全信息后，应填写《铁路交通事故（设备故障）概况表》（安监报 1），通过铁路安全监督管理信息系统，及时报送铁路局安全监察部门，并互相签认、定期核对。

（三）我国高速铁路运营调度指挥岗位职责

1. 国铁集团高速铁路运营调度指挥岗位职责

（1）负责全路高铁运输组织和调度指挥工作。

（2）负责监督管理和检查铁路局调度指挥工作。维护调度纪律，检查各铁路局执行规章制度和调度命令情况，对违章、违纪造成不良后果的单位和人员进行通报批评，提出处理意见。

（3）负责全路高铁日常旅客运输组织工作。经济合理使用动车组，组织各铁路局及时输送旅客，充分利用运输能力，提高运输效率和效益。

（4）检查铁路局高铁调度日计划执行情况。监督检查各铁路局按图行车情况，及时协调处理各局间高铁运输工作中出现的问题。

（5）掌握各铁路局动车组配属、转属、借用、调动、运用及检修情况。

（6）掌握动车组列车运行情况，收集、分析晚点原因，组织有关单位（人员）采取措施，恢复运行秩序。

（7）处理跨局动车组列车的临时加开、停运、变更径路、途中折返、变更编组、变更客运业务停站等工作；根据需要安排跨局试验列车开行及动车组回送。

（8）组织和部署专运、中央大型会议及重点任务的乘车计划，并掌握运行情况。组织和掌握军运、特运工作，安排新兵和退役士兵运输，重点掌握与其有关的动车组列车始发、运行情况。

（9）负责国铁集团抢险救灾物资、人员运输组织工作，跟踪掌握运输情况。

（10）负责审批国铁集团管理的施工项目日计划，组织各铁路局兑现施工日计划。

（11）检查、通报安全情况，及时收取、掌握铁路交通事故、设备故障、自然灾害等突发事件信息，按规定启动应急预案，组织救援、调整运输。负责调动跨局的救援列车、救援队。

（12）负责检查、指导各铁路局调度基础管理和技术培训工作，规范调度管理，加强队伍建设。负责国铁集团高铁日常运输工作和安全监督检查情况的分析工作，抓好典型，及时总结推广。

2. 铁路局高铁运营调度指挥岗位职责

（1）在国铁集团调度的集中统一指挥下，负责铁路局管内高铁运输组织和调度指挥工作。

（2）严格执行各项规章制度，遵守调度纪律，及时处理影响行车的有关情况，保证调度指挥安全。

（3）负责铁路局管内高铁日常旅客运输组织工作。

（4）负责编制下达并组织落实铁路局高铁调度日计划，保证完成高铁运输生产任务。

（5）负责组织有关单位按高铁列车运行图行车，及时协调、处理局管内高铁运输工作中出现的问题。

（6）掌握管内动车组配属、转属、借用、调动、运用、检修情况。

（7）组织旅客列车按图行车，遇到列车晚点时，积极采取措施，组织有关单位（人员）恢复运行秩序，做好正、晚点分析，并上报国铁集团。

（8）掌握局管内主要站的客流波动及动车组列车超员和票额利用情况；处理局管内动车组列车临时加开、停运、变更径路、途中折返、变更编组、变更客运业务停站等工作；组织和落实局管内高铁专运及重点任务的乘车计划，并掌握其运行情况。根据需要组织和落实试验列车开行及动车组回送等。

（9）组织完成局管内军运、特运工作，重点掌握与其有关的动车组列车始发、运行情况。

（10）负责局管内抢险救灾物资、人员运输组织工作，跟踪掌握运输情况。

（11）负责编制下达路局施工（维修）日计划，发布运行揭示调度命令、施工（维修）调度命令，协调组织施工（维修）按计划进行。

（12）及时收取、上报局管内高铁交通事故、自然灾害等突发事件信息，按规定启动应急预案；负责调动局管内救援列车、救援队。

（13）检查铁路局高铁各单位执行规章制度和调度命令情况；对违章、违令的单位和人员进行通报批评并提出处理意见。

（14）负责铁路局高铁日常运输工作完成情况和调度安全工作情况分析，及时总结、推广先进经验，不断改进高铁调度工作。

（15）负责路局高铁基础管理和技术培训，规范高铁调度管理，加强高铁队伍建设。

（四）高速铁路运营调度指挥系统与既有线调度系统的协调

（1）一般情况下，由高速铁路运营调度指挥中心对所管辖高速铁路全线进行集中领导和统一指挥。

（2）凡是与运输生产有关的部门和工作人员，都必须在运输调度的统一指挥下进行工作。

（3）高速铁路和既有铁路的调度应按各自管辖的调度指挥权限指挥列车运行。

（4）当高速铁路运营调度中心出现故障时，车站层调度机构可以根据列车运行图独立地控制其管辖范围内的信号、道岔并指挥列车运行。

（5）当列车运行紊乱进行调整时，既有线调度要服从高速线调度员的指挥，优先考虑上下高速线的列车，以保证高速线的正常运行。

复习思考题

1. 高速铁路客流分为哪几类?
2. 高速铁路运输组织工作有哪些特点?
3. 高速铁路列车开行方案编制有哪些步骤?
4. 高速铁路运行图有什么特点
5. 高速铁路通过能力有什么特征?
6. 简述我国高速铁路调度指挥的体系和层次。
7. 我国铁路基本闭塞法有哪些?高速铁路采用哪种闭塞方式?
8. 自动站间闭塞与自动闭塞有什么区别?各有什么特点?
9. 动车组接发有何基本要求?
10. 接发动车组时对线路有什么规定?
11. 动车组跨线运行时有什么要求?
12. 动车组遇到线路故障需区间返回时该如何处理?
13. 影响高速铁路行车安全的灾害天气有哪些?

第九章　高速铁路客运组织与服务

旅客运输是目前高速铁路运输的核心部分。随着我国经济社会的迅速发展、人们物质文化生活水平的不断提高，经由高速铁路运送的旅客人数大幅度增长。因此，做好高速铁路客运组织工作，对于国家的经济建设、文化交流以及满足人民群众的物质文化生活需要有着十分重要的意义。

目前，我国高速铁路完成的客运量已经超过全国铁路客运量的 50%，高速列车的开行列数已经超过全部旅客列车的 50%。短短十余年时间，我国高速铁路客运量的发展已经超过了既有线，高速铁路客运目前已经成为我国铁路客运的主力。

第一节　高速铁路旅客运输生产过程

高速铁路旅客运输的基本任务是：最大限度地满足广大人民群众在旅行上的需要，安全、迅速、舒适、便利地运送旅客，保证旅客在旅行途中舒适愉快并得到精神层面上的优质服务。

高速铁路旅客运输生产过程如图 9-1 所示。

售票 → 候车 → 检票 → 旅客上车 → 列车服务 → 旅客下车 → 出站

图 9-1　高速铁路旅客运输生产过程

一、售　票

车票是旅客乘车的凭证，同时也是旅客加入铁路旅客意外伤害强制保险的凭证。

高铁车票包括卧铺，商务座、一等座、二等座。高速铁路客票售票渠道包括车站窗口售票、自动售票机售票、互联网售票、电话订票、代售车票、上车补票。

（1）车站窗口售票：旅客可在车站售票窗口凭有效身份证件购买各种高铁车票，如购买任意区间的单程票、往返票，并用现金或银行卡支付票款。

（2）自动售票机售票：旅客可凭有效二代居民身份证，在自动售票机（见图 9-2）上购买各种高铁车票，用银行卡或手机支付票款。

自动售票机

图 9-2　自动售票设备

（3）互联网售票。中国铁路客户服务中心网站（www.12306.cn）对注册用户提供网上购买火车票服务。用户注册时，须准确提供真实信息，以保证顺利购票乘车及享受 12306.cn 网站提供的各项服务。一张有效身份证件只能注册一个用户。购票时，凭用户自行设定的用户名和密码登录。购买儿童票的乘车儿童没有办理有效身份证件的，须使用同行成年人的有效身份证件信息。在 12306.cn 网站可以购买全价票、儿童票、学生票、残疾军人或伤残人民警察优待票。

（4）电话订票。电话订票仅受理二代居民身份证，旅客拨打订票专线 95105105（外地订票需加拨出发地区号，如北京 010），凭银行卡或现金在车站售票窗口取票。

（5）代售车票。通过授权代售点发售车票，特别适合旅行社、连锁便利店等售票渠道。

（6）上车补票。旅客上车后补票。

旅客通过网上购票成功后，可通过网站自行打印或下载购票信息单，也可在各车站售票窗口、自动售/取票机、代售点打印；通过售票窗口和自动售/取票机购票的，购票成功后，旅客将收到购票信息单，并可根据需要选择是否打印报销凭证。

旅客在中国铁路客户服务中心网站 www.12306.cn 使用二代居民身份证购票，并且乘车站或下车站都具备二代居民身份证检票条件的，可以使用二代居民身份证原件直接在车站自动检票机办理进、出站检票手续。

我国目前已全面取消纸质车票，推广电子客票。电子车票的普及极大地方便了乘客出行，旅客不用去车站买票、进出车站不用车票验票等，减少了车票丢失等问题；对铁路内部来说，也减少了售票、检票的工作环节，简化了手续，节约了成本，同时从根本上杜绝了假票的出现。

二、候　车

候车室是旅客休息和等候乘车的场所。高速铁路候车室为旅客创造了一个良好舒适的候车环境，具有适宜的温度、湿度和采光条件，还具备通风空调系统，如图 9-3 所示；候车室的电子屏上通告列车到、开和检票进站时间,同时还提供了广播、引导、卫生、饮水、购物、娱乐等延伸服务信息。

图 9-3　大型高铁车站候车室

(一) 凭票候车

按照相关规章制度的要求,所有客运站对进站候车的旅客实行实名制验证,票、证、人一致方可进站候车。各客运车站设有相对独立的验证口、自动人脸识别验证设备、验证区域、验证通道和复位口、公安制证口等实名验证设施。人工验证台配备一套验证设备联网运行,与自动人脸识别验证设备共同使用,同时与公安网的实名制比对系统连接,确保旅客进站通畅。

(二) 进站检查

为了维护车站的良好秩序,确保运输安全,一般在旅客进入候车室之前需对旅客的随身携带物品进行检查。旅客不得携带国家禁止或限制运输的物品、危险品、动物等进站上车。此外,每个成人旅客只可免费携带 20 kg 物品,儿童(包括免费儿童)可免费携带 10 kg 物品,外交人员(持外交护照者)可免费携带 40 kg 物品。旅客携带品的外部尺寸,每件长、宽、高之和不得超过 160 cm;对于杆状物品不得超过 200 cm。残疾人旅行时的代步折叠式轮椅可免费携带,不计入上述范围。

(三) 候车服务

旅客候车期间的服务包括:旅客旅行生活服务,购物、娱乐、餐饮服务和寄存等。

候车室工作人员要主动热情、诚恳、周到地为旅客服务,搞好清洁卫生,及时通告列车到、开和检票进站时间,加强安全和旅行常识的宣传,做好饮水、购物、娱乐等延伸服务。

高速铁路客运站不仅为普通旅客提供便捷、舒适、优质的服务,同时为了充分体现"人性化"的服务理念,还要满足特殊旅客,如老弱病残孕幼等弱势群体旅客、重要旅客(VIP)、团体旅客及其他特殊旅客的各种需求。比如,为站内行动不便的旅客提供设备支持;长距离车站配有方便残障乘客上车的移动设备,如升降电梯和坡道;许多高铁车站添加了升降梯、自动坡道以及人工操作的桥式跨板;在站内为旅客提供婴儿护理设施等。

三、检 票

为了维护站、车秩序,保证旅客安全,防止旅客乘错车,车站要对进站上车的旅客检票。

高铁检票一般采用自动检票闸机为主、人工检票口为辅的检票方式,检票通道数量适应客流情况,并设有商务座旅客快速检票通道;设两侧检票口的,对长编组、重联动车组列车同时开启。检票时按照先重点(老、弱、病、残、孕等旅客)、后团体、再一般的原则,引导旅客通过自动检票机(见图9-4)、人工检票通道分别排队等候、检票进站。经自动检票机检验证件有效后,自动检票机的翼门打开,允许顾客进入或离开乘车区域。停止检票前,通告候车室,无漏乘;停止检票时,关闭检票口,通告候车室和站台。

图 9-4 自动检票设备

实行电子客票后,检票不再需要纸质车票。进站和检票时,持二代身份证、外国人永久居留证、港澳台居民居住证、港澳居民来往内地通行证、台湾居民来往大陆通行证五种可机器识读证件的旅客,可直接使用证件自助核验即可打开闸机,进站台上车;持不可机器识读购票证件的旅客,在专用实名验证口和检票口,由工作人员扫描其购票信息单二维码或手工输入其证件号码核验进站乘车;也可持用手机,通过扫描手机购票记录中的二维码进站乘车。乘车时,如遇到列车工作人员查验车票,旅客只需配合提供购票时使用的身份证件即可。

旅客如需报销凭证,可在售票窗口、自助售票机打印,有效打印截止日期为乘车到站后31天内;报销凭证样式和内容基本与目前车票保持一致,且注明"仅供报销使用"的字样。

四、旅客乘降

旅客乘降是包括旅客进站、在站内通行、检票上车以及到站下车、出站等活动的过程。为确保旅客乘车安全,客运人员应有秩序地组织旅客上、下车,做好进、出站引导工作,派人值守检票口、天桥口、地道口及进站或出站通路交叉地点,严禁旅客钻车和横跨股道。对老、弱、病、残、孕等行动不便的旅客应提供帮助，督促购物旅客及时上车，保证旅客安全。

"便捷、快速"是高速铁路客运站旅客乘降最主要的特性，要求设置现代化的、动静结合的导向标志，导向标志应有效准确、规范醒目、方便识别，标志布局要合理，传递信息强调连续性，标志系统具有整体性。各类标志在材质、形式、规格、色彩等方面要保持统一，形成一个较为稳定连贯的体系，以保证有效地引导客流连续移动。

我国铁路旅客引导标识是由文字、图形符号和颜色等单个要素或多个要素组成的，铁路客站作为城市门户，引导标识必须恰如其分地反映当地人文特质、城市形象和时代特征，力求简单高效。

五、列车服务

旅客旅行大部分时间是在列车上度过的，列车服务工作的好坏直接影响到铁路的声誉、形象。列车乘务人员应主动、热情、文明、礼貌地为旅客服务，妥善照顾旅客乘降，及时安排旅客入坐席位，保持车厢内清洁卫生，维护车内秩序，做好广播宣传、餐饮和开水供应工作，保障旅客人身财产安全，保证列车运行安全。

在整个高速铁路客运服务链中，旅客对列车服务环节所提供服务的感受最为看重。列车服务包括以下内容：

（1）乘务人员/列车员：高速铁路列车上，所有乘务人员均可以为旅客解答问题（如列车换乘）或提供帮助，列车员也可以为未持有效票的旅客补票或为旅客提升车厢等级，这些工作可以通过一个移动的电子终端器进行。但旅客必须尽快主动告知列车员，车票支付必须用现金或手机。

（2）列车广播：广播系统具备收音及播放功能，能向乘客自动播放音乐及各种服务信息。播放预先储存的节目及沿线广播电台信息。

（3）信息显示：每辆车内两端分别设有车号显示器和信息显示器，信息显示器显示的内容根据需要设置。

（4）婴儿护理和儿童活动区域：高铁车上为婴儿护理和儿童活动提供了专门的空间，一等车厢和二等车厢均设有为婴儿换用尿布的桌子。

（5）残障旅客专用设施：高速铁路列车为残障旅客专门设置了两个宽敞的座位，邻近卫生间的座位是专为坐轮椅的旅客设计的。高速铁路列车上还为残障人士和母婴专门配置了多功能卫生间。

（6）车上餐饮：列车上所有的旅客都可以到位于一等车厢和二等车厢之间的餐车用餐，餐车里有甜点、小食品、饮料及杂志。列车里设有流动售货车。一等车厢的旅客，可以享受餐饮到座服务。

（7）报纸、杂志：高速铁路列车的旅客都可以免费阅读由高铁列车提供的报纸、杂志等休闲刊物，也可以在餐车购买报刊与杂志。

六、出　　站

高铁车站以自动检票闸机为主要出站方式。人工检票口对无法正常出站的特殊旅客进行服务。

列车到站后，出站检票人员提前到岗，引导旅客通过自动检票机和人工检票通道检票出站，持电子车票的旅客，在具备居民身份证自动识读检票条件的自动检票机上直接刷身份证出站。

第二节 高速铁路客运服务系统

高速铁路客运服务系统涉及旅客站、车服务各环节的内容,运用多样化的服务手段为旅客提供优质服务,实现旅客服务和运营管理信息化。

高速铁路客运服务系统由票务子系统、旅客服务子系统、呼叫中心子系统、互联网服务子系统构成。它是以信息自动采集为基础,提供互联网、呼叫中心、移动通信等多种途径信息服务的系统,为旅客旅行各环节提供查询、订票、购票、旅行指南等全过程、全方位、层次化的信息服务,实现客运车站信息自动广播、导向、揭示、监控等功能,为客运人员实现服务业务的可视化、可控化和自动化,为决策者制定旅客列车开行方案、票价和客票销售策略提供科学依据。

一、票务子系统

票务子系统是以席位管理和交易处理为核心,建立广泛的销售渠道,适应多种售票方式、多种支付方式、灵活的营销策略,包含自助式销售和自动检票的实时交易系统。

自动售检票系统(AFC系统)是票务系统中一个重要系统。高速铁路通过自动售检票系统完成检票功能与辅助售票功能。自动售检票系统是基于计算机、通信、网络、自动控制等技术,实现售票、检票、计费、收费、统计、清分、管理等全过程的自动化系统。

一般AFC系统共分为车票、车站终端设备、车站计算机系统、线路中央计算机系统、清分系统五个层次。AFC的设备主要包括自动售票机、自动检票机,其系统结构如图9-5所示。

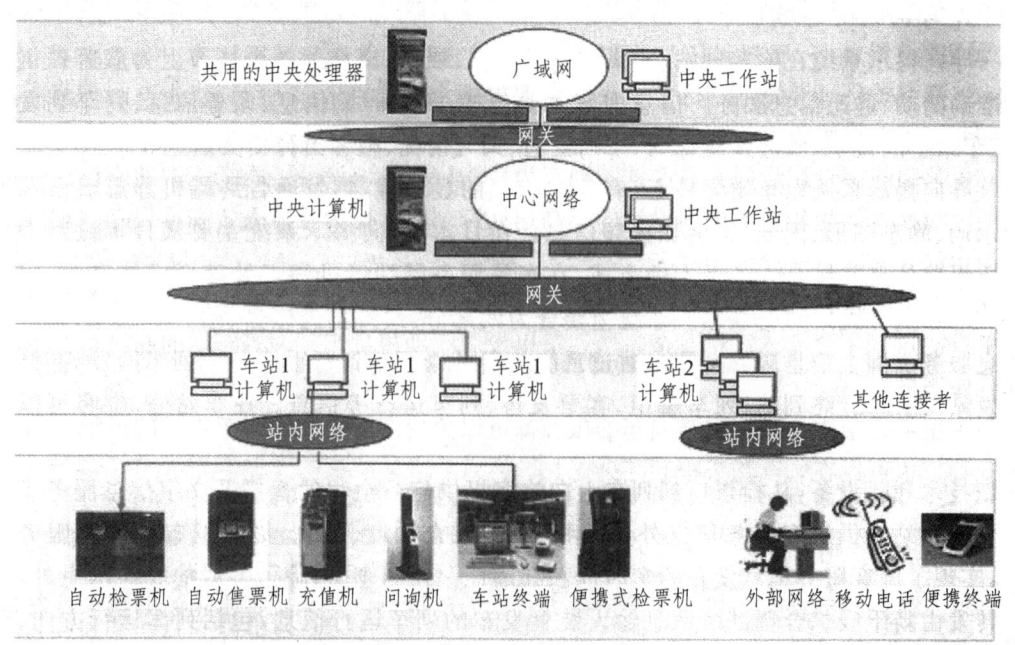

图 9-5 自动售检票系统(AFC系统)结构图

二、旅客服务子系统

旅客服务子系统以为旅客提供全方位信息服务为目标，实现车站信息自动广播、导向揭示、信息服务、监控等功能，并提供互联网、呼叫中心、无线局域通信等多种途径的信息服务，运用多样化的服务手段为旅客提供优质的服务，实现旅客服务的信息化。

旅客服务系统的设置旨在体现以人为本的理念，在旅客出行前、进站、候车、乘车、换乘、出站等各环节上提供全方位的信息服务，通过引导、揭示、广播、监控、查询、求助、应急、投诉、寄存、站台票发售、残障旅客服务和延伸服务等多种服务手段，形成统一的旅客服务平台。

旅客服务系统主要包括导向揭示系统、公共广播系统、监视系统、信息服务系统、时钟系统、投诉系统、求助系统和延伸服务系统等 8 个子系统，如图 9-6 所示。其功能如图 9-7 所示。

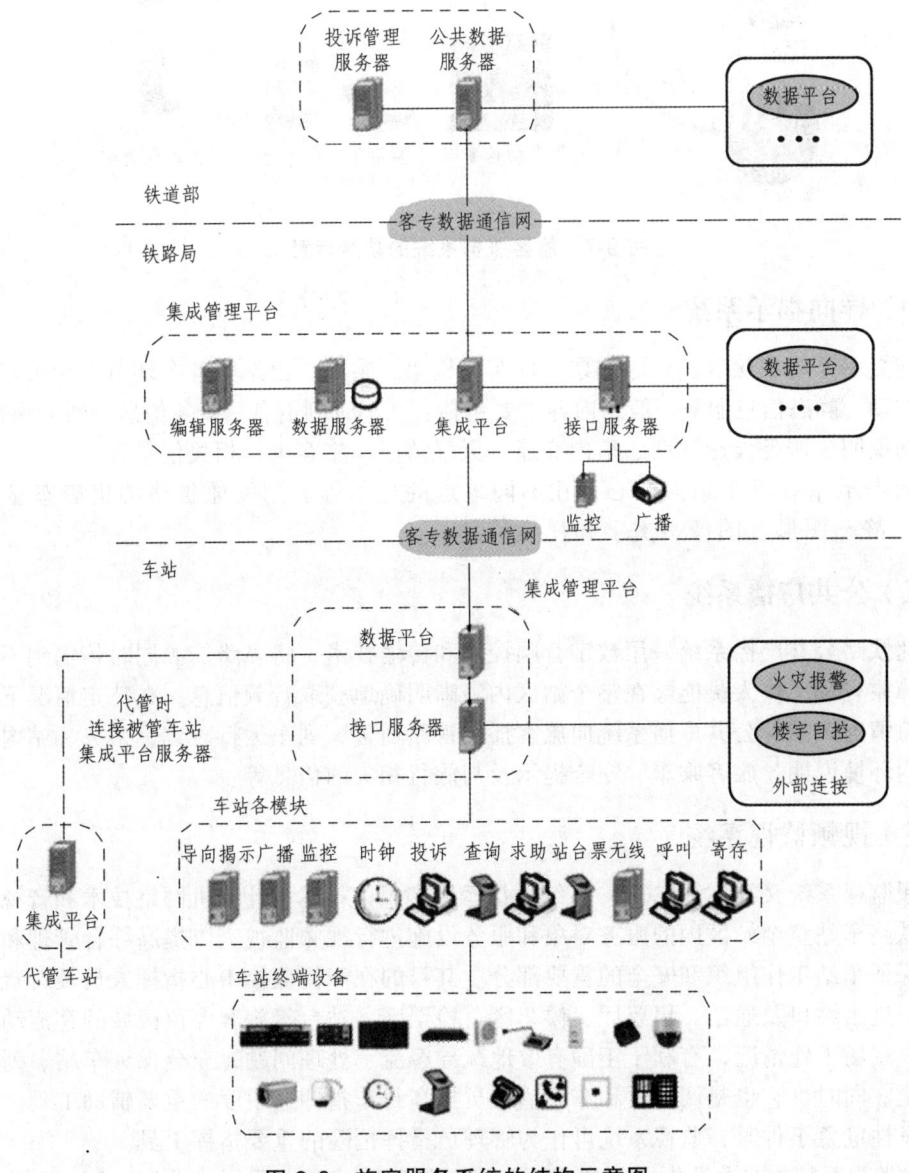

图 9-6　旅客服务系统的结构示意图

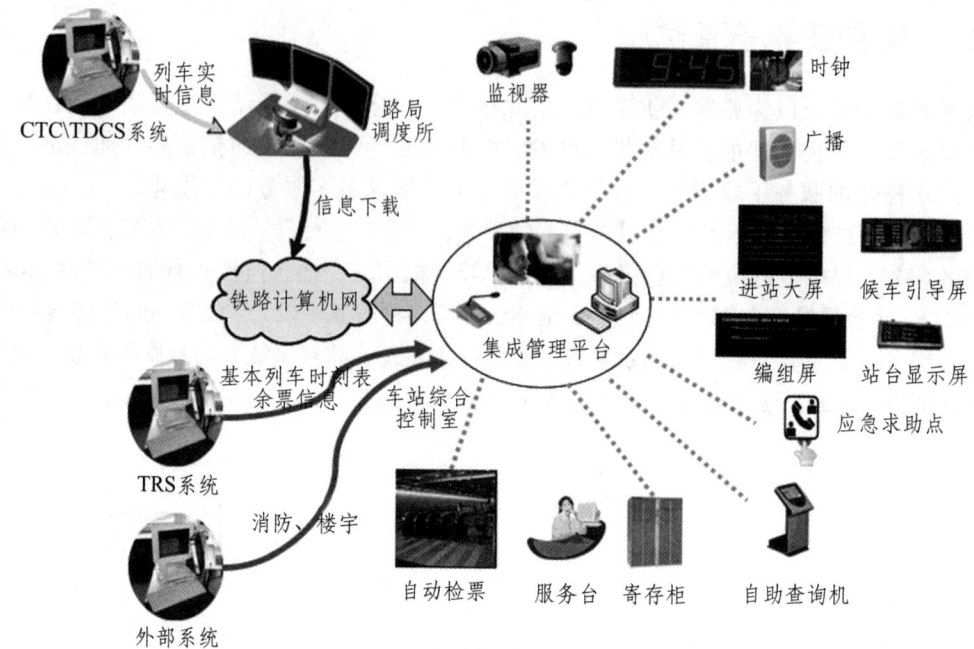

图 9-7 旅客服务系统的功能示意图

（一）导向揭示系统

导向揭示系统在旅客进站、购票、候车、检票、乘车、出站等各个环节上为旅客提供及时准确的动、静态信息服务。信息内容主要包括：列车时刻信息、票务信息、列车到发通告、车站空间说明、服务设施说明、市内交通、天气情况、旅客出行相关信息等。

导向揭示系统以车站为核心，在不同地点的显示屏、到发通告终端机静态显示屏上显示动、静态图形、图像、文字和视频信息。

（二）公共广播系统

高速铁路公共广播系统采用数字音频控制和传输技术，将多路信源同时传输到不同的分区，保障旅客和工作人员能够在整个站区内清晰明确地获取音频信息，在特定情况下，能够实现紧急情况广播。公共广播系统向旅客播报铁路通告、列车运行时刻，票务、站内设施说明，站内环境说明，旅客乘车、安全提示及与旅行相关的信息等。

（三）视频监视系统

视频监视系统又被称为 CCTV 系统，是运用多媒体技术、计算机网络技术和音视频技术对高速铁路车站整个站区内的服务对象和服务设施进行视频监视，以提高综合管理和服务水平，是保证车站工作组织和安全的重要部分。其目的在于使监控中心指挥人员及时观察到车站广场、进出站口及通道、售票厅、候车区、检票区、站台等旅客停留区域的客流动态、安全情况、现场工作情况，有利于正确有效地疏导客流、处理问题，充分保证车站、列车及旅客的安全。同时，它也是调度员和车站值班员提高行车指挥透明度的重要辅助工具。当车站发生突发性危急事件时，监视系统可作为管理员指挥抢险的重要指挥工具。

视频监视系统由前端设备、传输线路设备、终端控制设备及显示记录设备 4 个主要部分组成。

（四）查询系统

查询系统以客运服务系统数据平台为主要数据源，采用触摸屏、计算机、多媒体、网络和接口等技术，为旅客主动获取出行相关信息提供渠道，车站控制中心系统能够对提供旅客查询的信息进行收集、加工、分类、管理。查询系统为旅客提供查询的信息包括列车运行图信息、列车时刻表信息、票务信息、站内环境说明、站内服务设施说明、市内交通、天气情况、旅客出行相关信息等。

（五）时钟系统

时钟系统从统一的时钟源获得标准时间，实现整个站区内各个子钟及相关系统与统一钟源的时钟同步，为旅客和车站工作人员提供准确的时间信息。

（六）投诉系统

投诉系统是高速铁路旅客服务的投诉处理平台，旅客可通过互联网、电话、电子邮件、信函等形式进行投诉和提出建议。投诉中心对投诉信息进行收集（记录）、分类、归档、存储，对不能自动收集的信息（如信函，电话录音等），提供人工编辑输入工具。

系统能够按照预置的处理流程，对于能够自动应答的投诉或建议自动进行处理；对不能自动应答的投诉或建议，提示人工进行处理。系统能够按照业务需求设置，定期生成投诉和建议旅客回访名单。车站设置人工投诉台，工作人员通过投诉终端记录投诉信息和处理结果。

（七）求助系统

求助系统以计算机电话集成技术为基础，采用摘机通话的对讲分机或求助按钮，通过与监控、查询系统的有机配合，响应旅客的紧急求助需要，使旅客及时获得车站工作人员的帮助。求助系统的主要功能是实现免拨号通话、多路呼入排队、事件记录、电话录音、交换机故障检测及自动报警、线路实时监测。

（八）延伸服务

延伸服务是指利用互联网、电视、LED显示屏、广播、多媒体终端、计算机、电话等手段向客户提供与高速铁路业务本身无关的信息服务。

三、呼叫中心子系统

呼叫中心子系统以电话的方式，在旅客旅行的各环节中为其提供全方位的查询、咨询、订票、投诉、建议等服务，成为客户与铁路之间沟通、互动的重要渠道。运营公司也可以通过该呼叫中心开展宣传、信息发布、市场调查等业务。呼叫中心子系统可以为高速铁路票务系统、旅客服务系统等提供对外统一的服务途径。

我国客运专线呼叫中心系统设计由平台管理、客户服务、业务管理、服务支持四个子系统组成。全国设置统一的呼叫中心系统，面向旅客提供电话接入服务。旅客可通过呼叫中心系统完成订票、查询、投诉、建议等相关事务。

（一）平台管理

平台管理子系统主要负责完成对呼叫中心系统资源和自身的管理，包括时钟同步、平台监控、数据备份转储和恢复、平台异常处理、身份管理、权限管理、系统监控与管理、接口管理、负载均衡等功能。

（二）客户服务

客户服务子系统负责向旅客或旅行服务提供者提供综合信息服务，如订票、投诉、宣传、市场调查等。

（三）业务管理

业务管理子系统主要包括录音管理、客户信息收集发布及反馈、客户服务流程管理、业务数据维护、排队策略管理、客户服务统计汇总和分析等功能。

（四）服务支持

服务支持子系统主要为客户提供基础条件和服务支持。通过服务接口、信息导航、工作流程等途径使呼叫服务能够顺利获得服务支持信息；对自动化服务进行控制，同时实现计费管理的功能。

四、互联网服务子系统

互联网服务子系统以满足旅客的需求为出发点，在高度信息安全保障的基础上，建立客户与铁路服务者之间沟通和互动渠道。以互联网接入方式，在旅客旅行的各环节中为其提供全方位的查询、咨询、订票、投诉等服务。铁路通过互联网开展宣传、信息发布、市场调查等业务。

互联网服务子系统可以为高速铁路票务系统、旅客服务系统等提供对外统一的服务途径。

互联网服务子系统采用web信息发布、动态网页制作、数据库集群、负载均衡、信息安全技术，以数据库为核心，采用网站、电子邮件、短信等方式。以票务子系统、旅客服务子系统、数据平台和其他子系统为业务支撑，实现旅客与铁路的沟通。通过对铁路信息的汇总，设置面向旅客的、开放的信息门户网站，实现铁路信息发布。

互联网服务子系统的主要功能包括：电子商务、信息/应用集成、旅行计划制订、娱乐、延伸服务、业务宣传、个性化功能、多通道访问、服务功能、系统管理等。

第三节　高速动车组列车服务

截止到2020年底，全国高铁营业里程达到了3.8万千米，中国高铁动车组累计运输旅客突破100亿人次，中国高铁的安全可靠和运输效率世界领先。目前中国高铁运输已形成较稳定的客流量，中国高铁运输的快速发展对高铁列车服务提出了更高的要求。提高动车组列车服务质量对高速铁路发展具有非常重要的意义。

动车组列车乘务员是直接面对旅客的服务人员，其服务工作的好坏直接影响到铁路的声誉，动车组列车乘务员必须牢记"人民铁路为人民"的服务宗旨，树立"以人为本，旅客至上"的服务理念，讲文明、有礼貌地为旅客服务，努力做到文明服务、礼貌服务、主动服务、热情服务、周到服务。

一、动车组乘务员的仪容仪表

动车组乘务员仪容仪表的总体要求是整洁、庄重、简洁、大方、统一。一个人的仪容仪表，一般包括人的容貌、服饰和姿态等，是一个人的精神面貌和外观体现。动车组乘务人员必须注意自身的仪容仪表，给旅客留下良好的服务形象。

（1）动车组乘务人员应头发干净整齐、颜色自然，不理奇异发型、不剃光头。面部、双手保持清洁，身体外露部位无纹身。指甲修剪整齐，长度不超过指尖 2 mm，不染彩色指甲。男性乘务员发不过耳、领、不遮眉，不烫发，不留胡须；女性发不过肩，刘海不遮眉，短发不短于 7 cm。

（2）女性淡妆上岗，工作中保持妆容美观，端庄大方，不浓妆艳抹。

（3）乘务组换装统一，衣扣拉链整齐。着裙装时，丝袜统一，无破损。系领带时，衬衣束在裙子或裤子内。外露的皮带为黑色。佩戴的外露饰物款式简洁，限手表 1 只、戒指 1 枚，女性还可佩戴发夹、发箍或头花与一副直径不超过 3 mm 的耳钉。不歪戴帽子，不挽袖子和卷裤脚，不敞胸露怀，不赤足穿鞋，不穿尖头鞋、拖鞋、露趾鞋，鞋的颜色为深色系，鞋跟高度不超过 3.5 cm。

（4）佩戴职务标志，胸章牌（长方形职务标志）戴于左胸口袋上方正中，下边沿距口袋 1 cm 处（无口袋的戴于相应位置）。臂章佩戴在上衣左袖肩下四指处。按规定应佩戴制帽的工作人员，在执行职务时戴上制帽，帽徽在制帽折沿上方正中。除列车长外，其他客运乘务人员在车厢内作业时可不戴制帽。

（5）餐车加热、供应餐食时，服务人员应戴口罩、手套，女性应穿围裙。

二、动车组乘务员的言谈举止

旅客列车乘务员在出乘时必须着规定的制服，佩戴服务标志，以饱满的精神状态、大方的举止为旅客服务。服务旅客时要做到表情自然、态度和蔼、用语文明、举止得体、庄重大方。

（一）服务用语

使用普通话，表达准确，口齿清晰。服务语言表达规范、准确，使用"请、您好、谢谢、对不起、再见"等服务用语。对旅客称呼恰当，统称为"旅客们""各位旅客""旅客朋友"，单独称为"先生、女士、小朋友、同志"等。

旅客问讯时，面向旅客站立（工作人员办理业务时除外），目视旅客，有问必答，回答准确，解释耐心。遇有失误时，向旅客表示歉意；对于旅客的配合与支持，应表示感谢。

（二）行姿、坐姿、站姿

（1）坐立、行走姿态端正，步伐适中，轻重适宜。在旅客多的地方，先示意、后通行；与旅客走对面时，要主动侧身面向旅客让行，不与旅客抢行。列队出（退）勤（乘）时，按规定线路行走，步伐一致，箱（包）在同一侧。

（2）立岗姿势规范，精神饱满。站立时，挺胸收腹，两肩平衡，身体自然挺直，双臂自然下垂，手指并拢贴于裤线上，脚跟靠拢，脚尖略向外张呈"V"字形。女性可双手四指并拢，交叉相握，右手叠放在左手之上，自然垂于腹前；左脚靠在右脚内侧，夹角为 45° 呈"丁"字形。

（三）清扫服务

清理卫生时，清扫工具不触碰旅客及携带物品。挪动旅客物品时，应征得旅客同意。需要踩踏座席、铺位时，要穿戴鞋套或使用垫布。占用洗脸间洗漱时，要礼让旅客。清洁厕所时，作业人员应戴保洁专用手套。

（四）礼貌服务

夜间作业、行走、交谈、开关门要轻。进包房先敲门，离开时应倒退出包房。不高声喧哗、嬉笑打闹、勾肩搭背，定时定点分批用乘务餐，其他时段不在旅客面前吃食物、吸烟、剔牙齿和出现其他不文明、不礼貌的动作，不对旅客评头论足，接班前和工作中不食用异味食品。餐车对旅客供餐时，不在餐车逗留、闲谈、占用座席、陪客人就餐。

三、动车组服务环境

（一）温度要求

动车组车内温度适宜，环境舒适，通风系统作用良好，车内空气清新，质量符合国家标准。始发前对车厢进行预冷、预热，空调温度调节适宜，体感舒适，原则上保持冬季 18 ℃ ~ 20 ℃，夏季 26 ℃ ~ 28 ℃。

（二）照明要求

车内照明符合规定。夜间运行（22：00 ~ 7：00）时，座车照明开关置于半灯位；始发、终到站和客流量大的停站，以及列车途经地区与北京时间存在时差时自行调整。

（三）广播视频要求

（1）广播常播内容录音化。使用普通话，经停少数民族自治地区车站的列车可根据需要增加当地通用的民族语言播音。过港列车可增加粤语播音。广播语音清晰，音量适宜，用语准确，不干扰旅客正常休息。自动广播系统播报正确。

（2）视频系统性能良好，使用正常，始发前开启系统播放节目，播放内容符合规定并定期更新。

（3）广播、视频内容以方便旅行生活为主，介绍宣传安全常识和车辆设备设施的使用方法，提示旅客遵守安全乘车规定，播报前方停站、到站信息等内容，可适当插播文艺娱乐、文明礼仪、沿线风光、民俗风情、餐食供应、广告等节目。

（四）用水要求

饮用水应保证供应，途中经上水站按规定上水。使用饮水机的应备有足量桶装水。运行途中为有需求的重点旅客提供送水服务；售货车配热水瓶，利用售货时为有需求的旅客提供补水服务。

（五）卫生间要求

运行途中，厕所吸污时或未供电时要锁闭厕所，其他时间不锁闭厕所。厕所锁闭时，应为特殊情况急需使用厕所的旅客提供方便。

（六）引导服务

通过图形符号、电子显示、广播、视频、服务指南等方式宣传旅客运输服务信息，引导旅客自助服务。

（七）动卧服务

卧具由终点站收取，贴身卧具一客一换。到站前提醒卧车旅客做好下车准备，不干扰其他旅客。夜间运行，卧车乘务员在边凳值岗，并定时巡视车厢。始发后和夜间客运乘务人员对卧车核对铺位。列车剩余铺位在列车办公席或指定位置公开发售，公布手续费收费标准。

（八）遗失物品

发现旅客遗失物品应妥善保管，设法归还失主，无法归还时编制客运记录交给车站处理。无法判断旅客的下车站时，应交给列车终到站处理。

（九）人性化服务

动车组乘务人员对旅客要做到全面服务、重点照顾。

（1）无需求、无干扰。通过广播、电子显示屏等方式宣传服务设备的使用方法，方便旅客自助服务。

（2）有需求、有服务。在各车厢电子显示屏公布中国铁路客户服务中心客户服务电话（区号+电话号码）。实行首问首诉负责制。受理旅客咨询、求助、投诉，及时回应，热情处置，有问必答，回答准确；对旅客提出的问题不能解决时，指引其到相应岗位，并做好耐心解释。

（3）重点关注，优先照顾，保障重点旅客服务。按规范设置无障碍厕所、座椅、专用座席等设施设备，作用良好。对重点旅客做到"三知三有"（知座席、知到站、知困难，有登记、有服务、有交接）；为有需求的特殊重点旅客联系到站提供担架、轮椅等辅助器具，及时办理站车交接。

（4）尊重民族习俗和宗教信仰。经停少数民族自治地区车站的列车可按规定在图形标志上增加当地通用的民族语言文字，可根据需要增加当地通用的民族语言播音。

四、动车组乘务员作业流程

（一）出乘前准备

1. 班前学习

（1）按本班组学习计划，组织乘务员学习客运业务、应知应会内容，抽考掌握情况，做到理论联系实际。

（2）全面学习，温故知新，掌握重点，全员达标。

2. 接受命令

（1）命令指示记录准确、无遗漏，乘务任务明确。

（2）命令传达准确，任务布置清楚。

3. 仪容整理

点名出乘前，全面整理个人仪容仪表，做到干净整洁，规范达标。

4. 派班点名

（1）整齐列队点名，认真听取和记录派班员传达的工作重点，做到命令指示记录准确、无遗漏。

（2）确认当日担当乘务情况，做到乘务任务明确。

5. 列队出乘

携带电报、客运记录、票务处理资料及移动补票机、站车无线交互设备、对讲机等设备列队出乘，做到资料携带齐全、准时接车。

（二）接车作业

1. 列队接车

（1）列车进站前 10 min，准时在车站指定位置整齐列队。

（2）列车进站停稳后，到机车驾驶室同司机对表，做到时间准确。

2. 办理交接

（1）在一等座车后部车门处与质检员办理交接，对列车服务设施设备存在问题做好记录，做到交接事项清楚，手续完备。

（2）在一等座车后部车门处与车站客运值班员办理业务交接，查看乘车人数通知单信息，掌握详细售票情况，做到交接清楚，掌握重点。

（3）与质检员共同清点交接备品，做到保质保量。

3. 确认外显

按车厢分工检查列车外显状态，发现问题及时向列车长和机械师报告。

4. 出场立岗

（1）在指定车门处立岗，引导重点旅客就座，指导旅客放好随身携带物品，做到引导有序，妥善安排。

（2）发现无票人员或送客人员，及时劝告下车，列车员不能处理时向列车长报告，做到发现问题妥善处理，报告及时。

5. 指挥发车

发车前 2 min，列车员确认旅客乘降完毕后，按自小号至大号顺序依次向列车长报告，列车长确认后，使用无线对讲机在开车前 30 s 通知司机关闭车门，做到确认准确，通知及时。

（三）始发作业

1. 广播播报

在机械师室人工播放安全提示语音和显示屏内容，做到按时播放，音量适中。

2. 巡视车厢

（1）按规定对车厢进行巡视，掌握车内整体情况，回答旅客问询。做到及时巡视，回答准确。

（2）检查行李摆放情况，提醒旅客将大件行李及铁器、锐器等不适宜放在行李架上的物品放在指定位置自行看管，做到行李物品摆放平稳，通道保持畅通。

3. 访问重点

对车站交接和上车的重点旅客访问到座，做到"三知三有"。

4. 安全检查

（1）检查车内安全设备设施、车门状态，做到逐车检查，确保作用良好。

（2）对车厢走动和倚靠车门的旅客进行安全提示，对旅客吸烟行为进行制止，做到提示及时，态度和蔼。

5. 查验车票

（1）根据乘车人数通知单提供的剩余席位信息，核对空余座位，查验车票，发现乘车条件不符、拒绝补票的人员按章处理，做到核对空余座位仔细，处理违章态度和蔼，执行规章熟练准确，减少对旅客的干扰。

（2）掌握车内旅客到站情况，对无票乘车旅客按章补票。做到全面掌握，补票及时。

五、运行中作业

（一）巡视车厢

（1）掌握车内动态，处理服务过程中的各类问题，做到耐心解答问询，做好解释工作。

（2）对重点旅客心中有数，主动提供帮助，特殊情况妥善处理，汇报信息准确及时。

（二）保洁检查

途中抽查保洁作业质量，督促保洁人员做好卫生保洁工作，做到定时定量，抽查结果有记录。

（三）餐售检查

（1）检查酒吧车各种资质证书、售货品种和车厢环境，做到资质证书齐全，所售食品和商品符合规定，酒吧车厢环境整洁。

（2）检查推车售货人员行为，对不规范行为进行纠正，做到检查认真、纠正严肃。

（四）安全提示

对车厢走动和倚靠车门的旅客进行安全提示，对旅客吸烟行为进行制止，做到提示及时、态度和蔼。

（五）备品补充

对旅客消耗品进行全面补充，做到检查认真、补充及时。

六、中停作业

（一）到站宣传

（1）进站前按车厢分工进行全面到站宣传提示，做到逐车宣传、提示到位。

（2）对重点旅客面对面提示，做到掌握重点、一人不漏。

（3）对下车旅客提前引导到车门处等候，做到提示及时、引导到位。

（二）引导旅客

（1）按车厢分工检查车门状态，做到逐车检查，确保车门作用良好。

（2）进低站台时，提前打开翻板，做到打开及时、卡锁到位。

（3）全面检查各车厢车门状态和旅客引导情况，做到逐车检查、落实标准。

（三）组织乘降

（1）在指定车门与车站办理业务交接，询问乘车信息，掌握售票情况，做到交接清楚、掌握重点。

（2）确认旅客乘降完毕后，使用无线对讲机通知司机关闭车门，做到确认准确、通知及时。

（3）全面监控责任车门的乘降情况，确认旅客乘降完毕后使用无线对讲机通知列车长，做到监控准确、报告及时。

（四）车内引导

对上车旅客进行口头宣传提示，引导就座，做到宣传及时、引导到位。

（五）巡视验票

（1）开车后对上车旅客进行逐个车票确认，做到掌握清楚、查验仔细。

（2）对无票旅客按照规定补票，做到全面掌握、补票及时。

七、终到作业

（一）卫生清理

（1）组织协助保洁员对车内卫生进行清理，做到全面彻底、质量达标。

（2）检查各车厢卫生质量，做到全面检查、严格考核。

（二）重点访问

访问重点到座，确定帮扶措施，做到全面访问、措施具体。

（三）到站出场

列车到站后，在站台一等座车后部车门处向旅客道别，协助重点旅客下车，做到出场及时、帮扶到位。

（四）办理交接

（1）与车站客运值班员办理重点旅客、遗失物品等业务交接，做到交接清楚，手续完备。
（2）与客运质检员办理交接，做到交接清楚、手续完备。
（3）车体接续套用时，交接班列车长相互交接，做到设备状况清楚，交接无漏项。

（五）巡视车厢

旅客下车完毕后，逐车巡视车厢，检查有无旅客遗失物品等，发现问题按章处理。做到检查仔细，处置及时。

八、退乘作业

（一）清点备品

（1）全面清点列车剩余备品，向列车长汇报清点情况，做到清点清楚、汇报及时。
（2）与接车班组或保洁组办理交接，做到交接认真、记录准确。

（二）站台列队

全员在站台指定位置列队出站，做到队列整齐、形象达标。

（三）票款交接

需要解款时到规定地点缴款，做到乘警护送、账款相符、及时解缴。

（四）统一退乘

（1）带领乘务组退乘，做到着装整齐、统一列队退乘。
（2）将移动补票机及有关设备交到段上指定地点，做到设备状况、数量交接清楚，手续完备。

（五）班后总结

（1）讲评本趟列车服务工作，做到讲评全面、记录翔实。
（2）做到认真自评，虚心整改。

复习思考题

1. 高速铁路旅客运输生产过程包括哪些内容？
2. 高速铁路客运服务系统包括哪些子系统，各有什么功能？
3. 简述旅客服务系统的组成和功能。
4. 动车组列车服务旅客时温度及照明要求分别是什么？
5. 动车组列车的人性化服务主要体现在哪些方面？
6. 动车组乘务员的作业流程是什么？

第十章　磁悬浮铁路

第一节　概　述

当今世界上快速的交通方式是航空运输和高速铁路，虽然随着高速铁路技术的发展，列车运行速度在不断提高，但传统铁路始终无法摆脱地面摩擦阻力对运动速度的约束。因此，在铁路与航空之间一直存在着一个速度空白。长期以来人们就在思索如何弥补铁路和飞机之间的差距，而磁悬浮铁路则是当今世界上引人注目并很有发展前途的高速陆上运输系统。

磁悬浮列车是近几十年发展起来的一种新型轨道交通运输工具。它与传统的轮轨铁路有着很大的不同。它的出现不仅改变了传统轮轨运输方式，且以速度快、能耗低、噪声小、安全好、维修少等特点，引起了世人的关注。

一、磁悬浮铁路的定义

磁悬浮铁路（Maglev Railway）是一种新型的交通运输系统，它与传统铁路有着截然不同的特点。传统铁路上运行的列车，是以机车作为牵引动力，以钢轨和轮缘作为运行导向设备，由铁路线路承受压力，借助车轮与钢轨之间的摩擦力来滚动前进的。

而磁悬浮铁路是运用磁铁"同性相斥，异性相吸"的性质，利用电磁系统产生的磁力，即吸引力或排斥力将车辆托起，即"磁性悬浮"，使整个列车悬浮在导轨上，利用电磁力进行导向，使列车完全脱离轨道而悬浮行驶，成为"无轮"列车，速度可达每小时几百公里以上，这就是"磁悬浮列车"，亦称之为"磁垫车"。

由于磁铁有同性相斥和异性相吸两种形式，故磁悬浮列车也有两种相应的形式：

（1）利用磁铁同性相斥原理而设计的电磁运行系统的磁悬浮列车，它是利用车上超导体电磁铁形成的磁场与轨道上线圈形成的磁场之间所产生的相斥力，使车体悬浮运行，典型代表是日本研制的磁悬浮列车。

（2）利用磁铁异性相吸原理而设计的电动力运行系统的磁悬浮列车，它是在车体底部及两侧倒转向上的顶部安装磁铁，在T形导轨的上方和伸臂部分下方分别设反作用板和感应钢板，控制电磁铁的电流，使电磁铁和导轨间保持10~15 mm的间隙，并使导轨钢板的排斥力与车辆的重力平衡，从而使车体悬浮于车道的导轨面上运行，典型代表是德国研制的磁悬浮列车。

二、磁悬浮列车技术的发展概况

德国和日本分别于20世纪20年代和60年代开始研究磁悬浮技术,是较早开始研究磁悬浮技术的国家。进入20世纪70年代以后,随着世界工业化国家经济实力的不断加强,为了提高交通运输能力以适应其经济发展的需要,美国、俄罗斯、加拿大、法国、英国等发达国家曾相继开展磁悬浮运输系统的研究与开发。但随后一些国家放弃了这项研究计划,目前只有德国、日本、中国仍在继续进行磁悬浮系统的研究,并均取得了令人瞩目的进展。

(一)德国的磁悬浮技术

磁悬浮技术的研究源于德国,早在1922年,德国工程师赫尔曼·肯佩尔就提出了电磁悬浮原理,并于1934年申请了磁悬浮列车的专利。德国于1971年造出了世界上第一台功能较强的磁感浮列车。德国研制的磁悬浮系统是常导磁吸式磁悬浮系统(EMS),利用常规的电磁铁与一般铁性物质相吸引的基本原理,把列车吸引上来,悬空运行,悬浮的气隙较小,一般为10 mm左右。这种列车的典型代表是德国的TR系列磁浮列车,如图10-1所示。

图10-1 德国研制的Transrapid 08磁悬浮列车

由于磁悬浮线路和磁悬浮列车密切相关,并且线路的建造费用约占总投资的2/3以上,因此,德国十分重视对磁悬浮路轨的研究,磁悬浮列车与路轨的设计和研制同步进行。1971—1979年,德国共修建了7条试验线路轨(合计长约7.2 km),供各类磁悬浮样车进行试验。1976年在确定TR磁悬浮运输系统作为高速铁路可以采用的发展路线后,1979—1987年由德国国家投资,建立了世界上最大的埃姆斯兰磁悬浮技术试验基地,它包括试验中心、试验路轨、磁悬浮列车、控制中心、变电所、维修管理等部分,其目的是对TR运输系统的原型车进行长期运行试验,考察该系统在实际运行中的性能和存在的问题并加以改进,为其正式运用做必要的准备。

(二)日本的磁悬浮技术

20世纪60年代,日本开始进行磁悬浮技术的研究,从1962年起,经过广泛深入地分析和论证,决定采用超导磁斥式磁悬浮系统。又经过10年研究,在试验线上采用ML100型试验车,实现了60 km/h的悬浮运行。1975年着手修建宫崎试验线,1977年对倒T形导轨和跨座式ML500型试验车进行了无人驾驶试验,工作进展得很顺利。1979年12月实现了

517 km/h 的世界最高速度。2003 年，日本磁悬浮列车更是创下 581 km/h 的世界纪录，获得了吉尼斯世界纪录。

日本研制的超导磁斥式磁悬浮系统（EDS）是在超导技术的基础上利用电磁感应原理，使车轮和钢轨之间产生排斥力，从而将列车悬空运行。这种磁悬浮列车的悬浮气隙较大，一般为 100 mm 左右，速度可达 500 km/h 以上。日本研制的 MLX 型低温超导磁悬浮列车如图 10-2 所示，该车已经在山梨实验线上达到最高时速 552 km。

图 10-2　日本研制的 ML.X01 气锲（aero-wedge）形头车

（三）我国磁悬浮铁路的发展

我国从 20 世纪 80 年代开始对磁悬浮技术进行跟踪研究。中国铁道科学研究院于 1985 年完成了悬球试验等基础性研究，1987 年完成了中国科技馆的直传列车展示模型。1988 年参加国家"八五"计划"磁悬浮技术研究"的可行性研究，1991 年完成 100 kg 单点悬浮研究。2000 年，西南交通大学磁悬浮列车与磁悬浮技术研究所研制成功世界首辆高温超导载人磁悬浮实验车，这为我国高温超导磁悬浮研究奠定了基础。

2002 年，由我国和德国合作共同修建的我国第一条集交通、观光于一体的商用磁悬浮列车在上海浦东落户，这是中国乃至世界上第一条投入商业化运营的高速磁悬浮铁路运行线，如图 10-3 所示。

图 10-3　上海磁悬浮铁路

上海磁悬浮铁路运营线西起上海轨道交通 2 号线龙阳路站，东到上海浦东国际机场站，主要解决连接浦东机场和市区的大运量高速交通需求。线路正线全长约 30 km，双线上下折返运行，有 9 节车厢，一次可乘坐 959 人，设计最高运行速度为 430 km/h，单线运行时间 7~8 min。

上海磁悬浮列车利用电磁力将列车浮起而取消了轮轨，采用长定子同步直流电机将电供至地面线圈，驱动列车高速行驶，从而取消了受电弓。磁悬浮列车主要依靠电磁力来实现传统铁路中的支承、导向、牵引和制动功能。列车在运行过程中，与轨道保持 1 cm 左右的距离，处于一种"若即若离"的状态。由于避免了与轨道的直接接触，行驶速度也大大提高，其正线的运营速度最高可以达到 500 km/h。至今已运行十多年，安全稳定。

2006 年 4 月 30 日，由西南交通大学牵头的青城山中低速磁浮车工程实验线建成并联调成功。这是我国自行研制、设计、施工的第一条磁悬浮线路，全长约 420 m，投资总额达 3 000 万元，目前主要用于工程试验。整个线路由水泥横梁连接而成，线路始端是磁悬浮列车运行控制中心。

青城山磁悬浮列车工程与上海磁悬浮系统是两种不同类型的磁悬浮技术，上海采用的是德国磁悬浮技术，主要用于需要高速度的城际交通，而青城山磁悬浮列车的最高时速是 100 km，主要运用于城市内部轨道交通。

2010 年 4 月 8 日，由成都飞机公司制造的中国首辆高速磁悬浮国产化样车在成都实现交付，标志着我国已具备磁悬浮车辆国产化设计、整车集成和制造的能力。

2016 年 5 月，从长沙市中心至机场的中低速磁悬浮铁路开通试运营，全长 18.55 km、设计时速达 100 km，这是我国第一条自主设计、自主制造、自主施工、自主管理的中低速磁悬浮铁路线，标志着我国磁悬浮技术实现了从研发到应用的全覆盖，成为世界上少数几个掌握该项技术的国家之一。

第二节　磁悬浮铁路的基本制式和工作原理

磁悬浮铁路的核心是磁悬浮系统。磁悬浮系统是利用同性相斥、异性相吸的电磁感应原理，以电磁力支撑列车，使其浮于轨道上方，并通过直线电机产生的移动电磁场和电磁力作为驱动力，推动列车前行，实现列车与轨道无接触运行。由于列车悬浮于导轨之上，故没有轮轨间的摩擦，不受黏着条件限制。

一、磁悬浮铁路的基本制式

尽管磁悬浮列车的悬浮、推动和导向都是利用电磁力，但根据磁悬浮列车上电磁铁的使用方式，磁悬浮铁路的基本制式可分为两大类：常导磁吸式（Electro Magnetic Suspension，简称 EMS 型）和超导磁斥式（Electro Dynamic Suspension，简称 EDS 型）。

（一）常导磁吸式（EMS 型）：属于电磁式悬浮

以德国为代表的常导磁吸式悬浮系统是利用装在车辆两侧转向架上的常导电磁铁（悬浮电磁铁）和铺设在线路导向轨上的磁铁，在磁场作用下产生的吸引力使车辆浮起，属于电磁式悬浮。

根据驱动车辆所用的直线电机类型的不同，常导磁吸式磁悬浮列车还可以分为两种：

（1）采用长定子同步直线电机推进，效率较高，速度也较快，主要用于高速运行，速度可达 400~500 km/h，这种列车的典型代表是德国的 TR 系列磁悬浮列车。

（2）采用短定子感应直线电机推进，效率较低，速度也较低，主要适用于低速运行，速度一般为 50~100 km/h，这种列车的典型代表是日本的 HSST 系列磁悬浮列车。

（二）超导磁斥式（EDS 型）：属于电动式悬浮

以日本为代表的超导磁斥式悬浮系统是利用磁极同性相斥的原理，使车辆在轨道上浮起，属于电动式悬浮。由于采用了超导磁铁，磁场特别强，因此车辆悬浮高度也较高，可达 100mm 左右。推进装置也是采用长定子同步直线电机。这种磁悬浮列车的成本较高，但悬浮控制属于稳定型；列车速度较高，可达 500 ~ 600 km/h。

根据所采用的超导材料不同，超导磁斥式悬浮系统又可分为低温超导磁悬浮和高温超导磁悬浮两种类型。低温超导磁悬浮系统采用 –269 ℃ 液氦冷却，这种列车的典型代表为日本的 MLX 型低温超导磁悬浮列车，已在山梨试验线上达到最高速度 552 km/h。而高温超导磁悬浮系统采用 –192 ℃ 液氦冷却，这是一种更有广阔应用前景的超导方式，目前尚处于实验阶段。

以上两种磁悬浮技术的比较见表 10-1 和表 10-2。

表 10-1　两种磁悬浮技术的类型比较

技术类型	德国 TR 系列	日本 HSST 系列	日本 MLX 系列（低温超导）	高温超导
悬浮方式	常导磁吸式（EMS 型，电磁式）		超导磁斥式（EDS 型，电动式）	
推进方式	地面长定子线圈	车上短定子线圈	地面定子线圈	处于实验阶段
电机	线性同步电机	线性感应电机	线性同步电机	
速度范围	0 ~ 430 km/h	0 ~ 130 km/h	0 ~ 550 km/h	

表 10-2　两种磁悬浮技术的特性比较

技术特性	常导磁吸式（EMS 型）	超导磁斥式（EDS 型）
悬浮高度	10 mm，对轨面平顺性要求高	100 mm，对轨面平顺性要求宽松
最高速度	400 ~ 500 km/h	500 ~ 600 km/h
控制稳定性	控制不稳定	控制稳定
悬浮耗能	较小	基于超导涡流效应，耗能较大
推力	励磁绕组极距小，相同供电条件下高速时推力小	由于超导绕组极距大，在高速时推力大
外部停电影响	外部停电必须靠电池励磁悬浮，否则车辆会突然落下	只要车辆有速度，外部停电时车辆不会突然落下
低速时运行	不用车轮支撑系统	必须有车轮支撑系统，用于低速时启动和制动
车载励磁电源	必须具备	不用具备
车辆自重	较重，TR-08 型 1 000 座，492.8 t	自重轻，超导绕组是空心的，MLx01 型 950 座，270 t
强磁场影响	弱	强
成本	较高	高

二、磁悬浮列车的工作原理

（一）悬浮原理

1. 常导磁吸式（EMS 型）磁悬浮列车

常导磁吸式（EMS 型）磁悬浮列车是一种吸力悬浮系统。在 T 形梁翼底部为同步直线电机的定子，其下方为安装在车体上的悬浮电磁铁，该电磁铁同时兼做同步直线电机的转子。在磁场作用下产生的吸引力把磁悬浮列车往上拉向定子，使车辆浮起。此种磁悬浮列车可使车体抬起 10mm 左右。在车辆下部的导向电磁铁与轨道电磁铁的反作用下，使车轮与轨道保持一定的侧向距离，实现轮轨在水平方向和垂直方向的无接触支撑和无接触导向。车辆和轨面之间的间隙与吸引力大小成反比。为了保证这种悬浮的可靠性和列车运行的平稳性以及使直线电机有较高的功率，必须精确地控制电磁铁中的电流，才能使磁场保持稳定的强度和悬浮力，使车体与导向轨之间保持 10~15mm 的间隙。通常采用测量间隙用的气隙传感器来进行系统的反馈控制。这种悬浮方式不需要设置专用的着地支撑装置和辅助用的着地轮，对控制系统的要求也可以稍低一些。

2. 超导磁斥式（EDS 型）磁悬浮列车

超导磁斥式（EDS 型）磁悬浮列车是一种斥力悬浮系统。在车辆底部安装超导磁体（放在液态氦储存槽内），在轨道两侧铺设一系列铝环线圈。列车运行时，给车上线圈（超导磁体）通电流，产生强磁场，地上线圈（铝环）与之相切割，在铝环内产生感应电流，感应电流产生的磁场与车辆上超导磁体的磁场方向相反，两个磁场产生排斥力。当排斥力大于车辆质量时，车辆就浮起。因此，超导磁斥式磁悬浮系统就是利用置于车辆上的超导磁体与铺设在轨道上的无源线圈之间的相对运动来产生悬浮力，可使车体抬起 100 mm 左右，并使列车平稳运行。这种悬浮控制属于稳定型，列车运行速度较高，可达 500~600 km/h。

由于车体内装有处于低温下的强大超导磁体，导向轨导体中的磁通随着车辆的向前运动而改变，从而感应出强大的电流。由于超导磁体的电阻为零，在运行中几乎不消耗能量，且磁场强度很大，在超导体和导轨之间产生强大排斥力，可使车辆浮起 100~150 mm，并能使列车运行保持平稳。当车辆向下位移时，超导磁体与悬浮线圈的间距减小，电流增大，使浮力增加，又使车辆自动恢复到原来的悬浮高度。这个间歇与列车速度的大小有关，一般起始升举速度为 50km/h，低于这个速度，即列车在低速运行或停车启动时，悬浮力大大减弱以至消失。因此，必须在车辆上装设机械辅助支撑装置，如辅助支持轮及相应的弹簧支承，以保证列车安全可靠地着地，控制系统应能实现启动和停车的精确控制。

（二）导向原理

普通铁路列车的导向是靠车轮轮缘与钢轨之间的相互作用实现的。而磁悬浮列车是利用电磁力的作用进行导向的。

1. 常导磁吸式（EMS 型）磁悬浮系统的导向系统

常导磁吸式（EMS 型）磁悬浮系统的导向系统是在车辆侧面安装一组专门用于导向的电磁铁。当车辆运行发生左右偏移时，车上的导向电磁铁与导向轨的侧面相互作用，产生一种排斥力，使车辆恢复到正常位置，和导轨侧面之间保持一定的间隙。当车辆的运行状态发生变化时，例如运行在曲线或坡道上时，控制系统通过对导向磁铁中的电流进行控制，来保持这一侧向间隙，从而达到控制列车运行方向的目的。

2. 超导磁斥式（EDS 型）磁悬浮系统的导向系统

超导磁斥式（EDS 型）磁悬浮系统的导向系统一般采用 3 种形式：

（1）在车辆上安装机械导向装置实现列车导向。这种装置是采用车辆上的侧向导向辅助轮，使之与导轨侧面相互作用（滚动摩擦）以产生复原力，这个力与列车沿曲线运行时产生的侧向力相平衡，使列车沿导轨中心线运行，保持正确的运行方向。

（2）在车辆上安装专用的导向超导磁体，使之与导轨侧向的地面线圈或金属带产生磁斥力，该力与列车的侧向作用力相平衡，使列车保持正确的运行方向，这种导向方式避免了机械摩擦，只要控制侧向地面导向线圈中的电流，就可以使列车保持一定的侧向间隙。

（3）利用磁力进行导引的"零磁通量"导向系统。即沿线路中心线均匀地铺设"8"字形的封闭线圈，当列车上设置的超导磁体位于该线圈的对称中心线上时，线圈内的磁场为零；而当列车产生侧向位移时，"8"字形的线圈内磁场不为零，并产生一个反作用力以平衡列车的侧向力，使列车回到线路中心线的位置。

（三）推进原理

磁悬浮列车由于浮起一定的高度，使车轮与导轨脱离，故不能依靠它们之间的摩擦力产生牵引力使车辆前进，而是采用直线电机的推进装置作为列车的牵引动力。

上述两种制式的磁悬浮列车均采用的是直线电机。直线电机是从旋转电机演变而来的。它的基本构成和作用原理与普通旋转电机类似，就如同将旋转电机沿半径方向切开展平而成。于是，其传动方式也就由旋转运动变为直线运动。直线电机最主要的优点是：结构简单，推进力大，运行可靠，灵活性大，适应性强，不受离心力限制以及无噪声、无振动等。

在磁悬浮列车上采用的直线电机，按"定子"和"转子"的设置位置分为两种基本形式。

（1）长转子、短定子式。这种电机的"定子"安装在车辆的底部，"转子"线圈安装在轨道上。

（2）长定子、短转子式。此种方式是将电机的"转子"线圈安装在车辆上，"定子"线圈安装在轨道上。

直线电机的推进原理是：当"定子"线圈接通电流后，产生磁场，沿轨道方向平行移动"转子"线圈切割磁场产生电流（或给"转子"线圈通电流）；"转子"线圈在"定子"磁场中受电磁力作用，使"定子"和"转子"之间产生相对直线运动，推动列车前进。推动力的大小取决于"定子"磁场的强度、"转子"线圈的电流以及线圈的长度。调节"定子"供电的频率与电压，即可改变列车的运行速度。

在磁悬浮铁路上，直线电机的固定部分只能设置在地面上，运动部分放置在列车上。运动部分是"转子"还是"定子"，要根据不同形式的直线电机而定。

（1）常导磁吸式（EMS 型）磁悬浮列车：采用直线异步电机，在列车上安装三相电枢绕组，在轨道上安装垂直的感应轨。这种方式结构比较简单，容易维护，造价低；主要缺点是功率偏低。它适用于中、低速运输系统，不利于高速运行。

（2）超导磁斥式（EDS型）磁悬浮列车：采用直线同步电机，在车辆上安装超导电磁体，在轨道沿线设置无源闭路线圈或非磁性金属板。当列车上的超导电磁体通过地面闭路线圈或非磁性金属板时，由于电磁感应而出现两者之间的排斥力使车体浮起。这种结构方式具有质量轻、功率大、速度高的特点；但技术相对复杂、造价较高。它适用于高速运输系统。

（四）制动原理

1. 常导磁悬浮列车的制动

常导磁悬浮列车的正常制动方式均利用同步直线电机作为发动机进行控制。当列车高速运行时，采用再生制动方式，即直线电机的工作方式由牵引改为发电，将列车的动能转化为电能回馈给电网，以降低列车速度。当列车速度较低时，再生制动改为电阻制动，即电能不再反馈给电网，而是消耗在变电站的电阻上以热的形式散发。当列车速度很低时，直线电机改为反接制动，即电机的牵引方向与列车运行方向相反，直到列车停止。当长定子供电产生故障导致直线电机失灵或需要紧急制动时，采用涡流制动方式，即车上的涡流制动磁铁励磁，使侧向导轨上产生涡流，形成对列车的涡流制动力。

2. 超导磁悬浮列车的制动

超导磁悬浮列车在高速运行速度下进行制动时，也采用再生制动方式，即同步直线电机的工作方式由牵引改为发电，将列车的动能转化为电能回馈给电网，以降低列车速度。当电网发生故障时，可采用电阻制动，将列车动能在牵引变电站的电阻上以热的形式散发；也可以采用绕组短路制动，即将许多路轨侧面的绕组相互连接起来短路，以产生电磁阻力消耗列车能量，达到列车制动的目的。另外还可采用其他制动方式，如采用轮盘制动或空气动力制动。

第三节　磁悬浮铁路的关键技术和设备

磁悬浮技术分为线路、车辆、牵引、运行控制四大系统，有16项核心技术。德国、日本、中国是世界上能研制和开发磁悬浮列车的三个国家。

一、磁悬浮铁路的线路

磁悬浮列车能够离开地面一定高度飞速地运行，但却不能像飞机那样以空气为依托，因而在地面上必须有一个坚实可靠的支撑和导向系统。也就是说，它虽不像传统铁路那样对线路有强烈的依附性，但必须有线路设备作为基础。所以，磁悬浮列车仍然属于轨道交通的范畴。

线路，引导列车前进方向，同时承受列车荷载并将之传至地基，它作为磁悬浮列车的基本组成部分和走行基础，在构造上应能满足磁悬浮列车的基本要求。线路上部结构为用于连接长定子的精密焊接的钢结构或钢筋混凝土结构的支承梁，下部结构为钢筋混凝土支墩和基础。

因为磁悬浮列车不但在构造和原理上与传统铁路不同，而且采用不同的悬浮方式，对线路的要求也不一样。磁悬浮列车的悬浮、导向和推进设备，无论什么形式，总有一部分安装在列车上，另一部分安装在线路上，因此线路结构必须与之相适应，尤其是直线电机，对线路平面的要求是较为严格的。

磁悬浮铁路与现代铁路一样，可以修建在路基上或类似地下铁道的隧道内，或者修建在高架桥上，采用最多的是高架桥式线路。为了减少与城市或其他道路的干扰，尽量少占土地，并使线路具有足够的平顺性和刚度，修建高架线路具有更大的优越性。修建地下线路虽然具有与高架线路共同的优点，但工程较大，施工困难，造价昂贵。因此，国外许多国家的磁悬浮列车均采用高架线路。

磁悬浮列车施加于线路上的荷载与传统铁路不同，并非集中荷载，而是分布荷载。因此，其桥梁设计荷载不但大大低于传统铁路，甚至低于公路。于是，磁悬浮列车的高架桥体尺寸可以明显减小，造价也可大大降低。磁悬浮铁路的高架线路的横断面一般采用 U 形、T 形或倒 T 形。

磁悬浮铁路也需要采用道岔来改变列车的运行方向。但道岔的形式和传统铁路大不相同，不采用尖轨、辙叉形式，而是采用活动轨转辙方式。

活动轨转辙由主动轨、从动轨、调整轨、结合轨、转动装置、锁定装置和操纵机构等组成。当需要改变磁悬浮列车的运行方向时，主动轨转动，从动轨也随之转动，当转到规定部位时，由结合轨进行连接；调整轨调整定位后，由锁定装置进行锁闭。于是，列车可以安全地转变运行方向。经过多次试验证明，其安全性、可靠性和耐久性是完全可以得到保证的。

二、磁悬浮列车

列车是磁悬浮铁路的重要组成部分，是一种不与地面接触的运载工具。它包括悬浮架和其上安装的电磁铁、二次悬挂系统和车厢，此外还有车载蓄电池、应急制动系统和悬浮控制系统等电气设备。从磁悬浮铁路产生到现在，随着时代的发展和制式的不同要求，车辆也不断地更新。尤其是近十几年来，各国对磁悬浮列车的结构和外形十分重视，发展很快。

以 U 形导轨上的磁悬浮列车为例。其车体外形酷似一个甲壳虫坐落在导轨上。列车主要由 3 部分组成，即客室、操纵室和动力室。客室占的比重较大，内设有若干排座椅；在动力室中，设有辅助动力装置、冷冻机空调器和冷却风扇等设备；此外还设有车辆转向架，用于车辆未浮起或减速停车着地时的辅助支持车轮，以及超导磁体、燃料电池等。

三、磁悬浮铁路的供电系统

磁悬浮铁路的供电系统包括变电站、沿路供电电缆、开关站和其他供电设备。

（一）区段供电

磁悬浮系统为长定子同步直线电机驱动方式，采用地面一侧 LSM 同步电机，由地面设置的大功率变流器来控制地面推进组的三相交流电。直线电机所需牵引功率变换站按照牵引控制系统所要求的速度，将公共电网的电能变换成变频变压的交流电，该交流电与车速同步，向直线电机供电。该功率变换系统由 1 个整流器、3 组逆变器以及 1 个用于电阻制动的直流斩波器组成。由于推进绕组沿全线分布，且划分为各个区段，可以仅向车辆运行所在区段供电，以提高直线电机的功率因数和效率。

（二）列车供电

（1）采用一台功率变换器对应一个列车的一对一的供电方式，其运输能力和电气动力设备容量密切相关。这时，只有列车在区段内运行时才由功率变换器向列车进行供电。

（2）由地面自动控制列车的运行。磁悬浮列车的走行控制在变电所内进行，而不像普通铁道列车在车上由司机控制。在变电所内装有电子计算机实现系统的自动运行。

（3）高精度位置检测。为了与同步直线电机 LSM 同步运行，要连续准确地检测地面推进绕组与车上超导磁铁的位置，以实现同步控制。

（4）只在列车的走行区段进行供电控制。在同步直线电机驱动系统中，列车的推进只与路旁的长定子推进绕组有关，所以只对有列车运行的区段的地面绕组进行供电控制。

四、磁悬浮铁路的列车控制系统

列车运行控制系统是整个磁悬浮交通系统正常运转的根本保障。它包括用于安全保护、控制、执行和计划的设备，还包括用于设备之间相互通信的设备。磁悬浮列车运行控制系统由运行控制中心、通信系统、分散控制系统和车载控制系统组成。

磁悬浮铁路的列车控制系统由三级构成：第一级为中央控制中心；第二级为分区控制中心；第三级为列车控制系统（在列车上）。中央控制中心与分区控制中心、分区控制中心与无线基站、分区控制中心与开关站之间的通信由光缆传输；与列车控制系统（在列车上）之间的通信由 38 GHz 的高频无线微波传输。

（一）中央控制中心

中央控制中心的主要功能是：布置及修改运行计划、数据通信汇总、信息处理、联锁系统控制、在线诊断、信息储存等。其组成及各自的功能如下：

（1）自动列车运行控制系统。将运行时刻表计划转为行车任务，实现运行过程的自动化。监视列车运行状态，判断列车是否正常运行，对意外情况进行紧急处理，修改列车运行计划，提供人工介入界面。

（2）参考信息储存系统。设置列车正常运行的各类参数，并将这类参数传递给列车自动控制系统，为系统判断列车是否正常运行提供依据。

（3）远程诊断系统。对系统进行自动诊断和报警。

（4）行政管理系统。对行政事务进行处理。

（二）分区控制中心（每个牵引变电所各设一个）

（1）接收并执行中央控制中心下达的行车命令，控制若干安全牵引切断装置、道岔防护装置以及车站防护装置，向各通信基站下达控制信息，同时向总控制中心传递采集的联锁、诊断信息。道岔分区控制中心运用成熟的道岔联锁设备，对道岔进行控制，预先排列进路。

（2）维修中心。维修全线的固定和移动设备（车辆运行控制系统），对机车和轨旁信号设备进行维修并对各设备进行在线检测等。

（三）列车控制系统

磁悬浮列车的每一末节车厢均配备了自己的速度运行控制装置，通过车厢总线实施通信。控制装置从定位分析接收其定位信息，以便监视速度、运行状态，这些数据将由无线微波传输系统发送至分区控制中心，然后经分区控制中心发送至中央控制中心。

第四节 磁悬浮铁路的优缺点

一、磁悬浮铁路的特点

磁悬浮铁路与传统铁路有着截然不同的区别和特点。在传统铁路上运行的列车是靠机车作为牵引力，以钢轨和轮缘作为运行导向设备，由铁路线路承受压力，借助车轮与钢轨之间的摩擦力滚动前进的。而磁悬浮列车技术是利用电磁系统产生的吸引力或排斥力将车辆托起，使整个列车悬浮在导轨上，并利用电磁力进行导向，实现列车与地面轨道间的无机械接触，再利用直线电机将电能直接转换成推进力而推动列车前进的。

因此，磁悬浮列车仍属于陆上有轨交通运输系统，并保留了轨道、道岔和车辆转向架及悬挂系统等许多传统机车车辆的特点，但列车在牵引运行时与轨道之间无机械接触，因此，从根本上克服了传统列车轮轨黏着限制的问题，磁悬浮列车的运行、导向、制动都不依赖轮轨之间的黏着，而是靠电磁力，不存在轮轨系统的车轮空转和打滑现象，磁悬浮列车也不依靠受电弓和接触网供电，而是利用移动切割磁场，产生电磁牵引力，引导磁悬浮列车前进或后退，因而也不存在由于轮轨关系而限制列车提速的问题，使列车有较大的提速空间。在第一列磁浮列车的试验车于 1969 年出现后，仅仅经过 10 年的发展，到 1979 年试验速度就达到 517 km/h，营运速度也在 2002 年达到了 430 km/h。2003 年 12 月，最高速度更达到了 581 km/h。

二、磁悬浮铁路的优越性

磁悬浮铁路的研究和发展是当今世界地面交通运输技术发展的必然趋势。它比传统的黏着式铁路运输及其他交通工具有着独特的优越性。

（1）速度高、旅行时间短。由于磁悬浮列车不是在轨道上行驶，导轨与机车之间不存在任何实际的接触，成为"无轮"状态，故磁悬浮铁路与传统铁路相比，几乎没有轮、轨之间的摩擦，线路垂直负荷小，适合于高速运行。常导磁悬浮列车速度可达 400～500 km/h，超导磁悬浮列车速度可达 500～600 km/h，磁悬浮列车的高速使其在 1 000～1 500 km 之间的旅行距离比乘飞机更加优越。

（2）安全、可靠。列车运行平稳，能提高旅客的舒适度，由于磁悬浮系统采用导轨结构，不会发生脱轨和颠覆事故，提高了列车运行的安全性。

（3）能源消耗低。能充分利用能源，获得较高的运输效率，其能源消耗仅是汽车的 1/2、飞机的 1/4。

（4）无公害、无污染。由于它以电为动力，在轨道沿线不会排放废气，无污染，有利于环境保护，是名副其实的绿色交通工具。由于磁悬浮列车悬浮运行，离开地面，有专用线路，可避免交通事故和交通阻塞，无噪声、无振动。

（5）爬坡能力大。可以采用较大的坡度，在线路建筑上，尤其是走地下线时，投资一般比地铁低20%。

（6）故障少，维修费用低。磁悬浮列车虽然一次投资较多，但其主要部件比较单一和牢固，因而故障少、维修费用比高速铁路和传统铁路低。磁悬浮列车由于没有钢轨、车轮、接触导线等摩擦部件，可以省去大量的维修工作和维修费用，还可以实现全面自动化控制，具有高度的加速和制动能力，爬坡能力强，转弯半径小，因此，磁悬浮铁路将成为未来具有竞争力的一种交通工具，具有广泛前景。

三、磁悬浮铁路的缺点

（1）列车转线复杂。磁悬浮列车由于它的车厢不能变轨，不像轨道列车可以从一条铁轨借助道岔进入另一条铁轨，这样一来，如果是两条轨道双向通行，一条轨道上的列车只能从一个起点驶向终点，到终点后，原路返回，而不能像轨道列车那样可以换轨到另一条轨道上返回，因此，一条轨道只能容纳一列列车往返运行，造成浪费。磁悬浮轨道越长，使用效率越低。

（2）断电后可靠性差。由于磁悬浮系统是凭借电磁力来进行悬浮、导向和驱动的，一旦断电，磁悬浮列车将会发生严重的安全事故。断电后磁悬浮的安全保障措施目前仍然没有得到完全解决。

（3）强磁场辐射。强磁场对人的健康、生态环境的平衡与电子产品的运行也会产生不良影响。

（4）造价高昂。磁悬浮铁路的造价十分昂贵，所需投入较大，利润回收期较长，投资风险系数较高，从而在一定程度上影响了投资者的信心，制约了磁悬浮铁路的发展。

（5）与既有铁路网难以接轨。磁悬浮铁路自成体系，与普速铁路、轮轨技术的高速铁路无法接轨，难以融入普速铁路运输网络，跨线客流需要下车换乘，运输不便。

复习思考题

1. 简述磁悬浮铁路的发展状况。
2. 磁悬浮铁路的特点是什么？它有哪些优缺点？
3. 磁悬浮铁路有哪两种不同的制式？各自有什么特点？
4. 简述磁悬浮铁路的工作原理。

参考文献

[1] 佟立本. 高速铁路概论[M]. 北京：中国铁道出版社，2014.
[2] 卢祖文. 客运专线铁路轨道[M]. 北京：中国铁道出版社，2005.
[3] 李学伟. 高速铁路概论[M]. 北京：中国铁道出版社，2011.
[4] 刘其斌，马桂贞. 铁路车站及枢纽[M]. 北京：中国铁道出版社，2007.
[5] 徐友良. 高速铁路车站与线路[M]. 北京：中国铁道出版社，2012.
[6] 刘建国. 高速铁路概论[M]. 北京：中国铁道出版社，2009.
[7] 中华人民共和国铁道部. 高速铁路设计规范（试行）[S]. 北京：中国铁道出版社，2009.
[8] 中国铁路总公司. 铁路技术管理规程（高速铁路部分）. 2014.
[9] 陈锦生，应夏晖. 高速铁路概论（AR版）[M]. 成都：西南交通大学出版社，2019.
[10] 刘建国. 高速铁路运输组织[M]. 北京：中国铁道出版社，2012.
[11] 邓岚. 高速铁路客运组织与服务[M]. 北京：中国铁道出版社，2011.
[12] 解宝柱，赵勇. 铁路轨道[M]. 成都：西南交通大学出版社，2017.
[13] 张仁朝. 高速铁路概论[M]. 成都：西南交通大学出版社，2018.
[14] 孙桂岩. 高速铁路概论[M]. 成都：西南交通大学出版社，2019.
[15] 中国铁路总公司. 铁路旅客运输服务质量规范（列车部分）[S]. 北京：中国铁道出版社，2014.
[16] 中国铁路总公司. 铁路旅客运输服务质量规范（车站部分）[S]. 北京：中国铁道出版社，2014.
[17] 中国铁路总公司. 高速铁路客运服务管理[S]. 北京：中国铁道出版社，2016.
[18] 王越. 铁路旅客运输服务[M]. 北京：人民交通出版社，2015.
[19] 裴瑞江，李强. 铁路客户服务业务[M]. 北京：中国铁道出版社，2016.
[20] 张丽. 列车运行自动控制系统设备维护[M]. 成都：西南交通大学出版社，2013.
[21] TB/T 3275—2011. 铁路混凝土[S]. 北京：中国铁道出版社，2011.
[22] 铁建设[2010]241号. 高速铁路施工技术指南[S]. 北京：中国铁道出版社，2010.
[23] TB10754—2010. 高速铁路轨道工程施工质量验收标准[S]. 北京：中国铁道出版社，2010.
[24] JGJ/T283—2012. 自密实混凝土应用技术规程[S]. 北京：中国建筑出版社，2012.
[25] 中国铁路总公司. 铁路技术管理规程（高速铁路部分）[S]. 北京：中国铁道出版社，2014.
[26] 韩宝明，李学伟. 高速铁路概论[M]. 2版. 北京：北京交通大学出版社，2019.